版权声明

Simplified Chinese Translation Copyright © 2022
By China Light Industry Press Ltd. / Beijing Multi-Million New Era Culture & Media Co. Ltd.
THE EMOTIONAL LIFE OF THE TODDLER
Original English Language edition Copyright © 1993, 2018
by Alicia F. Lieberman
All Rights Reserved.
Published by arrangement with the original publisher, Simon & Schuster, Inc.

保留所有权利。非经中国轻工业出版社"万千心理"书面授权，任何人不得以任何方式（包括但不限于电子、机械、手工或其他尚未被发明或应用的技术手段）复印、拍照、扫描、录音、朗读、存储、发表本书中任何部分或本书全部内容，以及其他附带的所有资料（包括但不限于光盘、音频、视频等）。中国轻工业出版社"万千心理"未授权任何机构提供源自本书内容的电子文件阅览、收听或下载服务。如有此类非法行为，查实必究。

The Emotional Life of the Toddler
(Updated Edition)

婴幼儿的情绪世界
——建立原生家庭中的安全关系

〔美〕艾丽西亚·利伯曼 (Alicia F. Lieberman) 著
何子静 译

中国轻工业出版社

图书在版编目（CIP）数据

婴幼儿的情绪世界：建立原生家庭中的安全关系／（美）艾丽西亚·利伯曼（Alicia F. Lieberman）著；何子静译．—北京：中国轻工业出版社，2022.8

ISBN 978-7-5184-3963-8

Ⅰ．①婴⋯　Ⅱ．①艾⋯ ②何⋯　Ⅲ．①婴幼儿－情绪－家庭教育　Ⅳ．①G78 ②B842.6

中国版本图书馆CIP数据核字（2022）第064947号

总策划：石　铁

策划编辑：戴　婕　　　　责任终审：张乃柬　　　责任校对：万　众
责任编辑：戴　婕　刘　雅　责任监印：刘志颖

出版发行：中国轻工业出版社（北京东长安街6号，邮编：100740）

印　　刷：三河市鑫金马印装有限公司

经　　销：各地新华书店

版　　次：2022年8月第1版第1次印刷

开　　本：710×1000　1/16　印张：20.25

字　　数：216千字

书　　号：ISBN 978-7-5184-3963-8　定价：78.00元

读者热线：010-65181109，65262933

发行电话：010-85119832　传真：010-85113293

网　　址：http://www.chlip.com.cn　http://www.wqedu.com

电子信箱：1012305542@qq.com

如发现图书残缺请与我社联系调换

220263Y2X101ZYW

献给我的父母，
曼努埃尔·弗里德曼博士，
罗萨·阿斯利维奇·弗里德曼博士

献给我的儿子，
米迦勒·莫里斯·利伯曼

献给我的孙子，
塞缪尔·约瑟夫·利伯曼

根、枝、果
(*Roots, branch, fruit*)

译者序

艾丽西亚·利伯曼（Alicia F. Lieberman）博士的这部著作，确实如一把精巧的钥匙，帮助我们进入那些牙牙学语、蹒跚学步的小孩子们的奇妙内心世界。每一个做过家长的朋友，可能都经历过对孩子的行为感到不解、沮丧甚至愤怒的时刻，因为我们站在成年人的视角，总是会感到奇怪——孩子为什么这么不讲道理，这么喜怒无常，这么黏人又任性。在这个时候，我们往往会忘记孩子可爱的一面，也忘记孩子给我们带来的欢乐。如果广大的家长朋友能够通过利伯曼博士的这本书，真正地了解孩子们的心理特点，那么我相信，很多人不仅在思想上会茅塞顿开，在精神上也会如释重负。

这本书所侧重的对婴幼儿情感世界的解读，不仅将使广大的家长受益，而且对于从事儿童相关工作的专业人士，包括从事早教或幼教行业的教师、管理者，以及从事儿童医疗卫生、旅游休闲等工作的从业者，也有所助益。随着人们的生活水平提高，出现了很多新形态的亲子消费项目，比如亲子餐厅、亲子乐园和亲子酒店等。但是，很多机构的服务水平并没有针对孩子的特定需求做好相应的提升。如果只是把环境布置得卡通一点，那么这并不等于是为孩子而设计。他们应该在服务的全流程上，考虑为孩子的安全、卫生以及特定心理需求提供保障。只有真正理解孩子的需求，才能有的放矢地提升亲子服务的质量，创造出高品质形象和优秀的消费者口碑。

此外，我也希望这本书能够激发更多的读者对婴幼儿心理（尤其是他们的情绪）研究产生兴趣。随着我国"三孩"政策的深化以及社会经济的持续发展，广大家长对孩子的教育需求必然持续上升，同时，广泛围绕家庭亲子需求而展开的服务，也将成为经济活动中具有高度活力的重要部分。而这些家庭以及社会经济活动，都需要高水平的儿童心理科学研究成果来指导。译者本人在儿童发展心理学领域学习、工作已有 10 多年，也亲身经历了生育和抚养女儿的过程，深深感到整个婴幼儿心理学研究对于实际生活的重大意义。在此，本人要特别感谢在我的研究学习路上遇到的两位导师——北京大学的苏彦捷教授，以及美国伊利诺伊大学的勒妮·巴勒拉吉昂（Renee Baillargeon）教授。因她们的引领，本人才有幸能够进入儿童发展心理学这一美妙的学术天地。我也希望，能有更多的人一起来关注并支持婴幼儿心理研究。

最后，我还想感谢我最亲爱的家人，感谢他们给我的支持和陪伴。本书的翻译工作也得到教育部 2013 年"新世纪优秀人才支持计划"（NCET-13-0609）、国家自然科学基金（31200763）、教育部人文社会科学研究青年基金（12YJC190011）、广东高校优秀青年创新人才培养计划（2012WYM_0006）、广州市合生元营养与护理研究院母婴营养与护理基金（2017BINCMCF51）等项目的支持和资助。感谢中国轻工业出版社"万千心理"为这本书的翻译和出版所做的工作，也感谢其他所有在我翻译此书过程中给予帮助的朋友们。

由于译者水平有限，书中难免会有不足之处，真诚希望各位专家、同行及广大读者批评指正，使之不断完善。

何子静

2022 年初春于中山大学

致谢（原著第 2 版）

自本书第 1 版出版以来，已经过去了 25 年。在这段时间里，这个世界以及我的生活都发生了很多变化。我现在已经是一名令人非常疼爱的学步儿的祖母。和他一起经历其丰富的情感生活让我可以重新欣赏到，学步儿能够多么深刻地去感受，并且他们多么急迫地需要我们去了解他们。我观察到，他慈爱的父母在努力平衡他们对他的承诺以及成人生活中的多重要求；我也学到，在年幼儿童和其照料者的关系中，有多少已经发生改变，又有多少仍然保持不变。在当今生活节奏日渐加快的文化里，我希望这本书的新版能继续成为值得父母和照料者信赖的伙伴，虽然他们也在寻找自己的方式来养育学步儿。与年幼儿童一起的日常时光依然散发着魔力，只要我们能为其创造空间，这种魔力就会一直近在咫尺。

我对所有在第 1 版中感谢过的人们仍然持有强烈的感激之情。这种感激现在延伸到更加近期的合作伙伴，他们共同创建了一个团队，以帮助年幼儿童和他们的家人为核心目标。在加利福尼亚大学旧金山分校儿童创伤研究项目里，我很幸运拥有南希·康普顿（Nancy Compton）、米里亚姆·赫尔南德斯·戴姆勒（Miriam Hernandez Dimmler）和钱德拉·戈什·伊本（Chandra Ghosh Ippen）的宝贵参与，他们领导着我们的培训项目、社区活动、全国性和国际性的推广以及研究。我们的团队坚定不移地坚守承诺，发展、实施和改善治疗模型。团队里有富有爱心和天赋的临床学家：劳拉·卡斯特罗（Laura Castro）、格洛丽亚·卡斯特罗（Gloria Castro）、玛基塔·梅斯（Markita Mays）、格里塞尔达·奥利弗·比奥（Griselda Oliver Bucio）、维尔玛·雷耶斯（Vilma Reyes）和玛丽亚·托雷斯（Maria Torres）。而如果离开了艾米丽·科霍德（Emily Cohodes）、路易莎·里维拉（Luisa Rivera）、土司戴·雷（Tuesday Ray）和阿鲁·冈萨雷斯（Aru Gonzalez）的技能和奉献，我们将无法成功实现研究目标。在罗伯特·派努斯（Robert Pynoos）和约翰·费尔班克（John Fairbank）的领导下，美国国家儿童创伤性应激网络（National Child Traumatic Stress Network）为我们提供了一个社区，因此我们可以去帮助一些因生活在暴力和不利环境中而带着心灵伤疤的儿童。我的朋友兼伙伴——威廉·哈里斯（William Harris）、弗兰克·普特南（Frank Putnam）、丽莎·阿玛亚-杰克逊（Lisa Amaya-Jackson）和凯伦·普特南（Karen Putnam），他们在一起努力把知识转变为行动的过程中，慷慨地奉献着他们的智慧。

我感谢我的编辑——马吕苏·鲁奇（Marysue Rucci），谢谢她热情洋溢的支持。她的同事也很能干，尤其是扎卡里·诺尔（Zachary Knoll），曾很有创造性地对出版过程的所有方面进行了及时回应。我感谢我的经纪人杰里·托马斯（Geri Thomas），感谢她的智慧和技能。罗比·哈里斯（Robie Harris）尽了最大的可能指导我，向我指出书本对于改变孩子生活的力量。利娅·索多维克（Leah Sodowick）对这本书的很多方面给予了帮助，绝不仅限于提供灵感。特别感谢出现在本书照片里的那些学步儿，他们的照片让这本书锦上添花，也感谢他们的父母愿意分享这些美妙的图片。埃里卡·戴姆勒（Erika

Dimmler）是其中许多照片的摄影师，而且我很感谢她慷慨的分享*。

我与亲爱的帕特丽夏·范·霍恩（Patricia Van Horn）并肩作战很多年，虽然她已经去世了，但在我做每件事情时，她的精神仍然感染着我。我深深地怀念她！

正如过去那样，这本书基本是我在家和下班后写作的，是在我的先生大卫·里奇曼（David N. Richman）医生的持续陪伴中进行的。他思考和感受的深度，让我的思考和感受也更加深邃。他教会我在相伴的同时又保持独立的优雅。我感谢他这点以及其他更多。

---

* 由于无法获得本书所涉照片的底片，我们只能扫描这些照片，其中有些质量比较糟糕，印刷出来实在看不清楚，只能忍痛删除。即使如此，由于原书的图片质量也不够上乘，因而书中保留的照片仍有瑕疵，请读者见谅。——译者注

致谢（原著第 1 版）

每本书，对于让它成为可能的人而言，都是一份礼物。很多人陪伴我完成了这本书的写作，而且他们的声音通常和我的声音互相交织在一起。

我早年的老师——三位杰出的女性——帮助我发现我想要成为怎样的人。

玛丽·安斯沃思（Mary Ainsworth）在我刚刚来到这个国家的时候，招收我为她的研究生。她把我带进研究的天地，教会我如何观察婴儿和父母，并且教导我依恋理论的语言。随着时间的流逝，这些语言变得更加有用。她对我的博士论文提供了指导，让我体会到用新语言进行写作的乐趣。她为我未来的旅程进行了装备，而且她一直是一个值得信任和可靠的安全基地。

塞尔玛·弗雷伯格（Selma Fraiberg）让我学会了治愈。她知道痛苦如何从一代传递到下一代，从父母传递到孩子；她知道如何敏感、坦诚并且有技巧地说话，打破疏远的恶性循坏，恢复亲密感和爱。她带着兴趣教学，她教给我的东西我依然记得。

马乔里·哈雷（Marjorie Harley）向我展示了婴儿以外的世界。她教给我很多，并且对我有很多期待，因此让我懂得更多。

我还有两位优秀的导师，他们指引我走上现在的道路。约瑟夫·阿德尔森（Joseph Adelson）鼓励我写作，更鼓励我思考。彼得·布洛斯（Peter Blos

Jr.）则是通过示范来教导我。他的临床技能不断地提醒我，当我们知道如何去倾听时，可能会发生什么。

我很幸运，我找的第一份工作就能够接受斯坦利·格林斯潘（Stanley Greenspan）的指导。他追求知识的那份热情洋溢，只有他分享知识的热情能够匹配。他对于婴儿体质敏感性（constitutional sensitivities）的理解，开辟了预防性干预项目的重要进步。我很荣幸能够和他在这个领域的前沿一起工作。

同过去一样，当下也值得我去感谢。我正在婴儿父母项目（Infant-Parent Program）工作，这儿是我第二个不折不扣的家。对于项目主任杰里·帕尔（Jeree Pawl），我欠了很多人情债，感谢他多年来富有启发性且鼓舞人心的带领。这本书印证了我们共处的许多欢乐时光，我们一起冥想、讨论、重构、回忆，而有时候，我们仅仅是一起想象学步儿的内心世界。

我很幸运能够和那些同样是密友的同事一起工作。我要感谢朱迪思·佩卡尔斯基（Judith Pekarsky）、格雷姆·汉森（Graeme Hanson）、芭芭拉·卡尔曼森（Barbara Kalmanson）、斯蒂芬·塞利格曼（Stephen Seligman），感谢他们为教学工作、临床工作甚至行政管理注入了友爱精神，也感谢他们那使日常生活更有生气的求知欲。

我亲爱的同事们阅读了这本书出版前的一些版本，并且慷慨地给出了他们的建议。我要感谢玛丽·安斯沃思、巴利·布雷兹尔顿（Berry Brazelton）、艾米丽·费尼切尔（Emily Fenichel）、珍妮·米兰达（Jeanne Miranda）和阿礼埃塔·斯莱德（Arietta Slade），谢谢他们的仔细阅读以及充满智慧的评论。

我的编辑——苏珊·阿雷拉诺（Susan Arellano），给予了慷慨的帮助，并仔细地对本书进行了校对。她是一个学步儿的母亲，她知道什么时候必须重新聚焦。这本书非常得益于她的付出。

本书提到的例子涉及真实生活中的学步儿和他们的家人。我感谢他们允许我接近并和他们一起工作。倘若没有他们的合作，这本书是不可能存在的。

斯蒂芬妮·伯格（Stephanie Berg）英雄般地将这本书的书稿转变成电子

文档，她是我最直接接触的编辑。当她返给我新打好的书稿章节时，她要么用笑容鼓励我，要么冷静地给予我忠告，而她的意见总是对的。安妮·克里利（Anne Cleary）是我们的行政助理，她让我感到没有目标是实现不了的，并且她会作为一起实现目标的合作伙伴，一直在我身边。

这本书基本是我在家和下班后写作的，是在我的先生大卫·里奇曼医生的持续陪伴中进行的。他思考和感受的深度，让我的思考和感受也更加深邃。他教会我在相伴的同时又保持独立的优雅。我感谢他这点以及其他更多。

目　录

第 1 章　情绪在早期亲子关系中的重要性 \ 001

第 2 章　谁是学步儿 \ 011
　　　　大脑如何塑造个体发展 \ 013
　　　　发现世界 \ 015
　　　　发现身体 \ 034
　　　　探索心灵如何运作 \ 043

第 3 章　学步儿及其照料者的挑战 \ 049
　　　　父母的体验 \ 051
　　　　通向安全基地的阻碍 \ 052
　　　　从安全基地到伙伴关系 \ 060
　　　　鼓励一种伙伴关系 \ 077

第 4 章　气质的问题 \ 081
　　　　气质类型 \ 083
　　　　气质的社会化 \ 090
　　　　育儿方式和安全基地行为 \ 095

气质、伙伴关系和匹配度 \ 096

父母和孩子之间的持续冲突 \ 100

第 5 章　高活力的学步儿：向前冲 \ 109

从安全基地开始探索 \ 109

高活力学步儿的运动和语言 \ 110

有关气质与伙伴关系的一般性反思 \ 125

和高活力学步儿一起生活 \ 127

第 6 章　慢热型的学步儿：从容不迫 \ 131

慢热型气质的概述 \ 131

帮助慢热型学步儿享受他们原本的样子 \ 152

第 7 章　早期焦虑 \ 157

焦虑的早期起源 \ 159

学步儿期的焦虑 \ 164

可应付的焦虑是什么 \ 169

游戏和对焦虑的控制 \ 171

持续强烈的焦虑 \ 175

促进情感上的安全感 \ 184

第 8 章　谈判的议题 \ 187

分离焦虑 \ 187

如厕训练的经历 \ 194

晚间困难 \ 199

进食困难 \ 207

手足竞争 \ 209

婚姻矛盾 \ 215

当创伤性事件发生时 \ 216

　　　　管教：它是否真的需要 \ 220
　　　　应付社会变化：屏幕时间的示例 \ 225

第 9 章　当父母离婚 \ 231
　　　　离婚造成安全基地的破坏 \ 234
　　　　学步儿能理解什么 \ 236
　　　　离婚妈妈的状况 \ 241
　　　　离婚爸爸的状况 \ 242
　　　　"分为两半的孩子" \ 243
　　　　是否存在一种理想的抚养协议 \ 255

第 10 章　被托管的学步儿 \ 259
　　　　过渡时间：说再见 \ 260
　　　　在托管中心度过一天 \ 264
　　　　问好：团聚的快乐和压力 \ 272
　　　　父母和保育员的关系 \ 274
　　　　麻烦的信号 \ 276
　　　　托管的情感效应 \ 278
　　　　选择高质量的托管 \ 279
　　　　托管的质量重要吗 \ 281
　　　　托管的社会现实 \ 282

结论：保持亲密并且放手 \ 285

参考文献 \ 287

第1章

情绪在早期亲子关系中的重要性

与1—3岁的孩子一起生活的经历是令人兴奋的。除了孩子，还有谁能够让我们如此心悦诚服地意识到，地上那片湿漉漉的、沾满泥巴的叶子实际上是一个隐藏的奇迹，而浴缸里的水花四溅能够给我们带来极大的欢乐呢？学步儿*非常善于活在当下和在平凡中找到奇迹。他们帮助所爱的大人与生活中的简单快乐重新建立联系，并借此与我们分享了他们的天赋。

但是，学步儿也有黑暗时刻。他们的任性和善变让人头疼。他们的行为对父母来说往往难以理解，并且难以控制。父母常常发现自己困于一场意志的较量，并且因自己无法轻而易举地赢得这场不平等的较量而隐隐觉得羞愧。另外一些时候，他们简直就是不知所措。父母很难捉摸孩子想要什么，而孩子又不会解释。孩子只能不停地重复同样的行为，直到最后父母终于解读出孩子想要表达的信息，并且给孩子做出了一个恰当的回应。

学步儿有很多行为都亟须解释说明，下面是一些例子。

- 如果布莱尔生气或感到沮丧，他会用自己的头撞墙。
- 艾迪饿哭了，但他拒绝妈妈提供的每一个晚餐选项。

---

* 学步儿（toddler），即开始走路的1—3岁儿童。原书中多用toddler指代这个年龄段的儿童，但由于国内并没有叫学步儿的习惯，因而书名并未使用"学步儿"。——译者注

- 当桑德拉在童书中看到一头大象摆动着长鼻子时，她尖叫并且试图躲起来。
- 琳雅松开爸爸的手，跑向一匹正在她家旁边的田野上飞驰的马。
- 玛丽在家里到处找妈妈，但她找到妈妈后又马上跑出了房间。
- 马蒂一会儿哭着要抱抱，一会儿要求被放下来，反反复复。

这些以及其他很多行为挑战了成人的逻辑。为什么孩子要寻求痛苦，选择挨饿，害怕一幅没有恶意的图画，冲进危险之地，寻找妈妈但又只是为了从妈妈那里跑开，或者在寻求安抚的同时又抗拒呢？

这些反应虽然从成人的视角来看难以理解，但在一个1—3岁的孩子眼中，却完全有道理。本书尝试去解释孩子为什么会这样。这里呈现的观点是我对以下内容的综合，包括儿童观察、针对学步儿及其家人的临床工作、发展心理学的理论和当前的研究发现。整合的主题来自依恋理论，这个理论是心理分析大师约翰·鲍尔比（John Bowlby）和心理学家玛丽·安斯沃思（Mary Ainsworth）提出来的，它解释了为什么所有孩子在其生命的前三年都那么强烈地需要和父母及几个珍视的成人建立亲密的关系。依恋理论的基本假设是：如果学步儿能够依靠至少一个成人让他们感到安全和被保护，那么他们长大后就能够成为快乐而且能干的孩子。这种人际关系中的基本安全感，将推动孩子们去探索事物运作的规律和尝试新的技能。[1,2]

学步期最重要的情感成就，就是在以下两件事之间取得平衡：孩子想变得能干且自立的渴望，以及对获得父母的爱和保护的渴望，虽然这两件事有时会彼此矛盾。学步儿刚刚掌握独立行走，从他们的行为中，我们可以清楚地看到这个过程。孩子会来回移动，一会儿靠近父母，一会儿走开做自己的事情，然后又回到父母身边分享他们的新发现。他们从父母那里获得安抚，或者仅仅通过一个拥抱或依偎来给自己"充电"，然后又重新出发开始新一轮的探索。他们在练习如何平衡对自主性的需求和对保护的需求。为了探索和学习，他们需要确认在自己做事情的时候父母会在那里保护他们的安全。

父母成为学步儿探索的基地。当父母能够对孩子的经历给予鼓励和理解的回应时，这个基地就成了一个安全基地。孩子从父母的支持中产生一种安全感，并且这种安全感会让他们产生自信去寻求更广阔的视野。

不同的孩子会通过不同的方式来运用父母提供的安全基地。一些孩子的气质是害羞和腼腆，他们在准备好自己去探索之前需要靠近父母更长的时间。另一些孩子很少会退缩不前，因为他们非常活跃，很容易对新奇的东西着迷。孩子的气质倾向给他们打上了个性化的印记，区分了每个孩子是如何在自己探索时把父母和其他照料者作为一个安全基地的。

然而，大多数成人无法停留在一个地方，或者无法一直有空。安全基地是人，而父母除了回应孩子之外，还要顾及生活的其他方面。父母除了作为父母外，还有很多角色：他们有工作、社交和私人生活，还要应付日常生活中的各种要求。父母和学步儿的不同需求和愿望，需要相互谈判，最终达到一个彼此大致满意的平衡状态。"满意"的含义在不同家庭之间是有差别的，而且在发展过程中也会变化，这取决于很多因素，包括社会机会和压力，父母的文化期待与价值观，孩子和父母的个体特征和亲子关系的风格。为了谋求家庭和谐，最好记住，"满意"通常是关于可能的艺术。英国儿科医生和心理分析师唐纳德·温尼科特（Donald Winnicott）因对母子关系理解深刻而闻名。他提出了"足够好的妈妈（good-enough mother）"这个名词，来帮助妈妈乃至整个社会放弃幻想，不要再误以为真的存在完美的妈妈，或者认为应该存在完美的妈妈。很多妈妈会被内疚感淹没，责怪自己无法给予孩子那种人人都渴望的理想生活，如果她们将"足够好"作为口头禅，这会让我们所有人都得以解脱。

在孩子刚开始走路时，父母们会推迟或调整他们自己的愿望和计划，因为行走给学步儿带来了新的身体需求和情感需求，这常常需要紧急和即时的关注，并且要快速行动。当学步儿长到 18—24 个月大时，他们站得更稳，并且获得了更多自信，这时父母们就没有那么大的压力要去听从孩子了。他们逐渐期待学步儿适应成人的计划和愿望，而不是反过来由成人来适应孩子的计划和愿望。

在整个学步儿阶段，身体安全和情感安全的主题必须始终处于首要位置，父母不能依靠孩子的自控力或能力来判断什么是安全和什么是危险。相对于学步儿预测其行为后果的能力，他们想要走动和探索的欲望更强。大脑中负责逻辑思维、抽象推理、自我约束和长期计划的脑区，需要很长的时间去发展，直到成年早期之前都还没有完全成熟。所以，生命最初的几年具有一个很残酷的特征，这几年其实也是风险最大的时期，发生威胁生命的事件以及小意外的概率是最高的，如跌倒、烧伤、误食非食物或有毒的东西，还有溺水。父母和其他照料者可能会被惊吓到，他们很难预测或跟随一个头脑简单的学步儿的快速步伐，因为这些学步儿一心一意只想探索世界，了解它是怎么运作的。

身体上的安全依赖于照料者能快速识别和应对危险源的能力，这要求照料者对孩子的行踪进行持续关注。情感上的安全来源于孩子能持续地体验到，父母和其他照料者会在那里保护他们，并且能对他们的需求信号做出反应。虽然身体上的危险和安全通常是黑白分明的，但是情感上的安全体验就不那么好区分了。在生命第2年和第3年普遍存在着许多权力斗争，这都是因为父母和孩子对于危险的感知有差异，以及两者之间互相矛盾却无法谈判的个人安排。学步儿们不肯停下、不肯睡觉，在逃走、攀爬和奔跑之间快速地切换，于是父母和其他照料者常常被精力异常旺盛的学步儿弄得疲惫不堪。有两个有效的方法可以降低父母和孩子彼此的沮丧感受：一是给学步儿营造安全的空间，减少父母持续干涉的需要；二是转移孩子的注意力，引导孩子不要涉足父母禁止他们进行的领域。这样，幼儿的身体安全和情感安全就都能顾及了。

同时，这是社会化的许多压力开始的时候。学步儿被要求在短时间内达到父母的很多新期望。我们希望孩子不再满足于做个小婴儿，取而代之的是希望他们热衷于快快长大的雄心壮志。大部分学步儿要被迫经历如厕训练、戒奶瓶、独自入睡以及遵守家庭规则，这些事情给他们带来的麻烦要多于价值。孩子的反应是，在没有做好准备之前拒绝采取行动，如果这些都失败了，那么他们就干脆发脾气。然而这些抗议是有情感成本的。学步儿担心让父母不高兴会使自己失去父母的爱，这种担忧会表达为学步儿期的常见困难，比如分离焦虑、睡眠障碍和莫名其妙的恐惧。

为了回应学步儿的需求，父母作为保护者的养育功能也经历着变化。他们不再作为主要的外部安全基地来锚定孩子的来来去去，并对孩子的需求信号做出及时回应。他们现在必须帮助孩子成为一位好伙伴，一起找出意见分歧，并且找到维护彼此情谊的解决方案。

这种伙伴关系必然是不对称的，因为父母和孩子之间并不平等。虽然孩子也可以提供一些具体的选项，并被允许在恰当的时候积极参与决策，但是父母承担着养育孩子的责任，而且必须成为做出重要决定的那个人。当年纪小的孩子知道父母对他们自己的权威地位很有信心时，孩子会觉得很安心。在一个被恰当地称为"安全感圆环"的父母干预项目中*，父母所接受到的建议就包含了这些态度，这个项目鼓励父母变得"更高大、更强壮、更智慧，并且更和善"。[3]

当孩子处于恐惧、悲伤、生气和沮丧时，他们和父母的伙伴关系就是可靠的联盟，因为这种关系保护孩子远离绝望和情绪崩溃。孩子明白，他可能不喜欢当下正在发生的事情，但可以忍受这种压力，并且从其他方面获得快乐。父母的支持性态度帮助孩子度过了困难时期，并逐渐变成孩子的一部分。刚开始的外部安全基地在经过多种互动之后，逐渐转变为自信和安全的内在体验，成为孩子自我意识中一种越来越可靠的成分。孩子学会内化父母的照顾和保护，即便他们不在身边。学步儿阶段是一个关键的开始阶段，接下来

---

* 关于此干预项目的一本书——《依恋创伤的预防与修复——安全感圆环干预》，其简体中文版已由中国轻工业出版社于2019年4月出版。——译者注

是持续巩固这一成就的过程。

伙伴关系并不总是和谐，因为意见分歧不可能始终如一地被调节至双方都满意的结局。比起其他发展阶段，这一点在学步期尤为如此，然后在青春期又再次变得明显。发脾气、大声喊叫、拒绝服从、走出去、生闷气、易怒、生气，这些都是养育一个学步儿时家庭里经常出现的现象。这初步映射出我们终生在紧密联结他人时存在的内在挣扎。一定程度的矛盾情感，在人类所有关系中都是不可或缺的成分。我们对某人的爱和依赖越深，我们的失望和沮丧情绪就会越强烈，最终可能变成矛盾，这种矛盾无法按照我们希望的方式得以解决。

对于孩子的情绪和愿望，父母不可能也不应该总是习惯于快速回应。无条件的服从阻碍了他们发展出理解他人需求的能力，而他人的需求同样合理，而且有时可能更加急迫。父母在全身心地照顾孩子时可能会失去自我意识，这对于父母和孩子来说都会产生负面结果。父母和孩子之间的伙伴关系，在很长一段时间内必然会保持不平等状态。对成人权威的抗议，以及忍受抗议的结果，都能帮助孩子学习社会预期，提升他们在社交和情绪上的技能，包括容忍沮丧感，并且适应他人的需求和愿望。

有时候很难意识到，亲子间的不匹配具有促进成长的潜在功能，因为父母对孩子的同情可能会让父母误以为，如果自己不能满足孩子的愿望就是自己的错。然而，虽然不匹配可能会让人不愉快，但对孩子是有帮助的。很多研究表明，当父母对孩子进行回应的敏捷程度处于中等水平时，能够最好地预测孩子的安全依恋关系。当父母对于这种伙伴关系的态度融合了共情和现实时，父母最有可能在回应孩子上发展出这种"不多也不少"的养育敏感度。这包括：努力倾听，对孩子的观点和感受表现出理解，承认父母和孩子有时持有不同的目标，寻找调和差异的方法，并且在需要的时候坚持父母的优先权（即使孩子并不喜欢这种结果）。孩子在情绪上的韧性需要较长时间慢慢建立，而且需要在日常生活中练习如何解决问题和处理矛盾，以及当他们不能最后拍板时要如何处理这种沮丧感。父母表现得和善而坚定，能够使孩子确信成人知道他们自己在做什么，而且通过这种示范作用，可以让孩子建立起对他人需求的现实意识，以及学会尊重他人的需求。

学步儿发展的每一个方面，都受到安全基地是否存在的影响，也受到父母和孩子之间的伙伴关系影响。里程碑事件（就像如厕训练）、一般焦虑（比如分离恐惧）和睡眠障碍都可以从这个视角被更好地理解。受这些概念的启发，甚至可以更好地理解和易于处理孩子对于外部压力事件（比如开始进入托儿所或者父母离异）的反应。

安全基地可以由亲生父母或养父母建立，也可以由同性恋父母建立，还可以由其他可靠的照料者建立。当家庭中有一个妈妈和一个爸爸时，爸爸的角色有时会更加明显，因为爸爸会更加真切地感受到，怀中的宝宝如何变成一个学步儿。在塑造父亲在孩子日常生活中的角色时，文化影响、家庭环境和个人风格都起到了重要作用，但我们常常观察到更多的爸爸参与到学步儿阶段，这种情况可能与一些研究结果有关，爸爸比妈妈更可能促进孩子的冒险探索，以及更可能去挑战孩子现在可以参加的一些游戏。[4]有的研究调查了幼儿和父母的关系，结果发现：和爸爸的安全依恋关系可以保护孩子从婴儿开始健康发展。比如其中一个研究发现，如果儿童在遇到压力时寻求爸爸的安抚，对爸爸表现出安全依恋关系，那么孩子在学校或者在和同伴一起时较少出现行为问题，而且表现得更有能力。[5]在另一个研究中，比起那些对爸爸妈妈都是安全依恋的学步儿，如果孩子对爸爸和妈妈都是不安全依恋，那么他们在6.5岁的时候会表现出更多的行为问题，但是如果孩子对父母一方是安全依恋，那么这种行为问题就差不多。[6]越来越多的研究都支持一种观点，如果家里有一个提供鼓励的爸爸，这是很有帮助的，即使爸爸和妈妈并没有生活在一起，但是如果父母双方为了孩子的利益而形成了共同养育联盟，也很有用。[7]对于单亲家庭和那些正在谈判如何分享孩子探视权的离异父母来说，这是很重要的信息。我们将在第9章探讨离异家庭中的学步儿和父母的体验。

对于那些在非传统家庭结构（比如单亲家庭或同性恋家庭）中长大的孩子来说，这些发现意味着什么呢？已有的结论一致表明：朋友和家庭的支持，工作时间的灵活性，足够的收入来源与社会资源，以及令人满意的育儿安排，都能让单亲父母将孩子养育成各个方面都茁壮成长的人。正如在双亲家庭中长大的那些孩子，亲子关系的情感质量是预测孩子健康发展的唯一且最重要的指标。相似地，研究一致表明：由同性恋父母养大的孩子，和那些由异性恋父母养大的孩子一样，他们的幸福（包括情绪调节，同伴和成人关系的质量，对性别身份认同的舒适度，以及学习成绩）受到相同因素影响。这些普适的因素包括：父母压力、养育取向，以及夫妻关系适应力。这些因素和父母的性取向都没有关系。[8,9] 同性恋父母通常报告说，当他们的学步儿或上幼儿园的孩子意识到自己的家庭结构不同时，他们会问，"我有没有妈妈？"或"我的爸爸在哪里？"。即使年纪非常小的孩子也能够理解有关不同家庭结构的解释，只要这种解释是由他们喜爱的大人通过清楚而且简单的语言向他们提供的。年幼的孩子可能会最先向其他人描述他们的家庭结构是怎样的。比如，3岁的玛丽在杂货店的结账柜台前告诉收银员说："我的山姆爸爸对我大喊大叫，但我的保罗爸爸阻止了他。"美国幼儿教育协会开发了很多资源，帮助父母和教育者用开放、舒适、包容的态度向年幼的孩子谈论家庭结构的多样性。这种方式能促进文化的理解，帮助来自不同家庭形式的孩子感受到归属感。[10] 罗比·哈里斯[11]写有一本童书《谁是我的家人：有关我们家庭的一切》(*Who's in My Family: All About Our Families*, Robie Harris)，它帮助父母向孩子介绍这个主题。

有关什么对孩子有益，父母有不同的信念和做法，这些信念和做法受到文化价值观的塑造。文化价值观携带了庞大的情绪威力，即使它们并没有被父母意识到。这些价值观和做法指挥了育儿的每个方面，从具体决策（比如宝宝在哪里睡觉，和谁睡觉，什么时候开始如厕训练），到成人对于黑白是非的预期（包括在不同的情境中允许或禁止孩子说和做的事情）。不同的文化常常持有不同的观点，比如玩耍有多重要，和婴儿说话的价值，性别角色，以及应该对爸爸妈妈有什么样的预期。本质上，育儿的每个领域几乎都受到了文化的影响。反过来，文化价值观也受到很多因素的影响，包括家庭的种族、民族、宗教信仰、国家认同感、移民历史、经济与社会环境、教育背景、性取向，以及性别认同感。文化群体并不是同质的。比如，来自相同种族的人，可能在民族、宗教信仰、社会经济条件、性取向和性别认同上是有差异的。人们通常觉得他们同时拥有几个文化身份，这是因为他们属于几个不同的群体。一个人可能属于某个少数团体中的少数派，比如在一个特定的国家，一个人的宗教信仰或性取向，就可以和他身份所属的这个少数团体的主流不同。父母对于所属群体盛行的文化价值观的接受度和舒适感，还增添了育儿价值观念和实践的文化多样性。比如，在有关孩子可以做什么和不能做什么的问题上，一个笃信宗教的父母，与一个世俗化但又同属于相同民族、种族、国籍和宗教群体的父母，可能会有非常不同的期望。随着全球各个社会逐渐变得文化多元化，很多人和他们的孩子有来自不同身份群体的妈妈、爸爸或亲戚。他们认为自己在很多维度上具有多元文化。

社会变迁意味着文化价值观是动态的，处于不断的变化之中。这个过程通过每个父母和每个家庭的个性化得以实现。在不同文化群体中，父母都持有相同的目标，就是帮助孩子成长为健康并且有作为的社会成员。这个目标是通过各种具体的价值观和实践做法来实现的。对于如何培养出健硕的孩子，没有哪种身份或文化群体能够处于垄断地位。文化多元性的魅力丰富了世界以及我们所有人。后面的章节将描述学步儿如何思考、感受和回应其成长道路上的各种挑战，也描述了父母如何帮助他们以更多的自信和喜悦来面对这些挑战。但是本书也（很多时候是无意识地）反映了本书作者的文化影响。因而父母可以根据什么对他们是有价值的，从本书中挑选各方面的内容，使其适合他们个人的和文化的信念。

父母和孩子帮助彼此成长。在养育孩子的过程中，父母也养育了自己。他们把自己成长阶段的情感释放出来，发现自己在孩子身上重复着自己与父母的行为和感受。有时身体比头脑记得更多，表现为出乎意料地感受温暖、兴奋、喜悦，或者更为黑暗的悲伤、恐惧、沮丧、生气等。育儿给父母机会重塑自己的童年，并去改善它。和学步儿的每次互动都成为一次机会，要么重回旧的模式，要么创造出一种新的反应让自己更加符合父母希望自己成为的那种人。如果本书能够帮助父母把孩子抚养成父母希望自己被抚养成的样子，那么这本书就达到目标了。

第 2 章

谁是学步儿

"一位慈祥的妈妈在教孩子学走路。她离他够远,所以实际上她并不能直接支撑他,但是她展开双臂去迎接他。她模仿他的动作,如果他跟跟跄跄,她就敏捷地弯下腰好像要去抓住他,她让孩子相信他好像不是独自走路……不过,她还做了更多。她点头示意,如同一种奖励,一种鼓舞。因此,虽然孩子独自走路,但他的眼睛一直盯着妈妈的脸,而不是关注路上的障碍。他通过那双并没有扶着他的双臂支撑着自己,并时不时大步走向妈妈的怀抱——他的避风港。毫无疑问,他在强调对母亲的需要的同时,也一直在证明自己没有她也能行,因为他正在自己走路。"[1]

和上面描述的情境相呼应的是,2.5 岁的琳达悄悄地对妈妈说:"我是一个宝宝和一个大姐姐。"(妈妈感动得热泪盈眶,想着"我也一样"。)

这两个情境向我们传递了生命第 2 年的精髓。学步儿是以他们不需要辅助而能行走的能力来定义的。独立行走的能力,在婴儿 12—30 个月大时发展、巩固。这个过程对父母和孩子来说都是一个很戏剧性的变化,不同于生命第 1 年身体上的紧密联系。但正如小琳达知道的,这当中也存在联系:因为孩子还处于婴儿期,还有频繁接触父母的持续需求;然而,随着独立行动增多,现在学步儿可以自己决定什么时候去以及去哪里,而不需要依靠父母,将父母作为必需的(而且有时是不情愿的)移动交通工具。

这种新增的自主性给学步儿的自我概念带来了一次革命。她的主要情感任务就是，把离开父母去探索的喜悦，整合到她从父母的持续存在中所获得的安全感里。父母的任务（不是一项容易的任务）是有技巧地保护孩子，避免他们在活动中遭受陌生的、意料之外的危险。父母需要反复这么做，即使孩子已经逐渐有能力保护自己。

在很多不同的场景和环境中，父母和学步儿需要通过商量达成一种相互满意的平衡状态，既能给予学步儿亲密的安全感，又能让他体验探索和发现的兴奋感。

从这个意义上说，童年就是一个早期体验中心，让孩子初尝成人生活中所遇到的挑战和两难。这个阶段也许比其他年龄段更加戏剧化，它让我们直接面对两种强烈而且矛盾的冲动：对于在亲密关系的保护罩下感受安全感的渴望；以及对于没有管束、没有限制、没有抑制的探索的渴望，因为它带来令人激动的刺激，让人可以自由翱翔而无须回头想着留在后面的人。

学步儿带着激情来体验这两重性，他们对于亲密感和探索的具体体验将产生深远的影响。我们通过生活而形成的个人风格，多是受到我们表达、平衡和整合这两种冲动的独特方式的影响。我们可能会在生活中的不同节点，尝试不同的可能性，在令人头晕目眩的冒险时期与反思踌躇的时光中交替。然而最后，我们倾向于反复重新创造这种独特平衡，也就是在谨慎和大胆之间，在熟悉和新奇之间，在亲密和自主之间，使我们以难以捕捉的方式体验最像"我们"的样子。

关于"谁是学步儿？"这个问题，可以这样来简单回答：学步儿就是一个年幼的人，正从最初第1年几乎完全依靠父母的状况中成长起来，现在他渴望探索世界，并发现自己在这个世界中的位置。探索的动力驱使学步儿向前，但是在他们需要学习的各种能力中，最核心的还是依靠可以提供支持的亲密关系的能力。

大脑如何塑造个体发展

从完全依赖成人，到逐步增加自主性、情绪上可以自我调整以及能在关系中互利互惠，这些进步的基础是大脑回路的快速成长和巩固，这种成长速度是孩子生命中的其他阶段无法比拟的。大脑的发展并不是在真空中进行，它高度依赖儿童的环境体验，更重要的是，依赖以依恋对象为核心扩展出来的关系圈。虽然大脑随着时间而发展，神经可塑性（也就是大脑应对新体验而变化和适应的能力）持续终身，但是孩子出生两年后，其大脑的重量已经达到成人大脑重量的80%，标志着这个时期是大脑成长速度最快的时期，为支撑以后的大脑发展创造了基础性的结果。哈佛大学的儿童发展中心已经勾勒出发展和神经生物学的6个核心概念，这整合了近年来在神经科学和儿童发展研究领域的卓越进展。[2]

- 大脑随时间的推移而被塑造，但大脑结构的很大一部分在生命最初几年被构造形成。
- 大脑的发展受到基因和经验交互作用的塑造，依赖环境输入，包括感觉刺激，以及稳定和回应及时的关系。
- 大脑架构和逐步发展的技能是自下而上建立的，基本的神经回路和技能为高级的回路和技能提供了基础（比如，牙牙学语早于学习词汇，然后学习的词汇用于创造越来越长、越来越复杂的句子）。
- 情绪、社交、认知领域的功能会不可避免地相互联系，形成一种动态、互惠的交互作用，使情绪状态、社交技能和认知能力彼此影响。
- 如果应激水平长期居高不下，而且无法通过保护性的照顾得以释放，那么将会给身体的应激管理系统造成负担，使之持续分泌高水平的应激激素。这些应激激素早晚会成为大脑组织的毒素，对大脑发展、健康、行为和学习都造成不利影响。
- 给童年早期的健康发展提供恰当条件，对个体的长远幸福最有效，因为大脑可塑性在早期几年最强大,并随着年龄增长而慢慢减少。

当然,大脑发展本身并不是终点。它需要在"完整孩子"的背景下被理解。生物、社会和文化因素在相互作用下,创造出越来越复杂的行为与心理的组织和整合形式,身体和心理则通过这几种因素的相互影响而不可避免地联系在一起。婴儿期和童年早期的情绪或心理健康可以定义为:情绪调节和从失调中恢复的能力,参与到可以互相信任的关系中并且修复矛盾的能力,以及探索、学习和应对沮丧感的能力,所有这些都发生在家庭的社会和文化价值观及期待当中。早期情绪健康的各个方面都可以在未来演变成为成人的情绪健康。这里的每一个方面都涉及了整合和谐与不和谐的努力,以及对修复的探索尝试,因为失调、不信任、沮丧和矛盾是人类体验中不可或缺的成分。在这个终身成长和学习的过程中,大脑发育由基因设定并启动,受到基因、体质特征以及外部体验的交互作用的影响。其中最重要的就是,儿童最初的亲密关系中的情感质量。从这个层面来讲,我们可以这么表述:关系状况可以内化到孩子的生物状况中,因为父母的反应塑造了神经系统的发育,神经系统涉及孩子对于压力和社会行为的反应。

环境条件不仅影响了孩子的发展,也影响了父母在身体和情感上的支持,以及他们在育儿上的做法。比如,贫穷可能对父母和孩子都会造成充满压力的环境。处于贫穷状态的家庭可能无法获得足够的营养、稳定的住处、安全的社区和可靠的交通,这造成了日常的烦恼,占据了时间和情感空间,干扰了父母和孩子之间的休闲和玩耍。处于贫困中的父母可能无法通过高质量的儿童托管和丰富的教育活动来缓冲孩子的压力,因为这些资源通常都很贵而且很难寻找。这些条件影响到很多孩子和他们的家庭。年幼的孩子正处在最可能生活在贫困中的年龄段:在美国,每5个3岁以下的孩子中,就有1个生活在收入低于政府贫困线的家庭里。[3] 贫困中的年幼孩子和其家人所受的磨难,不仅仅是他们个人的问题,因为随着这些学步儿成长为成年人,这些问

题将通过对健康、教育可获得性和经济生产力的长期作用,而影响到国家结构。[4,5] 正如一个被广泛引用的非洲谚语所说的:养育一个孩子需要整整一个村落。

我们如何帮助家长抚养一个健康的孩子呢?这一章特别关注了孩子和照料者之间的动态互动,将此作为养育养料的主要来源。它关注孩子探索的两个主要场景:外部世界,在这里孩子可以练习他们行走和说话的新技能;以及身体和心灵内部的世界,在这里可以产生新的感觉、感受和思维,为认识和喜爱自己并成为社会一员提供了基础。这一章描述父母和其他照料者可以如何武装自己,使自己能够有效地回应孩子在探索过程中对于保护和支持的需求。

发现世界

学步儿阶段,人类的两项基本动机——依恋和探索——的关系得到了重构。这两个动机都是通过具体行为来表达的,使父母能够理解孩子在特定时间里想要或者需要什么。依恋的动机让孩子通过靠近、追随、寻找不在的父母，寻求被抱起来、拥抱、偎依和紧挨着等行为来更加接近父母。这些行为表明，学步儿觉得有亲密和确认的需求。探索的动机让孩子为了行走、攀爬、跑步、跳高和审视周围世界而远离父母。这里，孩子的主要动机是了解世界。

当学步儿尝试依恋和探索时，他们的父母则必须要适应养育行为中两个互补的设定：保护行为，通过趋近和亲密给孩子提供营养和安全；放手行为，鼓励孩子无畏探索。

20个月大的珍妮正准备参加她的第1个派对。当她和父母到达时，珍妮在一个新房子里遇到了一群陌生人。她扯住妈妈的裙子，把脸埋在妈妈的裙子里面，时不时地探出头来，露出担忧的表情。女主人尝试用诱人的玩具来调动她的情绪，但是在最初的15分钟里，珍妮似乎黏在了父母身上。很明显，她需要和他们的亲密接触，让她在这个不熟悉的情境中感到安全。她的父母意识到了这一点，所以并没有给她压力。取而代之，他们指出熟悉的人，以及房间里好看的特征，这帮助她感到轻松。逐渐地，当她看到一个9岁的男孩时，她放松了下来，因为这是她认识并喜欢的小朋友，她接受他的邀请一起玩，但仍然时不时地看向她的父母，父母也给予她鼓励的话语。很快地，珍妮开心地跟随其他孩子去玩了，虽然她还不时地回来拥抱父母或者向他们展示一个玩具。

18个月的哈利，整个早上都在要求去"园（公园）"。这时刚9:00，但是这个星期天早上，哈利从6:30开始就醒着了。爸爸在床上抱着他，试图用一些玩具来稳住他，并且做出短期的承诺："在我们吃完早餐之后，哈利。首先我会起床，然后我会去洗澡，接着我们再去公园。"这种对一系列事件的细致陈述让哈利满意了一段时间。他在父母的房间和自己的房间之间走来走去，带着玩具到爸爸的旁边玩。他时不时地问他："爸爸，现在起床？现在园？"等到他们终于来到游乐场的时候，哈利放开爸爸的手，很开心地跑到滑梯那里。他渴望探索，而且他知道爸爸就在后面跟着他。有段时间，哈利自己爬到滑梯上面，这是他非常喜爱而且训练有素的活动。爸爸愉悦地看着他，每隔一段时间就对儿子的成就做出表扬。过了一会儿，哈利决定转而去玩荡秋千。他来到爸爸面前，抓住他的手，然后一边说"爸爸，秋千"，一边开始朝那个方向走去。哈利知道现在他需要爸爸的帮忙，而且他找爸爸的时候充满信心，他预期肯定能够获得爸爸的帮助。

一个安全基地

这两个例子表明：孩子在依恋和探索之间的平衡映射出父母对其探索所给予的保护和鼓励。当事情进展得比较顺利的时候，父母作为安全基地，让孩子可以从这里起航探索，也让孩子可以充满信心地回到这里来获得安抚，然后又继续起航。

因为父母的这个角色，孩子在依恋行为和探索行为之间的平衡被非常贴切地命名为"安全基地行为"。[6]学步儿被学习和探索中的挑战所吸引，把父母当作避风港，当孩子遇见恐怖的事情，或者当他们累了或有需求时，他们在避风港里获得安抚和安全。

当学步儿在成人觉得完全安全的一些情境中，变得很黏人或者要求被抱起来时，成人通常会感到很愤怒。比如，当孩子非要跟着父母一起进洗手间的时候，或者当孩子被一个陌生人拍了下头就大哭起来的时候，或者当孩子一看到狗（即使是最温驯的）就变得极度黏人的时候，或者当孩子夜里不睡觉却非要人陪伴的时候，父母可能都会觉得很不耐烦。

虽然这些行为对父母来说可能很折磨人，但对于年幼的孩子来说，面对一些常见情境（比如黑暗，被单独留下来或和陌生人一起，以及面对不熟悉或紧张的刺激，如很大的噪声或突然的移动）时表现出恐惧，其实是很具适应性的。在人类进化的过程中，上述情境都与危险风险的增加有关，可能是某种意外或者是猎物袭击。人类（包括孩子）在生理上就具备识别危险线索的能力，我们用内置的行为机制来应对危险事件，使自己尽量安全并增加生存率。[7,8] 这些机制包括靠近我们信任的人以寻求保护，这也是学步儿在难过时会本能地依靠的行为。

在孩子还不会说话之前，孩子的移动就是反映其感受的强大指标。寻求接近和接触（即依恋行为），表明孩子感到害怕，需要帮助让自己感到更加安全。离开父母（即探索行为），表示孩子感到足够安全，渴望寻求新奇而不是安全。当父母能够意识到这些行为的意义，并且对这些行为做出恰当的回应时，父母就能促进孩子的发展。

重视早期的恐惧：生存的生理基础

年幼的孩子时不时地会面临一些有潜在危险的情境，这是他们日常生活的一部分。他们常常被那些情境吓到，使得压力和恐惧成了孩子发展过程中，一个虽然不受欢迎但又不可缺少的存在。压力和恐惧在强度上有一定范围，从可预期的、正常的和可控的（比如学步儿刚刚开始上托儿所时的不安），到那些造成生理和情感极端失衡且持续失调的。后者中，比较严重的情况往往起源于创伤性经历（比如非常痛苦的医疗手术，目睹了一起暴力事件，遭遇虐待等），损害了年幼孩子对于父母能够为其提供保护的信任。应对压力和创伤通常涉及 3 个步骤。

1. 意识到潜在的危险。
2. 评估情境后选择一种有效的应对策略（比如逃跑、战斗、原地僵硬、向他人求救）。
3. 使用被认为最有用的应对策略。

这 3 个步骤的过程通常发生在刹那间，而且对于生存来说至关重要。在婴儿、学步儿和学前儿童中，最频繁和可靠的应对机制就是使用依恋行为，转向父母寻求亲密接触和确认。在面对孩子请求保护时，父母在身体和情感上的支持是一个关键因素，能帮助孩子回到情绪调节状态，并恢复安全感。

最近有关大脑发育的研究表明，在生命的第 1 年，那些对危险和安全信号进行侦查、赋予意义和反应的大脑区域（边缘系统，包括杏仁核），已经在运作了。一个持续 12 年的纵向研究，使用了核磁共振成像技术，对杏仁核和海马的发育进行扫描，发现它们在 1 个月龄就开始生长，在大概 2 岁的年龄出现生长爆发期，在生命的前几年大脑容量增长率很大。这使得研究者做出结论：婴幼儿期是神经发育的一个关键时期。[9] 敏感期的概念用于指代某些发展阶段，期间，个体的经验对于大脑逐渐展现的发育具有特别强烈的影响，尤其可能长期地改变大脑的性能。早期，也就是在大脑发育的敏感期，那些涉及恐惧反应的大脑区域在面对强烈的、慢性的压力或创伤事件时，没有获得照料者的支持性回应，因而恐惧反应无法得到缓解，于是过度产生了神经联结，使孩子更容易有出现焦虑和其他情绪困难的风险。相反，处于安全依恋关系的年幼儿童，他们稳定地体验到父母回应他们的需求信号，这些孩子能够更好地从骇人经历所引起的压力中成功恢复。[10] 比如，在一个研究里，让陌生人靠近（这是一个天然的危险信号）一个 24 个月大的学步儿，并对学步儿的反应进行观察。那些能够自由接近妈妈的学步儿，表现出较少的生理压力信号（僵硬、恐惧反应）；而那些身体被束缚着无法接近妈妈的学步儿，表现出更多的生理压力信号。[11] 另外，如果年幼儿童的父母能够对孩子的恐惧信号做出保护支持的反应，那么孩子并不会被"溺爱"或者"宠坏"，相反他们会更加具有情绪韧性，因为他们学会信任父母，也学会信任自己。

学步儿对保护的需求

学步儿做出安全基地行为的能力，使他们成了为保护自己而出力的积极代理。事实上，学步儿似乎天生拥有一种内在监控系统，他们能够扫描环境，追踪那些让他们感到危险或者安全的条件。学步儿很容易受到很多他们无法理解或无法预期的危险的伤害，而且父母必须对维护他们的安全保持警惕。但是，父母也要重视调整自己的反应，使孩子照顾自己的能力得到强化和拓展。

学步儿主动照顾好自己的方式是：在不熟悉的场所，他们会监控父母的行踪，并且和父母保持相对亲密的距离。在伦敦一个公园里，一位英国的研究者通过15分钟的录像记录了学步儿的行为，当时这些学步儿的妈妈们坐在长椅或者草地上不离开。结果发现：除了一些特例，学步儿似乎确定自己的边界，他们待在妈妈附近60米左右的范围内。[12] 这正好也吻合妈妈对于什么是安全距离的判断。如果孩子待在这个边界内，妈妈并不会叫他们回来；但当孩子超越了边界，妈妈就会叫他们回来。然而，接近七成的孩子一直都没有走出边界，所以也不需要妈妈叫他们回来。如果学步儿想要走得更远，其实他们是有机会的，但是他们会控制好自己的探索，使自己待在一个安全距离内，同时也如愿以偿地自由远离妈妈的直接身体控制。

这个研究在不同方面清晰地呈现了安全基地行为的精美细节。学步儿的移动是一阵阵的，有时他们增加离开妈妈的距离，有时又想靠近妈妈。这种阵发性可以解释大多数的儿童移动：妈妈作为孩子活动的圆心，孩子则根据妈妈的位置来组织自己的来来去去。一个特别强有力的结果是：那些孩子最有可能待在距离妈妈比较近（1米以内）的地方；远离妈妈去玩耍的时间通常比较短暂。换句话说，在那些确实很安全的地方，孩子感到最安全，而且他们喜欢在那里待更长时间。

当学步儿远离妈妈，他们会通过快速的视觉检查和指向有趣的景象来追踪妈妈的去向。妈妈通常会忽略那些行为，除了一个例外：如果学步儿指向一个潜在的危险来源，比如说一只没有被拴住的狗，那么妈妈就会呼唤孩子让他们靠近自己一点，如果他们不听从，妈妈就把他们抱起来。这说明，用手指向是一种重要的行为，帮助孩子通过父母的反应来学会什么是安全，什么是危险。当孩子指向的东西是安全的，妈妈就不会留意或者只是表达轻微的兴趣；当它是有危险的，妈妈就会采取明确行动去保护。

在这个研究中，妈妈的行为表明了父母是如何帮助孩子处于安全和让他感到安全。妈妈并不会干预孩子的探索行为，她们觉得不必一直在孩子身旁。她们从孩子那里得到线索，让孩子可以找到自己，但是不会打扰孩子。另一方面，当需要采取保护行动的时候，妈妈会立即行动。

父母随时准备行动极其重要，因为学步儿保护自己的协调能力还远远没有达到万无一失的境界。年幼孩子监控环境的机制虽然已经发展起来了，但是还会在很长一段时间内保持不成熟的状态。比如，学步儿还没有完全发展出成熟的远距离视力，也不能够准确地判断一个有点距离的东西是否会构成威胁。另外，具有生物基础的危险线索（黑暗、突然的响亮噪声、动物、独处），仅仅是现代社会中众多危险物中的一小部分。危险可能潜伏在快速行驶的车辆、看似友善的陌生人、楼梯和电梯中。这个清单是没有尽头的，而且学步儿不具备通过生理机制或经验来预期危险的能力。学会保护自己是一个很漫长、很费力的过程，事实上，这个过程永无尽头。

这意味着，虽然孩子们天生具有寻求保护的能力，但孩子们的安全主要依赖于成人发展出更完善的预测危险的能力。在童年早期，意外是导致死亡的首要原因，这是一个让人恐惧的提醒，提醒我们学步儿真的很脆弱。在很多情况下，成人需要快速地、单方面地为其提供保护，尽管有时孩子激烈地抗议。在另一些时候，父母不能预期可能造成伤害的潜在风险，尤其在一些看似温和的情境下。还有一些情境里，孩子因为错觉而不是因为事实而产生强烈的恐惧反应。心理学家和心理治疗师阿礼埃塔·斯莱德（Arietta Slade）论述了"想象恐惧"的内在运作机制，这种方法把我们放在年幼孩子的位置上，既要对孩子的外部危险也要对他们的内部危险做出保护性反应。[13]

安全基地就像内心的平衡

孩子们并不只是在移动的时候才会遇到危险。他们可能误吞有毒物质，玩弄火柴或者尖锐的东西，或者拉扯很重的东西到自己身上。孩子和世界的每一次碰撞都可能诱发恐惧或者危险，从而导致他们需要确认或者保护。在每次自主行动中，学步儿都直接面对着一对矛盾：一个是自由自在地探索，另一个是被内在局限（比如恐惧）和外在限制（比如父母的抑制）所劫持。

安全基地的概念是一个有用的比喻，描述了学步儿在这个新阶段所经历的情感上的推拉结合。父母帮助孩子区分，什么时候去探索和什么时候回来。在这个过程中，学步儿逐步发展出一种内在的信任，相信他们可以在感到安全的同时也能够变得外向、有能力，而且逐渐独立。安全基地，开始的时候是由父母来代表的，后来就被内化为孩子人格中的一个稳定成分。

在学习平衡亲密感和探索的过程中，学步儿会遇到其他情绪上的二元问题。根据在每个情境中具体发生的事情，靠近和远离父母可以表示：亲密还是自主；社会归属还是个人成就；被他人钳制和俘虏还是个人权力；爱还是恨与疏远。

学步儿会经历上述每一个状态，因为他们面临的状况，要么使他们感到强大和坚强，要么使他们感到渺小和无助。他们可能大胆无畏地走开，但几分钟后又变得黏人和哭泣，希望所有事情都被包办。

当强尼从客厅的一头走到另一头却一点都没有摔倒的时候，他感到自己不可打败。当他的哥哥拦截他，把他推倒在地的时候，他感到自己被羞辱击败，他想咬他的攻击者（只在他能够追上哥哥的时候才行！）。当强尼的爸爸"拯救"他、责怪了哥哥并帮他站起来时，强尼的内心再一次升起希望和胜利，他想要的所有东西似乎都触手可及。几分钟之后，疲惫压倒了他，他担心自己永远不能再走那么远了，于是又哭了起来。

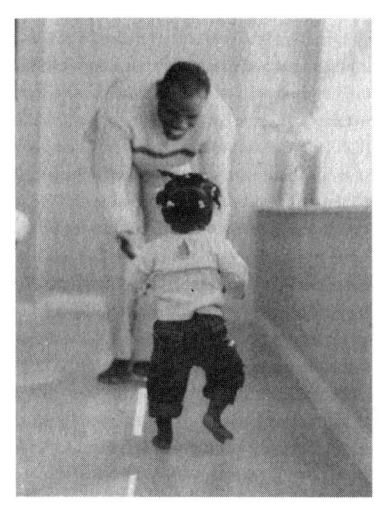

从父母的视角，这是令人困惑的状态。如果由成人经历并演绎一个正常学步儿一天中所经历的所有感受，那么这些成人也会在情感耗竭中崩溃（而且在成人努力紧跟着学步儿的时候，他们也常常感到崩溃）。正因为这样，和学步儿一起生活要求父母要为任何事情的发生做好准备。然而逐渐地，孩子的经历和情绪表达越来越受调控，学步儿期的混乱将会被学龄前期的相对和谐所取代。

英语中有很多表述方式向我们传递了，人们对于那些可以自主行动者的高度评价："那个可以远行的人""她可以自己双脚站立""他是一个直立的人"。[14] 这些赞美虽然是确切的，但也低估了自主所带来的潜在责任。靠自己的双脚远行也有危险，比如没有保护的孤单，以及摔倒和受伤的可能性。学步儿玩积木，通常包括搭高塔和让高塔倒下，在此，积木高塔的突然崩塌常常是一种很好的迹象，这意味着学步儿在移动上有了新的壮举。通过密谋策划高塔的倾倒，孩子学会让通常在自己身上发生的事情在别的物体上发生了。换言之，他获得了对情境的控制，并征服了它。

游戏只能发生在孩子感到安全的时候。搭高塔和让高塔倾倒的顺序就像是让孩子记住，那些在有力量的位置上（比如坐下来的时候）遭遇困难的时光。当孩子实际上摔得很疼的时候，她不会继续游戏。她会找妈妈或爸爸寻求帮助。但是这种受欢迎的救援可能也有危险，因为父母可能会担心孩子再次摔倒，然后禁止她继续尝试。因此，难怪很多学步儿一旦可以自己站起来之后，都会从父母的臂弯里赶紧跑出来。孩子从不顺中恢复过来的速度往往比他们的父母还要快。孩子们渴望再次起航。这个年龄的最大沮丧就是被束缚不前。

安全基地行为的发展变化

学步儿在依恋行为和探索行为之间的平衡并不是静态的。它根据很多因素而浮动变化，包括情境、父母的心境和孩子的心境。有时，孩子想要去探索的冲动连续几周都居于优势地位，随后取而代之的是一段强烈黏人的时期，使父母担心孩子是不是严重退步了。另外的时候，情况又恰恰相反，几周的黏人又被一种对探索的强烈渴望所代替。然而父母渴望孩子对他们多一点依赖，尽管这种依赖是他们之前所担心的。虽然存在这些波动，但还是呈现出了一些广泛的发展趋势，我们将在这里勾勒出来。[15]

"年幼的学步儿"：走路和说话

大多数在 12—18 个月龄之间的学步儿，刚刚才发现自己拥有可以在世界上走动的能力，并为之欢欣鼓舞。直立的姿势，意味着可以用全新的视角和不同的视野去看东西。孩子反反复复地练习新萌生的这项移动能力。他们回归到父母身边的时间往往很短暂，可能最多包含了一个抚摩。而探索世界带来了最大的喜悦。学步儿如此沉浸于他们的新成就中，以至于他们可能觉察不到磕磕碰碰或者摔跤。对他们来说，最重要的东西就是继续练习、发现和掌握。

兴奋是这个时期的关键心情。学步儿喜欢一次又一次地跑走，只是为了在被父母追逐或抱起来时可以尖叫。这个游戏对年幼的学步儿来说具有巨大的象征意义。这让他们确信：移动并不意味着疏远或者遗弃，而且父母也不会认为他们（雏鸟）有新技能就丢下他们不管，而是会一次又一次地把他们找回来。对于筋疲力尽的父母来说，这个游戏似乎是没完没了的戏弄。但对学步儿来说，这是一个重要的确信，让他们知道独立和亲密无间可以结伴而行。

学步儿希望在自己超出边界时被找回来，这个需求最明显地表现在当他们的父母没有这样做的时候：当学步儿跌倒或者受伤了，而这个突发事件以眼泪而不是大笑告终。在这样一个情境中，父母对孩子的隐含信息是"你要为自己负责，如果你做出稀奇古怪的玩乐行为，你可能会惹上麻烦"。学步儿学到，他们视之为安全的经历和感受，其范围过早地被缩窄了。

活动让学步儿的身体处于体验的中心。他们的小脚可以成就奇迹：走路、攀爬、跳跃、奔跑。小脚也为热切的小手做服务。她现在可以爬上梳妆台，伸手去摸那个彩色的陶瓷娃娃，这个娃娃之前一直处在她的触摸范围之外。她可以把所有的填充动物拖出房间，带着它们去找厨房里的妈妈。她可以把自己挤在壁橱底下，找一个丢失很久的玻璃球，然后把它放在嘴里。她可以默默地不见一段时间，然后被人发现。她可以爬到父母的书桌上，小心翼翼地把发现的一本书一页一页地撕下来。

身体成为所有这些追求的一个引人入胜的代理人。在这个年龄，孩子开始学会从镜子里认出自己，很高兴地指认自己和其他人的眼睛、鼻子、嘴巴、耳朵、头发、小手、小脚。他们对自己的生殖器官也有新的兴趣，他们认真地探索，并学习它的名字。当一颗新乳牙快速地长出来时，他们有一种不可抗拒的冲动去咬东西。很多时候他们强烈地沉迷于戳肚脐眼儿、用手玩生殖器官、照镜子，或者审视、咀嚼和咬脚趾头。

和行走一样，给世界上重要的东西找到名字是具有历史意义的成就。这里有一种令人惊讶的对称性。命名和行走能力发生在大概差不多的时间。伟大的创世神话描述，世界是通过语言而存在的。人类的小孩，也是通过命名他正在发现的世界而创造出意义的。有一些名字是一致的、准确的或是差不多的，很多文化都使用这些标签："妈妈""爸爸""汪汪"（指狗）等。其他一些名字则是完全特殊的，是孩子为了个人用法而神奇地创造出来的。这种通过词汇而创造意义的快乐，其令人激动的程度不亚于通过走路而创造出新视角的快乐。

走路和说话一起发展，使学步儿产生了新的信心，他们能够让自己感到更加安全。

阿礼18个月了，他在追一只小猫，他完全沉迷于这种追逐的乐趣。当他转身的时候，他看到妈妈并不在附近，而是在后面，相比之前来说，妈妈在很远的距离之外。他的脸显现出突然的震惊和难以置信，但是他很快就恢复过来，然后跑回妈妈那里，大喊道："谁来我这？谁来我这？"这是妈妈在他离得太远的时候使用的呼唤（用成人的版本），用以激励他回来。现在他已经把这种呼唤变成自己的了，用来在需要的时候鼓励自己。

失去父母的恐惧。当父母或者一个被信任的照料者在场的时候，学步儿为自己的新技能感到高兴。当父母离开的时候，孩子常常哭泣和抗议，抗议的方式是黏人和试图阻碍分离。当父母不在场的时候，孩子的情绪可以变得清醒而低落。活动的水平通常减慢，探索的兴趣也会减少。学步儿似乎变得内向，似乎始终坚持留住不在场的父母那些令人确信的记忆。当外部安全基地不在的时候，年幼的孩子需要努力从内部通过记忆和想象去唤起。在这样的早期，学步儿还没有学会"不在眼前"不一定意味着"不在心里"。

这种低落的心情在父母回来的时候就结束了。学步儿对重聚的反应是他个人风格的标志。在这个过程中，他体验到他和父母之间的关系。[16] 一些孩子可能一看到父母就大哭起来，这是缓和由担忧而造成的压力的一种方式。

其他人可能打起架来，变得惹是生非或者目中无人。学步儿的矛盾情绪可能通过这样的方式来表达：一边爬到父母身上，一边推开父母或在其身边轻轻地踢脚。有时，孩子低落的情绪在父母回来之后持续表现为回避的形式：注视其他地方，甚至离开父母，而不是靠近父母。一些学步儿会继续玩，就好像什么都没有发生，完全忽略父母在和他打招呼。

各种各样的反应说明，对于父母不在场，孩子会表达出生气和不安的独特风格。孩子可能担心父母不是真的回来，可能很快又要离开——身体上或者情感上的离开。孩子矛盾的欢迎方式，是努力保护自己的一种形式，使自己不会再遭遇由于再次分离而带来失望经历。父母可以帮助孩子缓解这种焦虑，比如在陪伴孩子的时候让自己在情感上表现得可亲近；在离开的时候跟孩子说再见；承诺会回来；带着喜悦和深情去迎接孩子，即使孩子在刚开始时表现出拒绝。第7章和第8章重点关注分离困难及父母可以做些什么来缓解这些困难。

不过，学步儿通常会在一次可以应付的分离之后，兴高采烈地迎接他们的父母。同样，这里的具体反应模式是不一样的，这也反映了孩子的个人风格。一个学步儿可能笑着或在远远的地方就开始迎接父母；另一个孩子可能给父母看一个玩具；第3个孩子可能走近父母，坚持要了他们把自己抱起来。所有这些都是依恋行为，而不是探索或远离行为。这些不矛盾的反应表明，孩子信任父母的持续陪伴，即使在暂时离开期间。孩子对安全基地的内在感受，帮助他在父母回来之前填补了空缺。

有时，亲密感太多了，孩子会通过易怒和不合作来表达叛逆，我们通过下面的例子具体说明。

14个月大的娜塔莉亚和妈妈一起参加每周一次的学步儿游泳课。在45分钟里，当娜塔莉亚和妈妈一起在泳池踢水时，她一直抱着妈妈。虽然她们很喜欢这些课程环节，但是当妈妈在课后尝试去淋浴和穿衣服的时候，娜塔莉亚总是变得生气、情绪化，并充满负面情绪。妈妈意识到，虽然在游泳池里娜塔莉亚需要紧张地依赖她，但是现在孩子可能需要喘息一下。她让娜塔莉亚在游泳课结束后自己跑一会儿，直到孩子自发地又再靠近她。一旦娜塔莉亚显示出她准备好迎接更多的亲密，妈妈就告诉她该去淋浴和穿衣服了。现在娜塔莉亚很快乐地顺从了，因为在她有机会自己探索过之后，她感到不再需要完全依赖妈妈了。

这个例子展示了，父母如何使用学步儿没有说出来的线索来理解她的需求。娜塔莉亚的妈妈充当了安全基地的作用，她意识到什么时候该往后退，并且耐心地等待孩子回来。当孩子忽略父母或者推开他们离开的时候，父母可能感到被拒绝。在这些时候，我们最好记住，孩子和父母的关系正在建设的过程中，它可以表现出不同的形式，并依赖于父母在沮丧和受伤时如何做出反应。因孩子拒绝我们，我们就拒绝孩子，这样会延长矛盾周期，使父母和孩子都抓着自己的愤怒不放。年幼的孩子有很大的权力让我们感觉到被爱或者不被爱，重要或者次要——而成人有同样强大的权力来让孩子如此感觉。不管他们在当下可能如何对待我们，他们需要我们持续传递以下信息：我们比他们更强大和更聪明，我们可以容忍他们的情感起伏和矛盾，而不是以其人之道还治其人之身。当我们没有感到更强大或更聪明时，以及当我们无法以优雅的姿态忍受孩子在我们身上唤起的强烈情绪时，我们可以在自己比较平静的时候，用这种经历来反省所发生的事情。这些反省可以帮助我们理解自己以及孩子的经历，使我们可以更好地准备下一次的挑战。

学步儿会很快地在其主要照料者之间变换偏好，这在这个年龄是非常常见的，此时上述的态度就非常有帮助。婴儿可能同时喜欢他们的妈妈和爸爸，或者他们的两个妈妈或两个爸爸。他们无缝连接地去适应在主要照料者之间的往返，与此同时，他们又以独特的方式和他们每个人相处。到 12 个月大时，孩子们在如何利用父母角色上会发生一次转变，而且出现一种新的执着：

在压力情境中只有父母中的一方才有用。很多爸爸平等地分担了对年幼孩子的照料工作，但他们发现，当他们安慰学步儿的时候，他们被拒绝了，孩子只想找妈妈，哭着想要妈妈抱他。同性恋家庭的父母也报告说：学步儿形成一种在压力情境下对父母其中一方的偏好，即使孩子在没有压力的条件下对父母双方的反应都一样。这种对父母其中一方的偏好可能在孩子生命中的不同时期反反复复地变化，或者它也可能保持稳定。它可能也是情境特异的，孩子在一些活动中偏好父母其中一方，在另外一些活动中偏好另一方。单身的父母通常描述他们感到压力，因为他们的孩子无法在家庭中求救于其他父母角色。为了舒缓这种压力，很多单身父母和其他单身父母以及他们的孩子一起分享家居安排，或者与其他单亲家庭一起创造出一个社区，用以互相提供支持和缓解这种压力。

家庭的情绪气候——指父母和其他照料者如何彼此相处，他们如何协调彼此的价值观，以及他们对孩子的预期和做法——能帮助孩子适应亲子关系中可能经历的动荡。当照料者彼此阻碍，或者相互竞争希望成为孩子最喜欢的那个人时，就会产生压力，并导致孩子的问题行为，比如攻击行为、睡眠问题，或者频繁和强烈的闹脾气。照料者之间的矛盾，以及父母和孩子之间的矛盾是不可避免的，但是成人协调解决问题的努力传达了情感亲和的信息，即使在愿望和需要不协调的情境下。从长远来看，解决问题的努力有助于创造安全的家庭关系和安全的亲密感。当父母彼此之间建立了一种合作的伙伴关系时，每个人都是赢家。当很多父母努力为孩子形成一种安全的家庭氛围时，他们发现这可以治愈自己的早期不安全感，并让他们变得更加有信心。父母相信，虽然他们同自己，同彼此，或者同孩子之间会不可避免地周期性发生情感纠纷，但这是可以修复的，不会威胁他们是谁的本质。

一个过渡阶段：增强的不安全感

到大约 18 个月大时，孩子的行走能力逐步完善，他们不再强烈地对此着魔。行走本身不再是目的，而是达到目的的手段。需要努力掌握的内容，从行走本身，转移到了可以通过行走而获得的目标上。

这个演化包含了一种心理上的悖论。对很多孩子而言，分离焦虑在大概 18 个月达到最高值。关于孩子对妈妈的短暂离开的反应，有纵向研究发现：在这个阶段，孩子的哭泣达到最高值，随后逐渐下降。[17] 相似地，儿童心理学家马格雷特·马勒（Margaret Mahler）和她的同事描述了这个年龄出现的一个行为，他们称之为"影子行为"，指孩子持续不断地监控妈妈的每个动向。[18]

在这个时期，孩子也更加需要妈妈的关注。22 个月的丁娜，每当她的妈妈尝试和他人对话时，她就开始大喊"只跟我说话"。24 个月的马克，只有妈妈答应开车时让他坐在旁边，而且只跟他一个人说话时，他才同意参加一次家庭外出。一些学步儿希望从妈妈的杯子里喝水，吃她碗里的东西。他们可能还要把他们的食物分给妈妈一小口，或者把他们觉得有趣的东西给妈妈，然后在妈妈的腿上堆起来。当他们希望妈妈全部属于自己但却无法实现时，常常导致一种混合了需求增加、尖叫和眼泪的结果。孩子常常变得对轻微的划痕或受伤都非常敏感。而且当东西坏了或者不见了的时候，孩子会变得不同寻常地不安。

为什么学步儿正好在更加有能力独立的时候，同时变得更加黏人和需要精神支持呢？我们可以这样理解：在 12—18 个月之间，学步儿完全沉浸在行走与探索之中，之后学步儿需要重新发现作为持续提供保护和情感支持的父母。一旦年幼儿童掌握了运动能力，他们也更加意识到它可能带来的麻烦。更加确切地说，因为学步儿感到更加有能力靠自己站立，所以他们现在可以肆意满足自己渴望父母的保护带来亲密感的愿望，而在此之前，也就是在他们学习行走的时候，这被搁置在不重要的位置上。

安全基地的比喻又一次帮助我们理解这个过程。就像每天、每个时刻，学步儿不断地在远离父母去探索和稍后回来靠近父母之间切换，那个正在成长中的孩子也经历了如此的变换周期：他更强烈地投身于探索或者亲密感。学步儿阶段主要可以被理解为，儿童逐渐掌握了依恋和探索这两个动机，并且把它们整合起来成为一种独特的个人风格，这种风格将会持续一生，保持相对稳定。

年长的学步儿：内在意识与社会化

在孩子大约2周岁的时候，父母通过语言和象征性游戏，越来越理解孩子的内心世界。学步儿学会把感受当成物体那样贴上标签，他还很自豪地宣布他很开心、伤心或者生气。"我"和"我的"这些词成为学步儿的护身符，用以抵抗一个太早想要把他的财富拿走的世界。不少见的是，当一个2岁的孩子，手里紧紧地握着他最喜爱的玩具时，他会使用"我的"这个词作为问候另一个孩子的方式。这个学步儿已经知道：预防是最好的治疗方式。

那些无法谈论的感受，通常可以在象征性游戏里或者行为演绎中找到表达方式。对孩子来说，演绎是记忆的一种形式。

> 一个叫兰达的小女孩在2岁的时候就失去了母亲。她从洗衣篮里拿出袜子，然后在屋子里撒满一地。她的妈妈曾经使用旧袜子去除家具上的粉尘。保姆要求兰达把袜子放回篮子里。那个孩子义务式地遵从了，但还是保留了一只袜子。当保姆要求她把所有袜子都放回去的时候，兰达带着悲伤的表情躲到一个角落里，把袜子抱在胸前。这一连串的动作表达了她无法说出来的一些话：她想念妈妈，而且想要紧紧地抱着她。

害怕失去父母的爱。想象和幻想的新能力丰富了孩子的内在生活。其中一个结果就是，年长的学步儿对于什么是恐惧的，获得了一种更加复杂的理解。当年幼的孩子担心的主要问题是妈妈的实际行踪，并害怕分离和失去妈妈时，年长的孩子却在应付一个比较隐晦但同样让人毛骨悚然的恐惧：父母的不认同，孩子们（合乎情理地）把这等同于失去他们的爱。在这个年龄，一些最有意义的对话围绕父母的信息展开："即使在我对你生气的时候，我仍然爱着你"。这个难以置信的好消息，只能被学步儿慢慢地消化。学步儿需要达到一种名副其实的认知成就，才能理解它。他必须平衡两者的关系：一个是无比具体的即时经历，即父母生气的脸孔和越来越大的声音（或者在更善于自我控制的父母身上，也可以表现为一种超乎寻常的冷漠行为），另一个则是逐渐积累起来的、关于过去和父母慈爱互动的记忆，这在当前来讲似乎太过遥远，无法依靠。

当学步儿面对着一个恐惧的当下，他们很难记起一个让人确信的过去。甚至成人在面对这样的煎熬时，也常常失去信心，他们可能自问："事情还会再次感觉良好吗？"父母常常不得不提醒自己：他们可以既爱又生气。一些父母在安慰孩子的过程中第一次意识到这点。

学步儿希望去满足父母。害怕失去父母的爱，有着有利的一面：为了维持这份爱，学步儿几乎愿意做所有事情。这是一种有力的协助，可以帮助孩子发展社会意识，甚至一种道德良知。孩子对父母的爱是那么强烈（甚至当它不那么明显的时候），这份爱促使他改变自己的行为：不去攻击和咬人，分享玩具给同伴，接受如厕训练。这种希望被认同的愿望，在父母让孩子适应社会的过程中，是最可靠的联盟。相比使用惩罚进行威胁，求助于此要更加有效，而且在情绪上更加健康。

22个月大的艾玛习得了一个让人烦恼的坏习惯：每当她得不到想要的东西时，她就尖叫。这时她的父母就会坚定地说："停止，艾玛。这样会伤害我的耳朵。"如果她不停止，他们就用手捂住耳朵，然后说："现在我听不见你说话了。"大约一周之后，艾玛的尖叫行为显著减少了，而且不到第3周，艾玛的这个行为就完全消失了。

28个月大的大卫咬了他的婴儿弟弟。妈妈责骂他:"我告诉你不要这么做的,大卫。我对你非常生气。"大卫走近他的妈妈,号啕大哭,同时把他的头埋在妈妈的大腿上。妈妈的双手忙着安抚被咬的弟弟,因为弟弟还在因为被咬而尖叫。刚开始,她没有耐心或精力去关注大卫的不安,但是后来,她摸着他的头安抚他说:"我不喜欢我对你生气的样子,但是你不能咬人。这是一件不可以做的事情。"大卫严肃地看着她,摇着他的头,然后说:"不可以做的事情"。妈妈重复说着"不可以做的事情",现在妈妈的语调更加柔和了,而且她帮助他回去继续玩游戏。在后面的日子里,妈妈观察到,大卫做出假装咬人的动作,但同时摇着头自言自语地说:"不可以做的事情。"

这些孩子在顺从父母的期望,因为他们希望让父母满意。那些成长得比较好的学步儿会寻求认同,但是并不会执着于此。他们可以容忍合理程度的沮丧感,而且可以在坚持自己的意愿和顺从他人的意愿之间灵活地变换。那些成长得比较好的孩子还会对各种类型的情绪都感到比较舒心。操心的妈妈问3岁的麦克是否开心。他的回答是:"我是开心的,且伤心的,且生气的,且爱咬人的,且黏人的。"他拒绝被诱导着只去承认快乐的一面。

父母需要注意,不要浪费了孩子天生希望取悦他们的天赋。如果学步儿的父母过于严苛,可能会让学步儿经历情绪发展上的困难。这样的学步儿可能会过度担忧失去爱,而且可能会变得过于顺从。在另一个极端,孩子可能会使用叛逆作为唯一方式来实现他想做的事情,因为他预期到父母的反对,并把自己武装起来进行反抗。无论哪种反应——过度顺从或者坚持负面对抗——都预示一种限制,阻碍了孩子灵活地实现付出和获取的能力发展。

如果孩子正在呈现以上某种模式,那么父母就要好好地审视自己对孩子的态度、期望和反应。如果父母没有那么高的要求,更能给予抚慰作用,提供更多的支持和表扬,那么也许很快就可以减轻孩子的困难。我们在第3章、

第 7 章和第 8 章考察了这个时期常见的抗争和焦虑,而且建议了如何来应付的具体步骤。

坚持自己意愿的冲动。有点矛盾的是,学步儿希望取悦父母,但也需要一次次地冒着风险惹父母生气和失望。"分歧 – 解决 – 和解"循环在一天中以较大或较小的强度发生,这是学步儿心理发展的一个里程碑。这让孩子知道,他并不是父母的克隆,而是有自主意愿的;跟所爱的人意见不同是不可避免的;以及,生气是我们可以经历的,也是我们可以经受得住的。作为一位伟大的儿科医生,巴利·布雷兹尔顿(Berry Brazelton)指出,学步期本质上是一次(有时矛盾的)独立宣言。[19]

发现身体

健康的学步儿无限好奇。当他没有在走动的时候,他就深深地沉迷于发现身体的秘密。他会去摸、戳、拉自己,学习从镜子里认出自己,高兴地探索不同身体部位的名字,而且出神地研究性别差异。身体上的体验强烈地塑造了孩子有关他是谁的意识,以及他对于安全或焦虑的感受。

自我认识

早在生命第 1 年里,婴儿就对自己在镜子里的镜像表现出兴趣。在大约 4 个月的时候,他们对着自己微笑;在 8—12 个月之间,他们会表现出活跃兴奋、大笑、牙牙学语和愉悦地摇晃。如果镜子是扭曲的,他们这些开心的反应也不会改变。

婴儿主要感兴趣的,好像是他们的运动如何改变镜像,就像他们在挤压一个玩具让它弄出声音来,或者在摇晃一个汽车玩具。"镜子里的宝宝是谁?"这个问题并没有进入他们的大脑。

这些反应在第 2 年明显改变了。在 13—15 个月之间，学步儿在看镜中的自己时会变得严肃，且默不作声。如果镜子是扭曲的，他们会特意盯着它，似乎在尝试理解看到的东西。当有人偷偷地在孩子的脸上点一个污点，那么年幼的学步儿可能会尝试着去摸镜中的这个污点。他们没有意识到，镜中的孩子就是自己的一个镜像。

在大约 18 个月，学步儿开始表现出他们能够从镜子中认出自己。有关这个结论最清晰的证据是一个实验发现。在这个实验里，孩子的脸被偷偷地用口红做了标志。年幼的婴儿会指着镜中的镜像，而不是他们自己；但是等到 18 个月大之后，他们会去摸自己脸上的标记，而不是指着镜子。[20] 在大约相同的时期，学步儿开始使用诸如"我""我的"这样的代词，甚至用专有名称来指代自己。

这些观察结果暗示，学步儿现在能够客观地体验自己，正如人可以通过外在被观察到，也可以通过内在被感受到。这个重要发展使他们有更加强烈的自我意识，而且对于自己的外表也更加感兴趣。父母报告，大约在这个时期，学步儿开始对穿什么衣服和好不好看之类的问题有自己强烈的观点。

妈妈正在给 2 岁的艾米穿衣服，他们准备去参加聚会。正值冬天。妈妈明智地选择了保暖的衣服，包括一件羊毛上衣。艾米尖叫道："背心裙，背心裙！"妈妈解释道现在穿背心裙太冷了，但是艾米拒绝退让。她交叉双臂和双脚，阻止妈妈给她穿衣服。这一场尖叫以及坚定的决心使妈妈放弃参加聚会，只能让她的先生一个人去参加。

在开始的时候，孩子通过外在观察自己的能力，很容易因为平常的外表出现不同寻常的变化而被干扰。

杰西卡 22 个月，她的脸被另一个孩子咬了，在随后几天里她的嘴唇都是肿的。在那个时期，她反复地来到镜子前面，担忧地看着自己，轻柔地重复道："杰西卡？"她似乎在问，虽然她的样子有变化，但她还是她自己吗？

这是一个常见的观察。当学步儿的父母戴上面具时，学步儿会变得非常不安，即使孩子看见了他们戴上面具的过程。这种变化的视觉直接性是那么有说服力，以至于征服了孩子刚刚萌发的能力——即使外表有差异，也能辨识出内部的连续性。这就是为什么，对于一些学步儿来说，万圣节是令人心慌的，甚至是令人恐惧的，因为周围的人快速地改变了他们原来的样子。知道这一点可以让父母帮助他们的孩子。父母可以选择一些不会戏剧化地改变外表的装扮，或者选择较小的场景，而不是在大街上玩"不给糖就捣蛋"，因为后者对学步儿来说可能过于吓人。

在学步儿过完第二次生日之后，他们变得更加有信心，而且在面对镜子的时候，也能够更加自我确信。现在，如果在他们脸上点一点口红，他们可能会擦掉它，或者到处找口红并且尝试把它涂在脸上。不过，扭曲的镜子有时会诱发担忧的表情。那些孩子对于自己在镜子里看起来是怎样的，还没有确定的概念。任何镜中出现的戏剧化变化都会被解释为他们自己的变化。对他们来说，镜子是不会捉弄他们的。从这个意义上来说，他们已经和成人一样思考他们看起来如何，及外在样貌和内在感受的关系了。

性别意识和性好奇

对于内在和外在如何配合的兴趣，很自然地引出了对生殖器官的关注。所有年龄的婴幼儿都喜欢触摸它，但是学步儿这么做有一个新的目的。在生命的第2年，孩子对尿道和肛门的控制能力逐步增强。所以，学步儿越来越能意识到生殖器官的存在，而且更加有能力区分肛门和生殖器的不同感受。对身体的仔细关注，有助于孩子发现自己是如何构造的。此外，他们也因此把自己的不同动作与感受到的不同种类的愉悦直接地联系起来。

对生殖器及其带来的愉悦的发现，引发了巨大的自豪和充沛的精力。学步儿喜欢光着身子到处跑，去炫耀，以及被羡慕。身体和它的所有奇迹成为舞台中心。

30个月的伊拉在小便的时候抓着自己的阴茎，并且大声宣布："这是帝国大厦"。（他的爸爸是一位建筑师，刚刚向他展示了那座建筑的一张照片，并且告诉他这是一个多么巨大而美丽的结构）。

学步儿对自己的愉悦将如何反应，很大程度上取决于父母对其的反应。如果父母对愉悦的反应是愉悦的，那么孩子就能体验到父母接纳所带来的肯定而可靠的基地。

这并不意味着，父母应该感到必须庆祝和崇拜孩子所有的自我展示。个人标准和文化准则是很重要的，要判断什么行为在家里或在周围环境中公开是恰当的，而什么行为是不能接受的，取决于每个父母和其社交圈。

父母的语调和态度（而不是他们正在教导的具体内容），帮助孩子适应社会，而且不会压制孩子的愉悦或者给他们带来羞辱。在大多数情境中，给学步儿一些其他东西（而不是他的生殖器）让他忙起来，能够顺利地起到作用。当一个孩子在父母觉得不恰当的场景中过于自我沉浸时，也许可以说一些与下述内容类似的话："我知道，当你摸自己的时候，感觉很好。你可以在房间里或者在洗澡的时候这么做，因为这是很私密的。"

年幼的孩子开始逐步理解生殖器是私密的，这个演化的过程体现在以下一段对话里，这发生在4岁的马修和他2岁的妹妹伊莲娜之间。当伊莲娜看到哥哥尿尿时，她很着迷，然后想要摸他的阴茎。他坚定地反应道："不能，伊莲娜。那是我的阴茎。那是我的私密部位，谁也不能摸它。"马修已经学会父母曾经教他的东西。下面的例子展示了一个爸爸在相似情境下的反应。

24个月的玛丽，如常地在厕所里走来走去，而且专注地看着她的爸爸小便。这样的事发生了很多次，她的主要关注点是尿的水流。可是，有一天她睁大眼睛看着他的阴茎，伸手想去摸。爸爸很尴尬地说："不要，玛丽，那是私密的。"然后爸爸提上裤子。玛丽看起来非常严肃，然后就走了。从那以后，她的爸爸上厕所时都关着门，他努力告诉玛丽"私密"是什么意思。

拥有阴茎或者阴道不仅能带来愉悦，而且能与其他男孩和女孩进行比较。到了大概18个月大的时候，孩子们获得了对性别的深刻和根深蒂固的理解，他们认同自己是一个和其他男孩同属一类的男孩，或者是一个和其他女孩同属一类的女孩。相互比较之风是蔓延的，而且直到孩子五六岁都不会减弱。这些比较虽然可以给自身或他人带来愉悦，但也会带来一些焦虑。

罗丽和她的朋友尼克在浴缸里玩。她告诉他："你的很美丽动人，尼克。"尼克微笑着表示同意，但是没有回应这个赞许。停顿了一会儿之后，罗丽说："跟我说我的也很美丽动人。"孩子们也许确实需要确信，他们是美丽动人的，以他们被创造出来的本来样子。

很多年长的学步儿和年幼的学前儿童，都变得对生殖器在两性之间的区别非常着迷，而且他们会去检验可能的解释。

奥斯卡告诉他的妈妈："我知道为什么女孩没有阴茎。上帝（造人时）用完了！而且上帝还给她们打了一个洞。"

马修提出了另外一个不同的理论："妈妈，也许你的阴茎在你的屁股里。它还能在哪儿呢？"

知道自己是一个男孩或者女孩，并喜欢自己的性别，并不意味着学步儿已经放弃了同时成为两种性别的观点。很多学步儿把自己的幻想化为词语，强调地宣布他们既有阴茎又有阴道。男孩在很长时间内确信他们可以怀孕、生孩子，并且可以同时成为宝宝的爸爸和妈妈。女孩计划着和她们的妈妈结婚，同时也和她们的爸爸结婚。男孩想要乳房长大，并且给他们的宝宝喂奶。每个人都想要拥有所有东西。这里又一次看到，如同在很多其他的场景，学步儿拒绝接受外在规则强加于他们的限制，包括生物上的限制。

孩子在游戏中常常象征性地表达出一种丧失感，与之相伴的是，孩子逐步意识到自己是一个男孩或者一个女孩，但不能两个都是。下面是罗丽的一些表达，她在和妈妈游戏时丢了一些东西。

罗丽（当她给娃娃脱衣服的时候）：让我们看看这个女孩发生了什么事。

妈妈说：发生了什么事？

罗丽说：她必须去医院了。

妈妈说：为什么她必须去医院？

罗丽说：她丢失了她的尾巴。

妈妈说：在医院将会发生什么事情？

罗丽说：她会被打针。

妈妈说：那尾巴怎么了？她还会找回尾巴吗？

罗丽说：不会了。一只青蛙咬了我的尾巴。（停顿）

罗丽说：你有尾巴吗？

妈妈说：没有。

罗丽说：从狗那里找一条。（她大笑，然后骑上她的玩具马。顺便提一下，这个玩具马有一条非常显眼的尾巴。）

在另外一个场合，罗丽要求妈妈在她的两腿之间粘一根胡萝卜，然后她带着晃来晃去的胡萝卜满屋子到处跑，兴奋地大笑。另一个时间，她的爸爸看见她站在厕所旁边，尝试像男孩那样尿尿。

人们普遍认为女孩希望自己拥有阴茎，这个愿望通过很多外显和隐晦的方式表现出来。人们很少认为男孩希望自己有乳房和带着宝宝。下面描述了阿礼版本的愿望表达，这发生在他28—34个月龄时。这个时期他的妈妈正好怀着二胎。

阿礼用双臂紧紧地抱着一个娃娃。他说："不要哭，宝宝。我会给你奶喝。"他尝试给娃娃喂母乳。

阿礼把一个小枕头塞在自己的毛衣下面，然后在家里自豪地游行，并且说："我有一个宝宝了。"

阿礼在马桶上，有点便秘。他使劲排便，有点痛苦。他说："也许我快要生宝宝了。"

阿礼用一个严肃的表情看着镜子中的自己。他说："看看我的大肚肚。每个人都以为我怀孕了。没有人会相信这是因为我吃太多了。"

如何应对一个学步儿希望同时拥有两种性别的愿望？也许最好的办法就是表示同情，而且只在孩子直接询问的时候，才提供正确的信息。像罗丽和阿礼的那些愿望想法和幻想游戏，其实并没有什么害处，它们为孩子提供了一种安全的场景去探索现实，并且是以孩子自己的节奏进行的。当孩子们实验的时候，他们会提出自己对事物的解释。父母最好不要去纠正那些解释，除非孩子直接寻求父母的意见。孩子的幻想暂时是有用的，而且在孩子准备好的时候，会被越来越准确的现实版本逐步取代。父母的角色就是留在身边，在孩子需要的时候提供事实信息，不要添加孩子没有询问的额外信息。

36个月的马提尼问正在怀孕的妈妈："妈妈，你喜欢这个宝宝吗？"妈妈告诉他，她非常喜欢那个宝宝。马提尼现在希望知道，"那么你为什么吃了他？"

如果妈妈对于宝宝是怎么造出来和怎么生出来的问题给予详尽解释，那么她也可以得到宽恕。取而代之，马提尼的妈妈智慧地选择了只回答马提尼问的东西。她说："我没有吃掉他，马提尼。我的肚子非常大，是因为宝宝在妈妈的肚子里长大了。"马提尼睁大眼睛聆听，但是什么都没有说。两天后，在他消化了这个信息之后，马提尼问了下一个问题："我也曾经在你的肚子里长大吗？"妈妈告诉他，他是如何长大，以及如何长大到直至他准备好出生。这时他开心地微笑着。直到4个月后，在马提尼的妹妹出生后，他才又想起来问："她是怎么出来的呢？"

孩子问问题是碎片式的，因为他们需要时间去理解他们获得的信息。他们知道什么是他们可以控制的，当他们获得足够的信息时就不再提问。应该尊重孩子的这种信号，不要担心孩子还没有学会我们想象中他应该学会的那么多东西。

了解身体产物

正如学步儿喜欢探索身体部位，他对身体产生的东西也产生了浓厚的兴趣。

19个月的马克斯坐在他的小摇椅上，脸上带着陶醉的表情。他的手指放在右边的鼻孔里，然后慢慢地抠出了一长串黏稠的鼻涕出来，这是一次较长的感冒造成的产物。

20个月的莫妮卡刚开始使用马桶。她坐在上面，把两脚宽宽地分开，让她温暖的小便流到她手上。

28个月的安德烈斯拒绝剪头发。"这是我的头发。我制造了它。"他哭泣着。他的父母只好用一个夹子把他的头发固定起来。2个月之后，安德烈斯看到他的爸爸一边剪头发一边愉快地和理发师聊天，之后安德烈斯就不再拒绝剪头发了。

19个月的桑德拉发现了用她的大便弄脏厕所墙壁的方法。

30个月的托比亚在小便的时候，把他的阴茎朝向不同的方向。"我可以用我的尿来画画！"他宣布道。

18个月的缇娜刚刚从一场较长的闹脾气中恢复过来。她慢慢地摸着脸上的眼泪，然后仔细地舔着自己的手指。

15个月的苏菲亚拒绝剪指甲。"我的，我的！"她大哭着说。

28个月的萨米小心翼翼地在厨房桌子上小口小口地吐口水。

30个月的莱蒂西亚，当她和妈妈在杂货店排队交钱的时候，她放出了响亮的屁。"我刚放屁了！"她开心地宣布。

这些经历是孩子逐步熟悉自己的身体可以产生什么东西的基础。尿液、大便、指甲、头发、眼泪、鼻涕、口水、屁等——所有这些都是引人入胜的探索领域。

孩子不知道，以一个成人的视角来看，他们的行为是不可以接受的。让身体适应社会的过程是缓慢而且艰难的。学步儿（不像成人）更喜欢解放身体，而不是管束身体。

一个孩子在了解他的身体和他的产物时，既可以带着兴趣和喜悦，也可以带着难堪和羞辱。这很大程度上取决于父母的反应。对身体感到欣喜，可以促进孩子理解有一些东西是私人的，不管它们是多么令人愉快，或者它们看来是多么自然。如果父母可以支持孩子对身体的兴趣，同时引导有关私人领域和公共领域的区别，那么父母就把身体上的感受带进了探索自己的安全基地领域。

探索心灵如何运作

探索身体和探索心灵结伴同行，因为心灵和身体是相互关联的。学步儿阶段标志着"反思的自我"的萌芽，这时孩子会考虑自己和他人的心理状态。这种刚刚萌生的思考自己和推理他人观点的能力，叫"心理理论（theory of mind）"，因为它让孩子能够预测他人是如何思考、如何感受，以及将会如何行动。这种成就的演化，植根于婴幼儿。甚至新生儿就已经开始用微妙的方式，关注他人的面部表情、声调、气味和行为了，并且在情感上进行反应。比如，有一个经典的实验设计叫"冷脸程序（still face procedure）"[21]，它有助于转变我们对小婴儿的人际觉察能力的理解。按实验要求，爸爸妈妈要和2—9个月大的孩子进行几分钟的面对面游戏互动，然后，父母短暂地转过头去中断这样愉快的互动，当父母把头转回来时，他们换上一副中性没有反应的面部表情来面对孩子。这样的中断违背了婴儿对于互利互惠的人际互动的预期，他们对此的反应是明显而持久的不安，包括生理失调的信号，比如打嗝、流口水、眼神从父母身上转移开来、减少出声、哭闹，以及坚持尝试使父母再次关注。2分钟之后，父母再次给予反应。宝宝重新和父母互动，但是宝宝身上的不安信号常常持续一段时间，表现为没有那么开心，或者互动没有那么热闹。这个以及其他的实验研究阐明：从生命开始起，婴儿对于他人的情绪信号就很敏感。当他们的社会预期无法满足时，他们会变得很不安。如果给婴儿提供机会，他们会参与修复人际关系的阻断，虽然他们的修复不一定是自发的。

在生命的前5年，孩子对于他人的信号进行解读、解释和及时反应的能力逐渐变得更加复杂。大概在18个月大时，学步儿变得更加自我觉察，并展现出难堪、羞愧、内疚和自豪，[22] 这时"自我觉醒"的情绪出现了。感知社交错误的个体差异在这个年龄变得清晰、明显了。在一个研究中，当2岁的孩子以为自己弄坏了研究者"最喜欢的洋娃娃"之后，他们表现出了不同的反应。一些孩子尝试修好那个娃娃，这个行为被研究者解释为内疚感的可能表现和想要赔偿的努力。另一些孩子把脸转过去不看研究者，似乎很羞愧。[23] 也正是这个阶段，孩子开始增加了对他人的共情能力，包括努力去探索什么可以使另外一个人不安，以及努力去帮忙。

20个月的山姆，用冷静的表情看着另一个因为头撞到桌子而哭泣的孩子。然后，他靠近她，把自己的泰迪熊递给她。

24个月的琳达，意外地打碎了一个杯子，她的反应是用双臂捂着自己的头，闭上眼睛。当妈妈对碎了的杯子表达不开心的时候，琳达把自己的塑料杯子递给了妈妈。

这些年幼的学步儿在展示：他们理解他人如何感受，并且想让他人感觉好些，即使他们自己并不是同样的感受。在琳达的例子里，她也知道是她打碎杯子的行为导致妈妈生气，而且她能够体验到自己的难堪或自责（她试图通过闭上眼睛来避开这种令人不安的状态），此外她也尝试修复错误，通过提供一个替代品（即自己的杯子）来让妈妈感觉好些。

假装的能力是孩子逐渐能够理解自己和他人的内在状态的早期体现。这种能力包括，试验外表和现实之间的差异。在假装的时候，孩子需要同时知道字面意思的情境和虚构的情境。实际上，学步儿表现出假装的情境"似乎"是真的，但是在测试游戏和现实的过程中，她学会了两者之间清晰的界限。当学步儿变成大概3—4岁的学前儿童时，这种假装的能力越来越多地被翻译为，将自己放在另一个人的位置上的能力。此时他们理解了，自己从特定的物理位置上可以看得见的东西，其他在不同位置上的人未必看得见，以及自己知道的东西其他人也不一定知道。

孩子需要父母和其他被信任的成人，帮助自己去学习自己的感受和别人的感受，这是他们的心理理论中一个不可缺少的成分。"被感同身受"（being felt with）是由心理学家厄纳·弗曼（Erna Furman）提出来的表达方式，它描述了一种情绪被发现时的感觉，甚至非常年幼的学步儿也会经历，这发生在学步儿的感受被父母认同，或者被父母命名的时候。正如下面例子所述。

在玛丽13个月的时候，有一天她不满地到处跑来跑去，踢她的玩具，而且忽视（她的）妈妈让她一起吃点心的邀请。妈妈看了一会儿，然后说："玛丽，你对妈妈生气了。"玛丽停了下来，看着不知所措的妈妈在问她。"是的，当你踢东西、到处跑、不想来我这里、感觉什么都不对的时候，那就是你在生气。没关系。每个人都会生气。"玛丽的脸轻松起来，似乎突然弄明白了一些东西。她停了下来，昂首挺胸，而且重复地说着"生气""生气"。她妈妈说："是的，你可以告诉我你在生气。"孩子通过被理解，被概括为一个词语、一个象征，而理解了自己，这种体验给予孩子很多自我掌控的满足感，这让玛丽甚至忘记了自己的生气。后来，当她再次生气时，就可以把生气和生气的原因联系起来，即妈妈外出，只留下了她和保姆。[24]

玛丽的妈妈通过自己的理解和接纳来帮助玛丽理解和接纳她自己。学步儿也需要成人去学习他人的观点，这种能力最终成为道德良知的一部分。下面这个例子阐述了一个普遍的场景，其中父母的支持让孩子同时学会有关自我调整、他人的感受以及是非之分的东西。

22个月大的安德烈想要朋友正在玩的一辆小卡车。朋友拒绝给他，然后安德烈就狠狠地咬了他的手臂。朋友的妈妈狂怒了，粗暴地大力推开安德烈，告诉他，他是一个"坏孩子"。安德烈开始哭泣。安德烈的妈妈，控制住自己对另一个妈妈的愤怒，说道："他并不是一个坏孩子。他正在学习不要去咬人。"她把安德烈抱起来，抱着他直至他冷静下来。然后，她用充满感情而又严厉的声音告诉他："你不能咬人，即使你想要咬。这是不能做的事情。咬人会疼的。明白了吗？你的朋友也会哭，因为你伤害到他了。"安德烈安静地看着她，移开视线，无地自容地坐下来。这天的晚些时候，妈妈看见他假装轻轻地咬自己的手臂，看着手臂，然后摇摇头说"不行"。

这个例子有很多层面的意思。安德烈的妈妈能够将自己的关注点保持在儿子的体验上，控制住自己对另一个母亲的生气感受，阻止了事态从两个学步儿之间的小争吵，上升为两个大人之间的斗争。在安德烈被朋友的妈妈责骂后，她也对安德烈的不安表达了共情。但是这种共情并没有使她忘掉事实，也就是安德烈表达了一种攻击行为，以一种伤害他人和社交上不可接受的方式。他需要被引导至不同的表达方式。妈妈先对安德烈最明显的情绪（就是他的不安）做出反应，让他平静下来，使他恢复将注意力转移出来的能力；然后建立好所需的"脚手架"，一旦安德烈的注意力能够从自己强烈的感受转移到妈妈要教育他的内容上，妈妈就可以教育他不要咬人。这个同时关注情绪调节和社会化的处理方式，使安德烈能够练习去感受当他咬朋友的时候，朋友可能曾经感受到的东西。这个例子说明：了解自己和别人的心灵，都始于学步儿阶段，这涉及情绪、社交、认知方面的发展，它们借助关系的载体协同合作。

理解心灵和假装能力有黑暗但好用的一面：尽管这是一种非常不被认同的能力，因为它可能会被应用于欺骗和谎言，但是它极为有用。这是一个令人不安的事实，人类倾向于改变真相来符合自己的目的，这是在进化过程中进化而来的能力，进化的背景是一个危险而且竞争激烈的环境，在这里比自己的敌人更加狡猾常常是生存下来的关键。对于年幼的孩子，伴随与自我意识相关的情绪（比如羞愧和自责）一起出现的是，寻求认同和希望掩盖无知的能力。对于学步儿的创造力，尤其当他们感到需要掩饰无知时，诗人柯尔内·朱科夫斯基（Kornei Chukovsky）提供了感人的描述和评论：

> 当一个2岁的男孩和他的姑姑散步时，他在一个书报亭前停下来了。那个书报亭售货员问他："你会看书吗？""是的，我可以。"售货员给了他一本书，然后邀请他读。那个男孩模仿他的姑姑，他伸手摸摸他的口袋，说："我把眼镜忘记在家里了。"如果这个孩子对自己缺乏能力的觉察没有引起如此的不安，那么他是不会转而使用这样的外交技巧的。无论如何，他希望把自己看作是有能力而且有知识的。很明显，这样的欺骗对当时的孩子来说是必要的……自我肯定的本能在这个年纪是比较强烈的。

25

当自我肯定是有害的和无关紧要的时候，通常最好不要说穿孩子是在骗人。而且，我们常常依靠我们喜欢的人的友善来保护自己，避免因令人不快的脆弱性而受伤。孩子也不例外。

第 3 章

学步儿及其照料者的挑战

有一个普遍的信念认为,学步儿的本质就是固执、叛逆和负面。在一些方面,这是一个有用的信念。当一个殚精竭虑的母亲刚刚和她的学步儿进行了一场貌似无休止的战斗,她可能担心她正在养育一个不可饶恕的怪兽,他将在生命各个阶段都对朋友和敌人一样有敌意。在这些时候,一个安抚自己的方法就是,想想真正的罪魁祸首是孩子的年龄,而不是孩子的天性。我们知道年龄变化,但是不确定天性是不是也变化。

确实养育幼童是一件充满压力的事情。对妈妈和学前儿童进行家庭观察,发现:每3分钟就发生1次轻度到中度的矛盾,每小时发生3次较大的矛盾。[1,2,3,4] 孩子年龄越小,这些冲突发生得越频繁。2—3岁的孩子与妈妈发生矛盾的次数,是4—5岁孩子的2倍。[5] 所以,学步儿的妈妈常常经历这样的紧张和疲惫,以至于一位作者非常感动地将她们描述为"不被承认的受害者"。[6] 事实上不必如此,这种观点太悲观了。一个关于14—27个月大的学步儿的研究发现,学步儿的叛逆行为和主动顺从行为是携手同行的。而且学步儿的叛逆行为紧密联系着妈妈的能力,比如表达支持、促进自主、拥有较低抑郁水平。那些违抗妈妈的学步儿,也通常更多地主动发起与妈妈的互动,而且更多地向妈妈微笑。此外,叛逆倾向随着年龄的增长而减退,而且可以逐渐被谈判等问题解决策略所取代。

这些类似的发现支持了一种观点：学步儿对父母的要求的反叛和抵抗，通常反映出一种和年龄相符的愿望，他们希望控制事件，而不是控制在发展中或者在亲子关系中的问题。[7] 儿科医生巴利·布雷兹尔顿把学步儿阶段称为"一次独立宣言"。如果能从发展的视角并带着一点幽默感去分析学步儿的反叛，那么养育学步儿的困难和压力可能就不会那么有负担。正如，一个小女孩在反反复复的拒绝之后，终于让步并同意和妈妈分享一个玩具。充满同情的姑姑告诉这位受折磨的孩子母亲："琳达正在向我们展示，'不行'并不是她的最后一句话。"小琳达已经坚持拒绝和妈妈分享一个玩具车，但是当她的姑姑温柔地说："可是你的妈妈很希望跟你一起玩。请你给她你的车，然后让她展示给你看，它怎么能够走得很快，可以吗？"这时候，她马上顺从了。一旦琳达理解了妈妈的要求的来龙去脉，并且不再把这个要求看作是一种剥夺的威胁，她就能开心地投入游戏，把她的玩具车分享给妈妈和姑姑。

并不是所有矛盾都能如此顺利地结束。这一章是基于一种前提，即在这个年龄，并不是每个问题都有清楚且即时的解决方法。这些矛盾会反复再现。有些领域，比如易怒、不满或者后悔，将在不同时期以或强或弱的形式重新浮现。

这一章的目标并不是提供快速的修复方法，而是描述学步儿和父母的情绪体验，提供一种态度，去理解这个年龄的考验和磨难。学步儿期的挑战包括负面、叛逆、闹脾气、输定的局面，以及父母的沮丧、生气和疲惫。这些挑战都是必需的、不可避免的，甚至是有价值的堡垒，尤其在孩子学习成为独立个体，意识到自己的需求和愿望，而且了解到他人的需求和愿望时。为了帮助处于这个过程中的孩子，父母要觉察到双方各自与年龄相符的权力和责任，并在它的引导下发展出一种养育态度，与孩子形成"付出和获取"的伙伴关系。一个安全基地如何演化为一种伙伴关系，这种伙伴关系如何发展，及伙伴关系的形成所带来的冲突，都是这一章的主要内容。

父母的体验

是什么使养育孩子充满情绪负荷？其中一个原因可能是，它常常是一个很孤单的过程。不像以前几代同堂的家庭，那时的父母可以从家庭中获得帮助，现在的全职父母发现，自己不得不在没有其他成人帮助和陪伴的情况下，照料自己的孩子和维持一个家庭。缺乏认可和欣赏也增加了其中的负担，因为在传统上，全职父母被认为是"不工作的"，然而，虽然他们各自的情况不同，但他们可能要清洁、修理、烹饪、洗衣服、熨衣服、购物、干杂活、理财、付账单、驾车、协调家庭活动，以及找时间和能量来喂奶、逗乐和教育孩子。

根据一个家庭中的孩子数量和年龄的不同，一个有孩子的家庭可能要比一个没有孩子的家庭，多花 6.5 小时在没有报酬的工作上。[8] 这些额外时间中，较大一部分由妈妈填充了。在一个时间日志分析里，爸爸和妈妈记录了他们如何在一天里利用时间（每 5 分钟的间隔记录一次），根据这个分析发现：妈妈倾向于把之前用于个人护理（包括睡觉）和休闲的时间，转为投入到他们年幼的孩子上。[9]

当我们进入一幅画面，这里的人物之间显示出高频率的亲子矛盾，所有的矛盾都需要去谈判和解决，这就很明显，父母——尤其是负责很大一部分家务的妈妈——需要做大量的工作。当处于压力下或者负荷过重时，父母不太可能激发出耐性和韧性，帮助自己应付一个健康学步儿的无边界决定。有时，我们将那个孩子的能量视为，如同在父母疲惫的神经和磨损的骨头上进行的一种屠杀。在这些时候，有用的方法是从矛盾中退出，找一点时间抽离出来，反思一下自己的体验和孩子的体验。儿童心理学家丹·西格尔（Dan Siegel）和早期儿童教育家玛丽·哈柴尔（Mary Hartzell）创造了术语"自内而外的教养"，它描述了如何理解情绪——自己的以及孩子的。这是非常重要的，有助于协商育儿挑战，并为建立相互信任的家庭关系提供一幅蓝图。[10]

通向安全基地的阻碍

上一章描述了学步儿将父母作为安全基地，他们从安全基地出发，了解自己和世界。当父母和孩子是放松而且相处融洽的时候，这是运作良好的。但当他们处于矛盾的时候，要在亲密和探索之间寻求一种有回报的平衡，对所有涉及其中的人来说都是一个很费力的过程。

4个不同因素导致了父母和学步儿之间的动荡：父母和孩子对于什么是安全和什么是不安全有不同意见；学步儿希望"拥有全部"；学步儿对于个人意志的新理解所伴随的对抗和负面情绪；以及在父母说不行之后的闹脾气。当父母理解孩子在生命第2年和第3年所面对的认知和情感挑战时，这里的每一个因素都变得更容易掌控。

学步儿和父母的感知差异

学步儿和父母通常对于什么是安全的持有完全相反的观点。这些分歧常常导致有关什么会构成危险的不同理解。

22个月的大卫拒绝在过马路的时候牵着妈妈的手。在这个城市孩子的生活中，汽车和繁忙的马路是一个熟悉的特征，而且他看过大人们过马路时的平静。他无法理解它们会对他的安康构成威胁。为什么他就不能像大人那样自己过马路呢？

24个月的拉蒂莎无法在夜里入睡。"怪兽会来的。"她说。她的父母知道怪兽并不会在黑暗中来，但是他们无法在这个事实上说服她。他们夸张地检查床底下和门后面，看看有没有怪兽。他们每找一处就自豪地说："这里没有怪兽！"他们向她展示前门是锁着的，所以没有怪兽可以进来。而开着一盏小夜灯也让她感到安心。

30个月的纳森尼尔被爸爸发现在玩火柴。爸爸大声地骂他。纳森尼尔愤怒地重复说着："但是你就能做！"爸爸回答说："当你像我这么高的时候，你就可以做了。"从那以后，火柴被小心地放在孩子的触摸范围之外。

15个月的赛斯被家里的火炉灰烬吸引。他举步蹒跚地走过去，他的妈妈差点来不及把他抱回来。他尖叫着说："闪闪！闪闪！"

28个月的艾米第1次去电影院看电影，当灯光变弱时，她尖叫着坚持要离开。所有反复确定（这里很安全）的努力都失效了。

30个月的凯米尔，每次在他的叔叔家看到一个非洲面具的时候，他都大哭起来。"坏人！"他说。而向他确认那个面具并不是真的，仅仅能够稍微帮助他平静下来。

这些例子不但展示了学步儿那种通常让人感到困惑的恐惧反应，尤其当他们面对的情境在大人看来是习以为常的时候；也展示了学步儿在完成他们自己的事业时那份轻松愉快的自信心，虽然这让他们的父母害怕得发抖。

很明显，学步儿和成人并不是以同样的方式来看待世界的。塞尔玛·弗雷伯格在她对童年的经典描述中，讨论了年幼孩子思维的神奇特质。[11] 对于因果关系，学步儿会得出自己的结论；对于自己和父母权力的大小和边界，他们有着自己的想法；对于什么是真的和什么是假装的，什么是安全的和什么是恐怖的，什么是活的和什么是死的，他们提出了自己的独特理论。

学步儿总是尝试去理解发生在他们身上或者身边的事情。当他们的理论看似可行时，他们就对自己逐渐萌生的推理能力产生一种强烈的自豪感。

30个月的马克起来后有结膜炎。他的妈妈告诉他："你有一只眼睛得了红眼病。"马克在镜子里看着自己，闷闷不乐地说："因为我看了太多红色的东西。"那天，他小心地避免看红色的物体，他似乎对于自己的治疗方法很有信心。（事实上，这似乎有用。他的红眼病一天后就消失了。）

有时候事情并不能如此顺利地得到解决。学步儿可能因为自己对于世界如何运转的幻想，变得坐立不安。这个年龄的很多看似诡异的恐惧，是基于没有被察觉的错误因果推理，因为孩子还不具备语言能力去解释自己在思考什么。

辛西娅18个月大，这一周以来，每次需要她去洗澡的时候，她就大声尖叫。她喜欢去游泳池，所以她的父母知道她并不是害怕水。他们经过密切地观察发现，原来辛西娅只有在浴缸里抱着妈妈的时候才会放松。但是当水冒着泡流进浴缸底下的排水口时，她就会尖叫，并且紧紧抓住妈妈。辛西娅的妈妈突然想起，上周有一个玩具小动物被冲进排水管。这时，孩子的恐惧才变得清晰起来：如果她的玩具能够在水里消失，那么有什么能够阻止她也消失呢？

成人通常会嘲笑孩子那些不合逻辑的恐惧，或者对这些恐惧带来的不便感到很不耐烦。然而，缓解它们的最简单的办法就是认真对待这些恐惧，并且提供一个让人确信的解释，以及承诺提供保护（比如"我在这里""我会照顾你""我不会让你受到伤害的"）。这些都是很好的方法，这让学步儿知道他们的感知是被尊重的，而且父母会确保他们的安全。

学步儿希望拥有全部

对行走的掌握，带动着新的个人意志感一起协同发展。学步儿想要东西的热情，可能会被相对疲惫不堪的成人深深羡慕。"我想要它，我需要它。"杰西卡说道。她害怕，仅仅想要某个东西的愿望可能无法完全传递她内心的迫切感。过了一会儿，这个方式被用于每一种她想要的东西上：妈妈的项链，姑姑家的娃娃，商店橱窗里的玩具，晚饭之后被小心地放到一边的小曲奇。她的"我想要，（本我）我需要"等式并不是操纵他人的。这是她在尽力表达渴望拥有任何她喜欢的东西，并通过拥有来促进她自己的力量感。

愿望的实现给学步儿带来狂热的愉悦和一种充实和完成的内在体验。我们都很熟悉，在学步儿刚刚获得了想要的东西（比如一个气球）时，呈现在他们脸上的那种令人赞叹的快乐。但是，孩子通常面对着抉择的要求，他们需要在互相排斥的快乐来源之间进行选择。他不能同时留在奶奶家，又和爸爸妈妈去某个地方。他不能同时滑下滑梯，又在荡秋千。但是他想要同时做到，因为每样东西都充满了奇迹和可能性。

选择不但意味着拥有一些东西，还意味着要放弃一些东西。在学步儿学习这个无奈的真相时，其困惑的表情就是他迷茫程度的最好晴雨表。他探索的世界并不是完全以他希望的方式构造的，而且世界的规则是在公然违抗事物应该有的样子。

对于这种令人不愉快的事态，学步儿的反应是带有个性的率直：他拒绝接受，而且学会说"不"。有时候学步儿说"不"主要是为了欣赏这种可能性带来的快乐。当妈妈宣布她们要去公园的时候，露西神色泰然地说"不"，然后兴高采烈地牵着妈妈的手快步出发。其他时候，她的这种拒绝是剧烈和撕心裂肺的："不要！不要！不要！不要！"在妈妈对露西白天穿的外衣提出一个又一个建议时，露西用吵吵嚷嚷的方法表示抗议。妈妈非常疲惫，她把可选清单缩到两个选项：红色还是绿色的背心长裙？"绿色的。"露西回答道，她很自豪自己有做决定的权力。

反对和消极

学步儿遭遇了一个充满否定的世界，不论变好变坏，那个主要的否定者最后将由父母承担。"不行，你不能爬到录音机上。不行，你不能把你的手指放到插座里。不行，也不能放在猫咪的嘴里。不行，你不能吃盆栽里的泥土，不管它多么美味。你不能咬你的妹妹，而且你不能拉扯小狗的尾巴。以及，你不能在我说不的时候打我。"

禁止清单并不是任何人的错。要把学步儿转变成能逐渐学会根据所在文化的价值观和规则来生活的人，需要漫长且通常是沉闷的过程，而禁止清单只是其中的一部分。无论父母多么周全地创造安全的家居环境，或者多么有技巧地把孩子的注意力转移到可以接受的追逐点上，他们仍然需要光明正大地说出很多"不"。学步儿作为一个快速学习者也感到有必要宣布自己的"不"清单，他们如果没有其他原因，那就是为了公平，这真是小奇迹。孩子的消极主义的根本主题是"不，我不是你的克隆，而且我不会放弃我的自我意识去做你想让我做的事情和成为你想让我成为的人。"从这个自我取向的角度出发，学步儿可以很容易被理解，毕竟也没有那么可怕。

但是，孩子对于执行自己的要旨的热情，可能会让育儿变得富有挑战性，最好的情况也只能是这样。在面对持续强烈的对抗时，一些父母感到愤怒和灰心丧气。他们怀念早期几个月，当时他们的宝宝还是逗人喜爱的、扬扬自得的和百依百顺的，而且他们知道如何对他的信号进行解读和回应，从而带来相互慰藉。随着学步儿变得独断自立，甚至专横苛刻，很多父母渴望已经失去的婴儿期的亲密，因为在婴儿期，他们有共同的日程和身体上的亲密。

父母和学步儿通常隔着一条彼此预期相悖的鸿沟注视着对方，仅仅靠拥抱是无法修复亲子联结的愉悦的。对此没有什么事可以做，只能学会接受、尊重，甚至喜爱他们之间的差异。只有那时，第1年的旧有亲密感才能保存下来，并且融入事物的新秩序之中。

学步儿阶段也是滋长消极主义的温床，因为孩子的语言能力还不成熟，很容易和成人之间产生误会。学步儿对世界的好奇心，他们对自己和身体的强烈感受，以及他们逐渐增强的自主性和意志力，最好能够结合良好的沟通能力。但是，语言出现得缓慢，而且发展得迟缓。所以，学步儿会遇到很多令人沮丧的情境。他们希望表达一些东西，但是不知道用什么词语说出来。他们不知道，他们想要学会，但是他们问不出来。他们发现自己无法理解别人说什么，而别人也不理解他们。当他们被纠正时，他们变得窘迫、不安或愤怒，因为他们说了或做了在成人看来是错误的事情。

当学步儿无法说出急迫的事情时，他们必须求助于哭泣或者尖叫。这甚至发生在成人身上。声音是情绪的载体，当语言让我们失败时，我们需要哭出来，以任何我们可以做的形式传达我们的意思。通常，消极主义所传达的其实是学步儿想让自己被理解的绝望努力。

乱发脾气

当"不"无法实现它的任务，并且孩子发现他的愿望被更高的权力所压制时，他可能没有什么选择而不得不乱发脾气。一个学步儿还能做些什么呢？他的语言能力还没有发展好，无法把他想表达的内容有说服力地说清楚。他获取家庭资源的能力非常有限，所以他不能通过威胁不给零用钱或者拿走车钥匙来实现自己的愿望。对于一个有激情的生物来说，要让被冒犯的情绪退缩，需要太多的自我控制。乱发脾气，比如让自己倒在地上，再加上令人心碎的哭泣和生气的尖叫，这是学步儿内心体验的表达，即使很少被欣赏，也是一种如奇迹般有说服力的方式。它代表了孩子内在的崩溃，同时也是他自豪的抗议——在他发现自己的意志没有占绝对优势时。

第2年的很多情绪困扰都围绕着把孩子的意愿整合到家庭结构中。孩子明白，他的个人愿望（那么珍贵，似乎那么正义）需要合理地适应他人想要的东西。一个有用的术语"不说废话的育儿（no-nonsense parenting）"反映了这种观点：父母，尤其是那些生活在充满压力或危险情境中的父母，不需要屈服于孩子。父母，在保护孩子免受危险时为其提供有效的照料，促进他们的自我调节，尊重他们的安全自主性，并且在需要支持他们适应苛刻环境的时候，给予清晰的行为指导——甚至严厉的指令。[12] 这是坚定的育儿的基础。那些父母知道，自己也必须坚定地、有说服力地对孩子说"不"，但是不要太严厉。

这就是为什么闹脾气对于健康发展这么重要。闹脾气将一个孩子带到其存在的"底部"，帮助他知道生气和绝望是人类体验的一部分，而且不一定导致持续的情感崩溃。如果父母可以保持情绪上的中立，同时在拒绝某些事情时立场坚定，那么闹脾气的体验也可以用来教导孩子，他的生气不是危险的，而且父母不会抛弃他，他不会被单独留在他的"灵魂黑夜"里。

13 个月的海伦娜喜欢推着一只玩具小鸡在大厅里猛冲，小鸡的轮子可以在地上顺滑地滚动。在这个特殊的日子里，她想要拓展自己的视野，把玩具推出门，推到爸爸的书房里。一个轮子卡住了，那只小鸡不能移动了。海伦娜扑倒在地上，哭泣，还用头敲打地板。她的爸爸不乐意被打断，但是他把她抱起来说："我会帮助你的。"海伦娜继续哭泣。爸爸重复说："我会帮助你的。"爸爸把海伦娜的手放在卡住的轮子上，引导她的手，直至玩具不再被卡住。海伦娜很开心地推着她的小鸡进入了书房。

18 个月的汤米想要哥哥那辆闪闪发亮的新三轮车。他为此哭泣和尖叫。妈妈平静地告诉他："当你像丹尼那么大的时候，你也可以有一辆。"她带着他到外面去找小虫，这是他喜爱的活动。

当妈妈告诉 24 个月的桑德拉，晚饭结束后才能吃曲奇饼干时，桑德拉发脾气了。她倒在地上，尖叫，还用拳头敲打地板。妈妈肯定地告诉她:"对不起,桑德拉,先吃晚饭,再吃曲奇饼干。"桑德拉躺在地上哭了一会儿。她的妈妈一边继续做饭,一边说:"不用等待很久,晚饭很美味的。"当桑德拉尖叫时,妈妈用眼睛留意着她,确认她没有伤害到自己,但是并没有去干预。当桑德拉停止哭泣并且似乎平静下来时,妈妈说:"你准备好看我怎么做饭了吗?"桑德拉听从了。

当妈妈告诉28个月的杰瑞,他们不能在夜里去公园时,杰瑞打了妈妈。妈妈拿着他的手,严厉地说:"我知道你不喜欢这样,但是你不能打我。"杰瑞把妈妈的手推开,用脚踢她。妈妈把自己的手放在他的脚上,生气地说:"你也不能踢我。"杰瑞变成一台名副其实的发动机,他撞向妈妈,并且猛打她。妈妈把杰瑞抱起来,带他到他自己的房间,此时他正大声尖叫。她说:"你必须留在这里,直到你准备好再次和我好好相处。"她出来,关上门,在外面等候,直到杰瑞停止了哭泣。然后,她打开门,问道:"准备好再次做朋友了吗?"

控制住一次闹脾气所涉及的远不止是性格构成问题。甚至,父母妥善处理矛盾的能力也可以改善这个经历。当父母知道自己是对的,并且不会为了暂时的平静而屈服时,每个人都会获胜。父母能从中学会,拒绝一些愉悦并不会产生一个神经质的孩子;而孩子则学会,他可以在短暂沮丧之后生存下去。

在一些公共生活的重要问题上,孩子对自己的行事方式的坚持,将与家庭发生冲突。父母和孩子都必须在某些时候延迟满足,并且优雅地忍受沮丧的结果。我们都需要通过可以接受的方式发泄愤怒,甚至片刻的憎恨。我们还必须在行使权力和退让之间维持一种可以容忍的平衡。从控制脾气中得到的教训是非常宝贵的,不但在家庭里,在其他社交场合也是如此。

当生气和沮丧战胜了亲密和友好时,孩子可能会对人际关系的前景觉得特别地无助。盖柏瑞 3.5 岁，他的爸爸妈妈最近刚刚分开，他目睹了这一切，"成年人生活在一起，然后他们打架，接着他们再也不能继续一起生活了。"他的评论只是关于成年人的，这反映了一种无意识的假设，基于他一直以来受到的良好养育。他的假设就是，这种情况不会发生在孩子身上。但是，他体验到的父母离异显然导致他得出了一个结论：成人的生气将导致疏远，而不是修复。

当然，盖柏瑞表述了一个深刻的事实。生气是很难控制的，若以不恰当的方式表达生气，可能会导致灾难。社会将在每个学步儿的养育中，展示它自己的进程。当孩子一边忍受想要打出去的冲动（咬人、打人、踢人），一边害怕它的后果时，良知开始形成了，文明也开始了。在最好的情况下，身体上的攻击行为逐步被更高级的能力所取代，即通过语言来表达生气，以及寻找一种协商方案解决强烈的意见不合。

对孩子来说，父母代表安全基地，不但可以让他去探索外部环境，还可以去探索成长过程中出现的各种类型的感受。父母引导孩子获得度过生气和绝望时刻的能力，帮助学步儿认识到，在需要的时候父母是可靠的联盟。接下来这一部分将讨论，安全基地的体验如何能够转化为一种有回报的亲子伙伴关系。

从安全基地到伙伴关系

阿礼的妈妈怀孕 8 个月了，而且可以明显感觉出来。就在阿礼的睡觉时间到来之前，妈妈面对着撒满玩具的客厅，说："阿礼，你需要把玩具放回去。"阿礼回答说："你做吧，妈妈。我太累了。"妈妈回答说："我也很累，阿礼。我们一起做吧。"阿礼回答道："好的，一起。你把它们捡起来，我看着你。"

很难知道阿礼是怎么形成对"一起"这个定义的理解的。他真的相信看着妈妈捡玩具是任务的一个合理部分吗？（这有可能。毕竟，他之前这么做过很多次。）或者，他是在假装相信，观看就是帮助的一种方式，希望愚弄妈妈让她同意他？

不管他是如何想到这个提议的，阿礼参与了一次和妈妈之间的积极谈判。他知道妈妈有一个目标（让他把玩具收起来），这个目标不同于他自己的目标（不想做）。他先是为自己的目标提出了一个理由（太累了），这个理由曾经很好地帮助了他。他的妈妈不但打破了那个防御，而且把这个理由用在自己身上。这时阿礼必须很快地想出另一个实现目标的方式。他的妈妈提出了一个完美的开场，建议他们一起完成这项令人恐惧的任务。阿礼立刻给自己分配了任务，仅仅是他喜欢的那部分工作：看着玩具被收拾好。事实上，他的提议没有被接受，但是这也不会使他机智（如果过于显露）的谈判技巧变得逊色。

阿礼在这次对话中练习了"目标校正的伙伴关系（goal-corrected partnership）"中的基本成分。[13]"目标校正的伙伴关系"这个概念的命名有点笨拙，但是能很好地帮助我们理解孩子如何同父母成为社交伙伴。当学步儿坚持实施自己的日程计划时，他们继而意识到爸爸妈妈也有自己的计划，那些计划可能和孩子心里的计划非常不同。当父母和孩子相互竞争的目标可以通过谈判来适应或者协调时，他们的关系就以灵活的"付出和获取"为特点。这种关系变成一种伙伴关系，每个人都一起努力重新调整目标，最终形成一个彼此都满意的方案。在目标校正的伙伴关系中，对关系的呵护处于优先地位，它优于想要实现每个伙伴的个人目标的冲动。尊重他人的感受和观点，让其有时间来解决问题，而不是单方面地向前推进以实现自己想要的。

孩子从父母的示范中开始学习，而且这个学习过程需要较长的时间，有时可能要一辈子去适应做一个真正的合作伙伴。学步儿像其他人那样先尝试，然后最大程度地推进自己的目标，这可能会在一段时间内维持比较稳定的状态。刚刚描述的事件发生 3 个月后，阿礼在几乎同样的环境下，提出了另外一个更加有说服力的理由不去收拾玩具："我现在不行，妈妈。我只有两只手，而且我在做其他事情。"孩子在推动自己利益时的足智多谋，需要父母用更多的创造力来捍卫自己的目标。在这个例子里，阿礼的妈妈绝不辜负这次挑战。她说："你的双手已经花了太长时间在做同样的事情了，阿礼。它们现在需要学习一些新的东西。"

通向伙伴关系路上的障碍

在安全基地行为中，孩子在两个对抗的目标（靠近父母和远离父母去探索）之间寻找舒适的平衡。当父母在身体和情感上都很支持时，学步儿可以自由决定什么时候离开，什么时候回到他们的身边。这时，我们能看到学步儿最快乐、最迷人的一面。当自己想要离开去探索新天地的时候，就离开；当自己选择回来的时候，就被所爱的人热情地欢迎。这就是一个活跃的年幼孩子对于快乐的定义。

当孩子来去自由，而且父母总是在那接纳他们的时候，父母的目标就和孩子的目标正好吻合，在父母和孩子的计划之间没有矛盾。因为父母有意愿而且有能力全身心地支持，就如孩子想要的那样，所以和谐可以持续。

很多因素阻碍了这种理想的状态。最痛切的是，孩子经常想要靠近父母（尤其是母亲），但是这时父母无法在身体或者情感上为其提供支持。妈妈可能要去上班，或者她可能想要留些时间给自己，或给她生命中其他重要的人。学步儿可能还不能够就这样让她离开。妈妈是他的宇宙中心，他感觉自己非常强烈地需要她，这样才能够保持冷静。孩子吵闹地要她，并且黏住她。但是她需要撇开他，让自己远离他的触及范围。有时候她是如此痛苦和内疚；另一些时候，她感到易怒或厌烦。当父母和孩子有强烈的需求但是不能在情感上满足彼此时，就很可能导致双方的疏远、愤怒和沮丧。

另一些时候，孩子很渴望离开，但父母却不让他这么做。他们可能想要保护他远离某个现实中的危险源，或者他们可能不同意他正想要做的事情，或者他们可能只是想把他留在身边享受他的陪伴。在这些时候，是孩子想要推开，孩子感到被父母的存在所淹没，被父母的要求所限制。父母反过来可能感到被拒绝，不被需要，以及不被爱。

在双方的需求强烈地相互竞争的情境中，我们更需要一种目标校正的伙伴关系。这是解决矛盾的最关键因素。父母和孩子必须寻求一种方式，避免强硬对抗，用一个死板的"不要"对抗另一个，而造成双方愤怒升级和无能为力。

分散注意力的价值

在预防和解决矛盾的时候，学步儿对世界的广泛兴趣，以及他们相对短暂的注意广度是很好的盟友。一种奇迹般有效的方法是，转移年幼孩子的注意力，让他们不再关注被禁止的某个东西或某项活动。这时可以向他们提供另外的东西。分散注意力似乎比较直接，但它对孩子的社交能力有长期的好处。一项纵向研究在学步儿12个月、24个月和36个月大时，对他们和他们的妈妈进行了观察实验研究，比如，要求妈妈和孩子参与一系列不同的活动，包括一个3分钟的设定边界的交流。然后在孩子5岁大的时候，再次对妈妈和孩子进行观察。为了不让孩子做出某个被禁止的活动，有些妈妈早在孩子只有12个月大的时候，就很主动地分散学步儿的注意力，参与孩子感兴趣的事情，并且使用推理和解释，她们的孩子在3岁时建立了更加完善的自我概念，5岁时出现了更好的延迟满足能力。[14] 如果只是给予指令或者要求，而没有主动吸引孩子的兴趣，那么似乎就不是一种有效的教育和社会化策略。学步儿发现很难把妈妈的指令，转化为可以被接受的行为，尤其当他们的愿望和冲动驱使他们到不同的方向上去时。当妈妈通过主动参与学步儿的活动，示范被禁止活动的替代行为时，孩子从妈妈的示范中学会了社会化。

分散注意力对于年幼的学步儿来说常常是有效的，因为这符合他们的认知和社会化发展阶段。在12—24个月之间，孩子为当下的激情着迷，但是他们的注意广度非常短，以至于如果充满确信和热情地在他们面前展示另外一个探索机会，他们可能会表示同样的兴奋。年幼孩子从成人那里获得线索。如果照料者对一个物品或者活动表现出兴趣，那么孩子很可能也很感兴趣。"社交指示（social referencing）"是指人们倾向受到他人的情绪表达的影响。这一现象在生命第1年就被观察到。对于学步儿来说，他们正在经历对自己和他人心理世界的一种名副其实的兴趣大爆炸及快速理解，因而社交指示变成了行为的关键路标。就照料者而言，戏剧感可以产生奇迹效果，用以刺激孩子，让他们以我们希望的方式参与进来：使用一定程度的夸张情绪表达，可以帮助劝服孩子为什么我们让他做的事情是合理的。

分散注意力在一定程度上起作用。由于孩子的注意广度和意图增强，父母需要加强他们的全部策略，用以修复不匹配的地方和让孩子适应社会。一些非常紧张的学步儿，有着很高水平的耐力，父母试图将孩子的注意力转移到不同活动上，这种努力可能需要花费很多时间、耐性和能量，而且有时候没有可以轻松解决的简单干预方法。

对意见不合进行谈判

是什么阻碍了达成协商方案？有时候父母担心让步会导致宠坏孩子。他们相信一旦说了"不"，就需要坚持原则，保持一致性。

18个月的玛丽开始玩一个高尔夫球，这个球是留着和家里的小狗玩"投接球"用的。她把球扔出去，然后跑过去取回来，几乎完美模仿了那只小狗。她既兴奋又高兴地咯咯大笑。爸爸告诉她那个球很脏，她不能玩这个球。当爸爸拿走那个球时，玛丽苦闷地哭起来。5岁大的哥哥对玛丽很忠诚，他起来维护妹妹，说："但是我们都玩这个球，而且她并没有把它放进嘴里。"爸爸感到有一点出丑，但是他为了让自己命令有效，必须保持立场。他宣布："我说了不行，就不行"。

3岁大的斯蒂芬正在用他的小光脚在水坑里踩出水花,这个水坑在花园水管旁边,是妈妈给植物浇水的时候留下来的。这是一个炎热的夏日,妈妈感到疲惫和易怒。"停下来,斯蒂芬。"她说。斯蒂芬回答道:"但是我爱这样。""不行!"他的妈妈说。"为什么?"斯蒂芬问。"因为我说了不行。"他的妈妈回答道,她不愿意改变自己的主意。

很多父母变得忧心忡忡,因为他们的内在或外在要求他们总是回答一致,并且不向孩子妥协。他们紧紧地抓住在跟孩子对抗时摇摆不定的每一寸意志力,因为对于他们来说,保持"一致"已经获得了超自然美德的光环。

我们都会在一时冲动下做出决定,然后后来反思时又觉得愚昧或者没有必要。如果只是为了坚持行动而不是坚持我们最好的判断,那么这带有固执而不是一致性的味道。如果另一个成人向我们指出这一点,我们可能会轻松地同意,并且改变主意。但当我们的孩子抗议那个不够明智的命令时,我们为什么不能同样轻松地同意呢?

学步儿对父母的缺点有着惊人的感知力。在34个月的时候,小乔西一边泪流满面,一边对着正在尖叫的妈妈说:"那样很不公平,妈妈。你应该做得更好。"他的妈妈听懂了他的话,确实做得更好了。妈妈停止尖叫,镇定下来,解释道:"让我告诉你为什么我变得生气了,乔西。我不喜欢你不按照我说的去做。"这位妈妈乐意改变自己的行为,她的意愿引出了一场非常有成果的亲子对话,他们讨论了,为了彼此相处融洽,每个人应该做什么。

在有说服力的证据面前愿意改变自己的想法的意愿,能够教给孩子一个形式更高级的一致性:准备好参与不同观点的对话。当我们因为新证据而易于接受变化时,孩子和父母的心理理论变得更加复杂。

当然,还有很多时候,需要将父母的目标而不是孩子的目标放在优先地位,或者必须坚持父母的"不行"。

让我们想想一种常见的情况:父母正准备出去吃晚餐,留下他们的学步儿和保姆一起。孩子抱着妈妈的脖子，尖叫着："不要留下我！"妈妈感到被两股力量拉扯，在对孩子的不安表示同情和被惹怒之间；在出去约会的诱惑和留在家里的冲动之间。在这样一个情境中，看似没有一种妥协是可能的。那么，还有伙伴关系的存在空间吗？

为了公平评判这个情境，我们需要首先看看它的背景。孩子的动机是什么？她是不是在白天已经和父母度过一些令人满意的时光？还是说这次外出是雪上加霜，因为孩子并没有机会满足她依恋的需求？她认识和喜欢这个保姆吗？还是说这是一个还未能引起信任、只是临时代替父母的新人？孩子的抗议可能是一种有用的激励，说明我们可能对她期待太高了，而且没有给她足够的支持去应对我们的不在场。

"好吧，"父母可以回答，"没错，白天过得很快，而且平常的那个保姆在最后时刻不能来，我们不得不找一个孩子几乎不认识的替换人选。我们现在应该怎么做呢？我们自己的需要难道不用考虑吗？"当然，父母的需求要考虑！问题是如何在坚持这些需求的同时不忘记孩子的体验。

关注感受

理解孩子可能的感受以及我们可能如何影响他们的感受，并不需要改变我们的实际决策（在上述例子里指外出行动）。但是，这会改变我们向孩子解释我们的决策时的语气。当学步儿听到父母充满同情地描述他们自己无法用语言表达的感受时，他们会觉得非常的安心和确信。学步儿会很释怀地听到我们对他说，我们知道他不开心，而且爸爸和妈妈今天很忙，没有时间陪他玩，现在爸爸妈妈又要出去，这是不公平的。我们可以告诉他，我们知道他不喜欢和这个新保姆在一起，因为他不认识她，但是我们认识她而且选择了她，因为她对小朋友很友善。我们可以让他确信我们会回来，并且当他睡着时会在他的脸蛋上亲吻他，还会确认他好好地盖上温暖的小被子。我们可以向他承诺：明天我们会一起度过美好的时光，来弥补今天几乎没时间在一起的遗憾。我们可以说所有这些话，一点一点地说，也可以只是重点强调与孩子最相关的事情。然后我们可以说，我们现在需要出发了，也许可以郑重地给孩子一个小小的过渡物品（一只贝壳，一个玩具，一个属于父母但是孩子喜欢的安全物体）。告诉他，那个物品会和他待在一起，直到我们回来。

当然有时候，即使我们已经花了一天时间陪伴孩子，而且他最喜欢的保姆就在那儿，孩子还是会在我们离开之前紧紧地抱住我们。这里，父母仍有一些空间去和孩子沟通。我们可以告诉他，我们在白天做的事情都是那么神奇，现在觉得很难终止。我们可以说，在父母不在的时候，保姆会帮助他度过快乐的时光。然后我们告诉他，我们现在需要离开。正如儿童心理学家斯坦利·格林斯潘（Stanley Greenspan）已经指出的"设置坚定的限制"，（这个神奇的配方被一代一代地流传下来，作为复杂的育儿过程中的一个"万金油"），但是不必排除我们对孩子所体验到的感受表示恰当的同情。[15]

把感受转化为词语

孩子在会说话之前就已经理解了一些语言。当父母能够把学步儿的体验转化为可以理解的语言时，就能够帮助孩子控制负面情绪，让他们变得可以忍受。从这个层面上来讲，说话可能代表着从模糊的感受中解脱，因为它把秩序带到了混乱之中。

还不能说话的孩子，任由怒火和焦虑摆布，一切都围绕着身体和本能的体验，比如饥饿、牙疼、排便的冲动、摔倒的突然撞击、耳朵发炎的难受。（据说马丁·路德在一次便秘中首先理解了恶魔的概念。）孤独，虽然不是起源于身体，但也是通过身体来感受的。对妈妈的渴望通过一种内在的空虚、无法定义的饥饿和口渴等形式表现。所有这些在最开始的时候都可以表达为生气和不安的声音：抱怨、哭泣和尖叫。

父母试图在那些噪声中寻求意义，寻找它们的起源，以及控制它们的起因。若母亲成功了，并且产生了影响，孩子就会被安抚。若她没有成功，孩子会继续处于不可名状的痛苦之中。这就是为什么妈妈和爸爸处于年幼孩子的幸福或者绝望感受的中心：是父母在负责理解和照顾孩子的体验，也是父母在自己不在场的时候去寻找一个替代的照料者。

通过语言习得，学步儿获得一种新的工具，用以和父母及他们世界中的其他重要人物进行交流。他们现在可以描述以前不会表达的体验了。即使在此之前，学步儿也通过倾听父母的语言来学习，语言是分享情感的工具。

14个月的瑞吉，已经从寄养家庭搬到一个领养家庭。他从出生起就开始和一对仁爱但是是临时的寄养父母一起住。此时，他还没有学会说话。在新家的最开始两周里，他几乎连续地尖叫、不睡觉、在地上发脾气，在不那么沮丧的时候，他就无助地哭泣。他的领养妈妈开始怀疑是否应该留着他，她担心他是一个不正常的孩子。在一次咨询中，她被建议要对孩子的每次尖叫进行回应，要紧紧抱住他，重复地说："你和我一起在这里。我们不会再分离。我现在是你的妈妈。"这个咒语能够帮助她控制自己和孩子的恐惧与不安。这个信息被孩子接收到了。瑞吉的脾气很快得到了缓解，最终消失。然而，他还是持续地非常担心这个新妈妈的行踪，他紧密地监视着她，在她离开视线时，他就会大哭。他的父母帮助他，和他一起玩有关消失和再现的游戏，如"躲猫猫"和"捉迷藏"游戏。瑞吉也花很长的时间玩打开盖子就有玩偶跳起的玩偶匣之类的玩具。反复的再现对于这个孩子而言，有一种明显的安慰作用。

瑞吉的新妈妈向他表达了同情，而且她能够理解并说出他的恐惧。这让他孤独的愤怒和绝望转化为一种信任，相信某人会听他说话并且理解他。在恰好的时候，这种信任会帮助他使用词汇来表达他的感受。瑞吉的体验虽然痛苦，但这是充满希望的，相比那些没有人能够把他的感受用关心和支持的词语说出来的孩子，这种情况算是好的。同时，瑞吉对分离还很脆弱，这是一种现实主义的、有适应力的恐惧，尤其他刚刚失去了他唯一认识的可以充当父母角色的寄养父母，而害怕失去正是学步儿情感世界中的一个强烈特征。

使用语言能够使学步儿在他的人际关系中成为更加平等的伙伴。他们现在有更加丰富的行为技能库，这能够在和他人的谈判中用到。语言为孩子提供了一套实际的符号，可以用于精确地表征复杂经历。比如，妈妈这个词，可以唤起孩子与妈妈的大部分体验，如慈祥的眼神、安心的气味、好听的声音、温暖的触摸、好玩的游戏。一个词可以捕捉上千次互动的情绪味道。所以，每一个词都是帮助孩子解读意义和记忆的一种经济的方式。词语促进孩子的记忆，提升孩子理解事物如何运作和因果关系的能力。词语也可以使孩子去思考不同的可能性，决定什么行为可以做。

因为所有这些，学步儿可以使用语言，把之前只能通过行动来表达的感受，用语言表达出来。他们可以说"走开"，而不是推开别人；或者说"我的"，而不是抢走另一个孩子的玩具；或者说"我生气"，而不是打人。使用词语的能力可以作为一种保护，防止被焦虑、生气和恐惧压倒。

当词语还不够的时候

语言打开沟通的新天地，但是它也有限制。准确地说，因为语言的精确性，主观体验的各种微妙之处很难被完全捕捉到。词语可以表达某个体验的一些方面，但无法表达整个体验，触及它全面多感官的本质。"妈妈"这个词可能只是唤起孩子对妈妈的正面感受，而亲子关系中的挣扎、矛盾、愤怒和恐惧情绪，则可能停留在言语可及范围之外。

在这个层面上，把事物放进词语里，本身就有一种分离效应，因为经历中没有被命名的那部分，就被分割出来，成了碎片，远离已经通过语言确认了的那部分官方存在。[16]

这也适用于孩子的情感生活。因为年幼的孩子也有强烈的情感，他们经历的悲伤似乎不可安抚，他们经历的丧失感不可忍受，比如一个宝贵的玩具弄坏了，或者一次不可忍受的分别。这时，"伤心"或者"失望"之类的词语似乎是一种曲解，因为它们不足以表达孩子对于丧失的强烈感受。他需要一个慈爱的成人存在，在他悲伤时去支持他，但是他并不希望悲伤被说出来。正如凯文·弗兰克（Kevin Frank）所说的：

> 我们冲动地想要安抚孩子，让事情得以改善。但是孩子的尖叫还会再来，"不要尝试让我平复下来"，不论是用语言或者其他类似的方式。为什么这如此让人不安？这不是唤起了从我们自己的童年开始就从来没有真正改变过的所有恐惧、不满和沮丧吗？而且用一切可能的手段让孩子冷静下来的冲动，难道不是一种扼杀潘多拉之盒的冲动吗？和孩子真正地处于这个不可安抚的状态，会是一个巨大的挑战。[17]

在这些时候，只有无声地陪伴在孩子身旁才可以尊重他的体验。如果孩子允许，拥抱和怀抱可以比词语更好地传递感受。事实上，在这些条件下试图使用词语来解释和驱赶强烈的感情，可能是错误地使用了语言。以后会有足够的时间，让父母帮助孩子用言语反思他刚刚经历的东西。如果在孩子还没有准备好时，哄诱孩子用词语来表达他们的感受，那么将使他们无法接触到体验中无法言说的部分，使他们误以为说话等同于感受。

伙伴关系的瓦解

有些时候父母是无法在情绪上为孩子提供支持或帮助的，因为孩子的愤怒和悲伤引发了他们自身被埋藏的情绪。与其待在附近、提供支持或用言语表达感受，还不如让自己尖叫或者把自己放在冷静的沉默中。对于父母和孩子之间建立的伙伴关系，不管之前是什么样的，现在都变得摇摇欲坠，似乎不可挽回地要失去。厌恨代替了爱。无论关系还是自己的内心空间，都无法提供让人可以立即撤退的安全基地。

我们不一定要宣扬这种失控，但我们可以获得一些心理安慰：我们只是太具有人性了。这甚至有一些好处。如果不是太过分，这也许可以帮助孩子理解：不只他自己，他的父母也会有各种（有时不希望有的）情绪。

父母处于巨大的社会压力中，他们要不出差错地提供共情和支持。他们被要求认真地培养孩子，确保孩子拥有最佳的心理健康、认知发展和创造力。这是一项难以完成的任务，实际上，可能要付出一些严肃的代价。如果父母总是试图关注孩子，那么这种氛围下的学步儿可能会被剥夺学习深刻和自发的情感的重要机会。当父母过分地操心，那么学步儿可能获得了言语之外的信息，他会觉得他应该给予回馈。为了得到举止如此得当的父母，他最好自己也举止得当。这种压力对于年幼孩子来说是非常有压迫感的。

有时，学步儿的行为确实让人感到烦恼且不可接受，尽管父母尽量坚定、有礼貌地阻止这种行为，但它还是一再发生。父母最终的愤怒（无论是很好地被调节了，还是不太成比例的）向孩子传递了一个重要的信息：你的不恰当行为会有后果，即使这个后果你不喜欢。

学步儿期是孩子开始理解这一点的时期。学步儿最好通过感受来学习自己和他人的感受。父母的情绪爆发，事实上可能对孩子是有帮助的，因为它教育孩子，他们不需要在所有时候都能控制好自己。

在吵架后和解

最重要的问题是：当父母情绪失控之后该怎么办。这里，语言可以提供巨大的帮助，因为它可以让父母和孩子一起讨论刚才"当妈妈和爸爸变得那么生气时"发生了什么。

不管父母的愤怒多么正义，对孩子来说总是很吓人的。通过向孩子解释爸爸或妈妈是如何感受的，或者询问孩子他是如何感受的，以及确保让他知道即使父母对他生气，他还是被爱的，可以让孩子的那种恐惧变得更加可控。当孩子能够在不同经历中获得意义，那么他们的安全感只会暂时受到动摇，而不会永久受损。事实上，通过反复地修复伙伴关系中的失误，可以让他们

对无助和绝望逐渐产生免疫力。他们学到，亲密感在情绪平复下来之后可以被恢复。当通常慈爱的父母突然变得吓人地生气时，孩子就更可能出现无助和绝望了。

有些时候，父母因为个人原因脾气失控，而学步儿的行为只是父母发泄愤怒的一个借口，这时候应该怎么办？同伴地，语言会有帮助。告诉孩子"对不起"，可以让他们不再承受不应得的羞愧。让她确信你并不是在责怪她，这样可以维护她的自尊。当然，这只发生在当父母确实想这么说的时候。如果这变成一种形式，用以解脱父母的内疚，那么谈话就变得廉价了。孩子是非常有感受力的，他们能够感受到，父母是真的在试图做得更好，还是他们说"对不起"仅仅是为了忘记这件事情，然后下次又继续这样。

和父母一起修复矛盾冲突可以帮助孩子建立内在控制。修复的长期目标是，帮助孩子建立父母在外在所代表的安全基地的内在模型。当这么做成功的时候，孩子获得了一种深刻的中心意识和自尊感，能帮助他们渡过困境。

4岁的乔什在爸爸向他大声喊叫之后，告诉爸爸："爸爸，我只是一个小孩子，大人不能够对小孩子大声喊叫。你应该能够控制自己。"爸爸还在生气，回答道："有时你不听我的话，我需要对你大喊！"

乔什的话概括了他学到的真相，因为他还是一个学步儿，所以在很多互动中，即使爸爸也处于两人感情矛盾当中，但仍然能够听他说话并且在情感上满足他。爸爸，从他的角度上来讲，在表达对乔什不顺从的不满时，提出了自己的情感体验具有合理性。爸爸有说服力的宣言，向乔什传递了一个信息，也就是责任是双向的。这是他这个年龄可以应付得来的一个教训。

失望的情感价值

伙伴关系通常涉及调整自己的计划，来适应我们的伙伴。我们很多时候会让伙伴失望，因为我们无法做他希望的事，但这是可以接受的。不管学步儿还是大人，这都是可以的。失望是一种非常早出现的体验，而且学步儿需要学会他们可以感到失望，但是他们不会从此崩溃。

然而，如果让孩子感到了失望，父母通常都会感到自责。如果父母持续地对孩子的愿望让步，并以牺牲自己的愿望为代价，那么自责就成了形成伙伴关系的强大阻碍。这种自动妥协向孩子传递的信息是，她的愿望是天然最重要的事情，而且沮丧和失望是危险的情感，应该不惜成本地避免体验。

自责也可能导致父母过度谈判。他们恳求孩子同意他们的要求，并用令人愉悦的举止接受一个情境。我记得有一位非常慈爱和敏感的妈妈，她希望和她的学步儿苏菲在美好的生日聚会后回家，而苏菲却发自内心地不想离开。妈妈用最有说服力的方式、以甜言蜜语哄骗她："我们走吧，苏菲。我知道你想留下来，但是你已经累了。所有孩子都走了。汤米需要睡觉了。你也需要睡觉了。我们走吧。"苏菲的回应是：跑开，继续玩。当妈妈最终抱起她离开时，苏菲坐在地上尖叫。她的妈妈再次恳求，而且再次哄骗她："你已经太累了，苏菲。这就是你为什么哭的原因。我们走吧。"这样僵持了40分钟，妈妈和孩子的沮丧感都逐渐上升，更不要说主人家的感受了。

看似矛盾的是，这个妈妈努力获得孩子的同意离开，实际上却剥夺了孩子不喜欢某样东西和反对它的权利。孩子被剥夺了自由表达负面情绪的权利，而且受到了被迫愉悦的禁锢。没有人，甚至学步儿也不需要放弃表达负面情绪的权利。放弃生气、悲伤和失望，就是放弃自己的一部分。

如果学步儿没有逐步地学会失望，那么他们将失去自己的韧性，因为在面对他人的需求时，他们缺乏练习"付出和获取"。他们可能变得以自我为中心，高要求，很难喜欢别人或者与人相处。苏菲的妈妈其实可以帮她女儿和其他人一个忙，简单地否决苏菲的抗议，抱起她，把她带回家。

当过去入侵时：托儿所的鬼和天使

养育孩子会不可避免地让我们回到自己的童年。很久之前的感受不请自来。父母发现，自己体验到的多种情感，常常似乎不知来由，而且超出了他们的控制能力范围。这些情感的起源在哪里？这些情感如何能够通过行为来表达呢？即使他们承诺过，自己不会在孩子身上重复父母对待他们的方式。

威廉·福克纳（William Faulkner）写道："过去永远不会死亡。它甚至不会过去。"这是因为，我们在身体感受、对自己和他人的感知、对关系的假设以及对情感和社交情境的自发反应中，携带很多早期记忆。这种非言语的早期记忆称为"内隐记忆"。它不需要有意识的注意，不需要在脑子里编码，因此它存在于意识之外。内隐记忆告诉我们很多有关我们的情感生活的信息，但是我们却无法通过意识回忆出来。这是因为，那些记忆在我们能够说话之前就形成了，在连接非语言脑区（登记危险和安全、痛苦和安逸信号的大脑结构）的神经回路，与后来发展起来的脑区（与说话、逻辑理解和有意识的觉察有关）形成牢固连接之前，就已经存在了。早期记忆以感觉、知觉和反射性自发反应的形式释放，这些与事实上经历的可以描述出来的外显记忆是分开的。内隐记忆似乎导致自主性的存在，独立于意志控制。因为它们还没有被整合到自我感知的意识结构里。内隐记忆在我们出生时就开始了，但是在一生时间里持续积累体验。身体吸收的体验比我们可以有意识加工和回忆的更多。那些持续的、非言语的体验可以留下烙印，能在任何时候再次浮现。

那种较晚成熟的记忆形式称为"外显记忆"。它涉及有意识的回忆、把体验变成语言，以及自传体记忆的一部分，这部分发展于生命第3年。外显记忆在第2年开始发展，包括在检索记忆时回忆的感觉。外显记忆的自传体方面需要自我意识和有意识的注意，从而在大脑中得到编码。因此，自传体记忆与孩子在学步儿阶段逐渐萌芽的心理理论能力有关。

所有的记忆都受到人际体验的强烈塑造。关系教导孩子，哪些是可以去感受、加工、描述和记忆的。当父母接受孩子当下的情感，并帮助孩子把情感释放为安全的情绪表达方式时，孩子能拓展和丰富自己的记忆库。他们学到，自己在感受快乐、难过和生气，或者在同时感受三者。如果父母理解孩子在压力时如何感受，并且相应地命名他们的情感，帮助他们控制并且安全地释放强烈的情感，那么父母就帮助孩子在情感和认知之间建立了联系。感受和识别感受之间的这些桥梁，创造出了内部一致性和一种有条理的自我意识。

当大人禁止孩子认识和表达情感时，孩子将遭遇难以捍卫的情感两难。依恋理论的创造者约翰·鲍尔比把这种情感两难命名为"知道你不应该知道的和感受你不应该感受的。"[18] 然后，令人不安的现实生活事件，以及它们所唤起的强烈负面情绪，被关在了有意识的觉察之外，但是它们持续对思维、情感和行为产生强大的影响。这些生活事件主要分为两大类：

1. 某些家庭情况——携带着强大的情感重量，但父母不希望孩子知道。（比如，一位手足的死亡；一方父母自杀；诱发羞耻感的情况，如一方父母或某个亲戚在坐牢，家庭暴力。）
2. 父母对孩子的养育方式——父母否认或者错误表示的。（比如，"我有办法让你哭""我为了你好才打你""你在撒谎""都是你自己想象的"。）

施压禁止孩子认识和产生情感，会导致孩子不信任自己的感觉，对亲密关系感到不信任，以及否认他人的情感。一旦他们成为父母，他们可能会觉得自己难以理解和认同孩子的情感，转而给孩子压力，要求孩子只能知道和感受父母自己知道和感受过的东西。塞尔玛·弗雷伯格用"托儿所的鬼"这个比喻描述了该过程，父母的情绪体验在童年时被压抑，现在在他们和孩子的当下体验中重新演绎。和这些经历做着挣扎的父母，难以从孩子的视角去看待问题，因为他们自己的"心理理论"没有被自己的早期情感体验所确认。

奥斯卡2岁，他的爸爸发现，当奥斯卡把自己推开，以此作为一种说"不"的方式时（比如爸爸在奥斯卡吃完冰激凌后想给他擦嘴巴时，或者当爸爸在奥斯卡正在玩耍时想给他换尿布时），他会被愤怒所淹没。爸爸对于自己想打孩子感到羞愧，他勉强能够压抑这一冲动。当他和朋友聊到育儿话题时，他表现出一种挣扎，混合了许多情感：自我轻蔑的幽默、难堪和勇敢。他最年长的朋友，从中学就认识他了，问道："当初你爸爸打了你那么多次，你是怎么想的？"奥斯卡的爸爸被问得很惊讶，不假思索地说出："但那是我应得的。"他把"坏"作为他看待自己的方式。这有助于他给自己的爸爸免除责任，原谅爸爸在他成长过程中给他造成的恐惧。但是现在，他本能地把自己的学步儿看成"坏"，并且认为他理应被打。

父母在反思自己的过去时，提取了早期体验和情感记忆，这能帮助他们对孩子的情感反应赋予意义。这个过程不只伴随着困难体验，也伴随着有关被接纳、被爱以及被保护的情感记忆。下面两个例子阐述了这些记忆如何在数十年之后依然充满关爱。[19]

一位妈妈回忆说："我儿子出生时，我马上对他唱歌。一天，我正摇着他，哄他睡觉，我试图想起我童年时最喜欢的旋律。我发现自己一边抱着他温柔地抚摩他的背,闻着他甜甜的体香,一边唱着一首名叫《我发现了一颗花生米》(*I Found a Peanut*)的歌。突然,我想起自己小时候坐在妈妈的腿上,在小房间的一把摇椅里,听我妈妈唱这首歌。那时我正在生病,我偎依在她身边,感到有点累,但是很舒服、很安心。后来,我记起几个充满爱的温暖时光,她在我生病的时候安慰我,抱着我,爱着我。"

另一位妈妈说:"关于我爸爸的每件事都是温暖的。我的意思是,你刚刚靠近他,你就能感到微笑。他那时习惯回家后看报纸,他喜欢坐在沙发上,把他的脚翘起来……他总是把手臂这样子拱起来,就好像那是你的位置,他会在那里等着你来。"

这些"天使时刻"充当了恐惧、愤怒和痛苦的解药,可以作为"保护天使",指引父母去寻找方向,成为他们希望成为的那种父母。

鼓励一种伙伴关系

如何让学步儿以健康的方式顺从我们呢?来看看有哪些方法。

- 给孩子一个讨人喜欢的替代选项。从任何角度来考虑,这都是没有痛苦而且有效的。("我们现在回家,然后我们可以看《芝麻街》。")当然,这并非总是可能或有效。
- 用语气表达出你确信自己的要求很重要而且有意义。然后,孩子也会觉得它有意义,因为学步儿天生倾向于相信父母而且想要取悦父母。("你需要从雨中进来。如果小朋友在雨中待太长时间,他们会生病的。")
- 学步儿天然的公平感。在很多情况下,这是父母的盟友。向孩子解释,某个特定行为会给其他人添麻烦,这有助于让孩子知道,其他人有不同的需求。("请停止用勺子敲打桌子。这让我的耳朵疼!"或者

"我不希望你叫我'笨蛋'。这让我感到难受!"。)

- 很多时候,父母需要解释,自己是负责做决定的那个人。当父母自信地说"我是那个做决定的人"时,很多学步儿被治愈了,他们不再失控地发脾气。对处于矛盾中的学步儿来说,没有什么比父母善意的权威更加让人安心,尽管孩子的强烈反对让这看似难以相信。

- 如果其他方法都失败了,幽默有时候会有效。如果父母可以把学步儿无法容忍的请求变成一个游戏,比如假装不相信地说:"你真的想在晚饭前就吃你的甜点吗?我就是难以相信!"然后继续沿着这个主题来玩耍,学步儿可能会加入游戏精神,而且以一种游戏式的方式学会什么是允许的,什么是不允许的。

- 有时候唯一明智的做法是采取行动。对于年龄在12—18个月,还不太会说话的学步儿尤其如此。对于年龄较大的学步儿,最好将采取行动作为最后使用的方法,尤其当其他方法不能奏效,或者当需要很快地为了孩子的安全而采取行动时。把孩子抱到其他地方,有时比甜言蜜语的哄骗或求情或解释都更加有效,因为这告诉孩子,父母这样做是在完成自己的养育任务。

想鼓励孩子的顺从行为,结果却事与愿违的方法有什么?显然,诱发孩子的恐惧或内疚是首当其冲。在一个更加微妙的层面上,诸如"你要合作"或"你必须分享"的训诫,会让孩子对这个任务的庞大感觉困惑或无助。谁会顺从于这么一个无所不包而且抽象的命令呢?(同样地,谁能够真正地遵循"听话"的命令呢?连"十诫"都要更加简单和具体。)

如果我们用简单的句子"我需要你帮助我"来替换笼统的词语"合作",那么我们就是在直接迎合孩子想取悦父母的本能愿望。如果我说,"现在该轮到约翰尼了",那么我们是在向孩子表达公平游戏的感觉。与学步儿匹配的词语可以说到孩子的心坎儿里。这有助于学步儿直接学会有关互利互惠、公平和共情的价值,这些都是良好人际关系的基础。

父母有时候会担心,告诉学步儿有关他们自己的需要和愿望,会让孩子觉得内疚,或者减弱他们天生的热情。也许会这样,但这不太可能持续很长时间。伊拉偷听到妈妈说,她感染了流感,现在感到好多了。他马上振作精神,然后问:"这意味着我可以再次麻烦你了?"如果父母不去扼杀孩子的需求和愿望,它们就会自动地重新被提出。事实上,学步儿和父母在实现自身愿望的能力上是势均力敌的:在生命的第2年,只有大概50%的养育要求会从一开始就被学步儿顺从。

反对、负面情绪和发脾气对于父母和孩子来说都是有挑战的。然而它们的好处不应该被忽视:它们迫使我们去学习协调相互竞争的目标,并且建立终身的伙伴关系,这是一门复杂但有回报的艺术。

第 4 章

气质的问题

婴儿从出生开始就是一个独特的个体。有些婴儿是逗人喜爱的,另一些在父母的臂弯里也无法放松;有些婴儿强有力地大哭,另一些几乎不会呜咽;一些婴儿似乎一直都在动,另一些几乎不怎么动;一些婴儿似乎不会被日常规律的变化所影响,另一些则在饮食或睡眠计划发生改变时就会崩溃大哭。

正如这些观察所示,当婴儿来到这个世界上时,他们已经被设置好了个人的反应模式,用于对自己的身体过程和周围发生的事情进行反应。[1,2] 有时,这些反应变成婴儿人格中的稳定部分,但是在另外的情境下,该行为可能会随着孩子的发展而变化或者消失,结果只有时间知道。

这些个体差异是从哪里来的呢?他们是如何演变的?是什么决定他们是否持续或者消失?我们可以找到一些方法对不同的行为模式进行归类吗?或者它们是否完全随机和不可预测呢?这些问题和其他很多问题一样,已经在很长一段时间里困扰了那些试图理解人类发展的人。

气质(temperament)这个概念,是一个有用的工具,尝试帮助我们回答这些问题。气质的定义涉及行为是"如何"的:通过看着孩子的气质,我们尝试描述他们倾向于多么强烈、多么情绪化、多么适应环境和多么可以预测。这时的关注点是行为的风格,而不是能力(行为的内容或者行为是"什么")或动机(行为的原因或者"为什么"出现该行为)[3]。

在描述气质时，我们常常发现自己在使用涉及非语言或动作体验的形容词：高度紧张的、低落的、能量爆发的、慢热的。这些术语和儿童心理分析师丹尼尔·斯特恩（Daniel Stern）提出的"活力情感（vitality affects）"重合。[4] 活力情感是指，伴随基本或必不可少的生命过程（比如饥饿和饱足、入睡和醒来、吸气和呼气、四处移动，及体验不同情感的激起和消失）的那些感情特质。从这个意义上讲，情绪和活动水平是气质的标志。[5]

很长时间以来，气质被视为不可改变，是个人与生俱来的天赋或负担，可以或多或少明智地使用或忍受，但是永远无法割弃。马克·吐温在1909年写了"撒旦声明"："气质（天性）是神的法律，由神亲手写在了每个生物的心中，必须被遵守。而且将会被遵守，虽然有各种限制或禁止的法令，但只要可能，就应该让自己的气质得到释放。"（《来自地球的信》；*Letters from the Earth*）。

有的观点将气质作为宿命论的一种形式，这种观点现在已经不那么受欢迎了。当前对于气质的观点是，把命运的概念尽量压缩，强调孩子的发展是由基因、体格、环境之间的交互影响而塑造的。气质本身并不是终点。发展观的萌生，来自人们意识到，气质并不是一种单一且不变的特征，而是人们不得不以某些方式进行反应的一套相对稳定的倾向。这些倾向性可能会在发展的过程中放大、缩小，或者发生质变，这取决于孩子和环境之间的作用性质。[6]

那么这些倾向性是什么呢？年幼孩子之间如何准确地区分彼此呢？毫不惊讶的是，对于哪些倾向性是基于气质，而哪些是从环境中学来的，不同专家有不同的想法。为了对气质特征进行分类和研究，不同的学者也有他们喜欢的维度，虽然他们提出来的维度有不同的标签，但是不同维度之间有惊人的重合。亚历山大·托马斯（Alexander Thomas）和斯特拉·切斯（Stella Chess）是气质研究领域的先驱人物，他们追踪了136个孩子从学步儿到成人的生活，最后识别出多达9种气质维度。这些维度涉及：活跃水平，生物节律的规律性，在面对新情境时的第一反应是趋近或退缩的倾向，适应变化的能力，反应强度，对刺激的敏感性，主要的心境（是正性还是负性），分散注意，追求目标的持续性。[7, 8, 9, 10] 孩子在各个维度类别上的高、中或低水平，导致了每个孩子的气质组成有很多微妙之处。

如果某个孩子在某个维度类别上一直都是高或低水平，那也不意味着这个孩子注定总是那样反应。她可能会在某个特定情境中表现出让每一个人都出乎意料的不同行为。或者，她可能会在特定的年龄时戏剧化地改变一个维度或另一个维度。很多父母评论说，他们的孩子在学步儿期非常活跃和紧张，但是在幼儿园阶段又变得安静和温和。更加常见的是，父母抱怨，孩子在学龄期时很友好、外向，而且常年快乐，但是到了青春期，却不可思议地退缩和易怒。在不同年龄，孩子的体验和他们感知自己及世界的方式，可能启动了新的应对机制，或者可能诱发了未预料到的脆弱。这里罗列出来的气质维度，并不是僵硬的功能分类，而是有用的指南，帮助辨识孩子的周期性反应模式。

气质类型

9 种分类是很多的，无论每一种可能多么有用，都让人难以记住。为了让事情没有那么麻烦，托马斯和切斯在他们研究的孩子身上寻找了反复出现的特质组合。他们发现，样本里有 3 个特别普遍的组群。孩子们显示出的这 3 个特质组群是：容易型（easy）、慢热型（slow to warm up）和困难型（difficult）。"困难型"这个标签本身就让人难以接受，虽然在面对一个总是挑战我们的耐心和好意的孩子时，这个标签带有一种强烈的直觉吸引力。每个学步儿（像每个大人）都可能会在某个时期的几天甚至几个月里变得非常难以应付，这取决于他们将经历什么，以及其父母的接受水平和灵活性——这通常受到父母自身要经历的事情的影响。人们努力找到一个没有那么轻蔑的标签，来描述具有挑战性的气质风格，于是造就了一些描述，比如"挑剔的""易怒的"和"不灵活的"。在这本书里,"困难型"类别被称为"紧张型（intense）"。此外,第4个类型是高活力型（active）,这不是由上述作者们识别的,而是从对年幼儿童的很多观察中产生的。[11, 12, 13]

虽然不是每个人都同意这些标签,但它们所指代的气质类型却一定是值得参考的,因为这些已经被深入地研究过,而且似乎显示出从童年早期到成年早期的连续性。接下来的部分描述了各个类型,并描述了具体的例子,说明孩子的气质如何影响亲子关系、安全基地行为的风格,以及可能发展出来的伙伴关系。同时,值得注意的是,人格领域的很多领先研究者,已经放弃了分类的思维,转而以维度的概念进行思考,因为人们——包括孩子——不会完美地符合完全的分类。因此,以下这些类别带给我们的是思考气质的有用方式,而不是把孩子进行分类的方法。

容易型气质

容易型气质的核心模式是灵活性。生物周期是规律的和可预期的；主要的心情是愉悦的；乐于接受新的情境,对变化比较容易适应；情绪反应在大多数时候是温和到中等的强度。

因为这些特征,容易型气质占主导的孩子,能够相对无缝隙地整合到家庭的节律中。父母可以围绕孩子的吃饭或睡觉时间来安排自己的活动,因为这些事情每天都在差不多同样的时间里发生。父母可以带学步儿去购物、拜访朋友,甚至上班（如果可行或必须）,因为父母可以指望孩子能在一段较长的时间里保持良好的心情,并且在新的情境中表达出兴趣,而且如果事情刚开始不是特别符合他的喜好,他也能很快适应。父母有可能更加自发随意：计划可以即时制订或者变化,不用害怕引发有关宝宝节律的微小灾难。无论孩子感到开心还是厌恶,他都会以一种完全柔和的色调来显示自己的感受。对于气质维度被灵活主导的孩子来说,他们的这些特征使照料者很乐意去照顾他们。所以他们的父母在育儿中倾向于感到很有效率和有技巧。这并不让

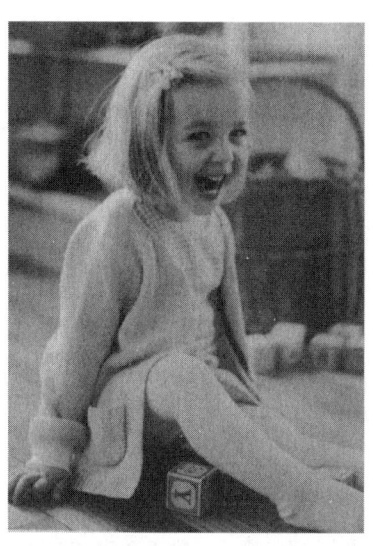

人惊讶,因为他们每做一件事情几乎都会获得一个积极反应作为奖励。

  乔伊通常都心情很好。他倾向于面带微笑地起床,然后准备开始玩耍。这种态度在一天中都是如此。他平静地接受日常节律的变化。对他来说,事情很容易变成快乐和兴趣的来源。无论他正表现出快乐还是痛苦,他的反应通常是中等强度的。迎接父母和其他他喜欢的人时,他露出微笑的表情,但不会过于热情。新玩具会让他大笑,但不会引起快乐的尖叫。同样地,他在体检时只是安静地抱怨一下。即使在打疫苗之后,他的反应也只是中等强度的哭泣,而不是剧烈的号啕大哭。

  拥有灵活气质的孩子可能会面临一个问题:他们很容易被视为理所当然。他们容易欣然同意,以至于父母可能做得太过分,超出了孩子预期中可以容忍的公平范围。但是即使是容易型孩子,也会伤心、害怕和生气。父母可能需要提醒自己,持续关注容易型孩子的情感需求。

慢热型气质

面对一个新体验时，慢热型气质的孩子可能会先退缩，然后需要很长一段时间来适应。慢热型气质通常伴随闷闷不乐的活动水平和温和的情绪反应。只有当孩子在新环境中被逼迫到他们的容忍范围之外时，他们的情绪反应才会上升到一种比较强烈的水平。慢热型气质的孩子需要一些时间在旁边观察，然后才能准备好去参加。一旦他们觉得准备好去参加了，他们就能像那些有把握的小伙伴那样，表现出热情。慢热型的孩子通常被认为是害羞或胆小的，因为他们在进入新情境之前犹豫不决。

> 艾琳在新环境中比较低落。对新事物和新人物，她要观察很长一段时间，才能参与其中。如果给她压力，让她在还没有准备好之前就快速靠近，那么她会大哭起来。在身体活动方面，她的活动比较缓慢谨慎。她偏好于安静的活动，比如读书和玩拼图。在玩活动类游戏时，虽然她能够乐于其中一小段时间，但是比较容易累。与同龄人相比，她在走路、跑步和跳跃方面的能力发展得很好，但她在走一小会儿之后就会要求抱抱。

慢热型气质风格的孩子，面临一种可能的风险：人们可能会给他们的行为寻找心理上的动机，可能会给他们贴上"焦虑"或者"不安全"的标签。

并没有证据证明慢热型和不安全有关。孩子可能对父母的身体和情感支持很有信心，他可能很信任自己妥善应对不同情境的能力，以及他可能偏好于先从旁观察，稍后再参与。当然，如果其他人批评、嘲笑或试图改变这种倾向，而不是接纳它，把它作为是孩子个人的且是适应环境的正常方式，那么这可能会导致不安全依恋。

这就引出了一个问题，面对孩子的害羞，父母该如何感受。有证据表明，害羞可能是有生物基础的。一项对收养的孩子和亲生的孩子进行了比较的研究发现，比起婴儿和领养妈妈之间，婴儿和亲生妈妈之间存在较高的害羞相关度。还有证据说明：对新异刺激做出担忧和抑制反应的倾向是一种气质特征，可以在4个月大的婴儿身上观察到，而且在最初表现出这种倾向的孩子的不同发展阶段里，保持相对稳定。[14] 把新异刺激当作一种威胁并对它持有稳定反应倾向的年幼孩子，在生命后期似乎更容易出现社交焦虑，就像他们谨慎的倾向泛化到了社交情境。[15]

在养育害羞的学步儿时，对于孩子的慢热型，父母的反应方式可能非常不同。一些父母和他们的孩子共情，允许他们以自己的节奏进入情境；另一些父母则希望保护孩子，减少孩子在新异和有挑战性的情境中出现；还有一些父母试图通过鼓励孩子在准备好之前就参与，希望以此来帮助孩子"克服"害羞；一小部分父母感到因为孩子的行为而受到个人指控，他们的反应方式带有不耐烦或难堪的情绪，似乎孩子让他们蒙羞了。

这些反应可能反映出父母对自己的气质的部分体验。一些害羞的父母感到苦恼，因为孩子和他们共享了这个特质；另一些父母本能地理解孩子如何感受；一些外向的父母感到被孩子的矜持拖后腿和限制；另一些父母发现，孩子的害羞让人耳目一新，因为这让他们感到轻松了，他们自己也没有那么爱社交，虽然他们常常被期待善于社交。那些因为孩子的害羞感到蒙羞的父母，可能和孩子一起重新体验了以往的记忆，比如在他们成长过程中感到的被误解、不被接纳、被逼迫或者被欺凌。从成人的视角上回忆那些体验，并且在情感上加工这些信息，可以帮助父母区分两种不同的时光，一种是他们对自己的"魔鬼"记忆本能地做出反应，一种是他们对孩子的个人发展和情绪需求进行反应。学步儿把父母作为参照点，来指导自己的反应。当他们的父母感到被威胁，他们也感到被威胁——这是一种担忧和害怕的循环，从一代延续到下一代。这个循环可以打破和修复，只要父母能够修炼自己，花时间关注内在，变得更加自我觉察，控制自己的情感，清理自己的心灵，使自己能够重新保持注意力关注当下，支持孩子应对有挑战的社交情境。

紧张型气质

紧张型气质的孩子，通常在生理功能上不太规律，比较难以适应变化，很容易心情不好，而且有紧张的情绪反应。简单来说，他们的反应是难以预测和调节的。如果不考虑他们的反应，将难以实现自己的计划。

> 珍妮通常很容易爆发坏脾气。她的父母觉得自己如履薄冰，因为她很容易生气。她在早上醒来就哭，要花很长时间才能开始玩耍。她不喜欢新奇的东西。她的父母必须抱她很长时间，她才能去探索。珍妮很难适应变化。她在保姆刚刚到来时大哭，虽然一会儿之后她也很开心。相似地，在附近的游乐场，她常常刚爬到滑梯上就大声尖叫，虽然她也很喜欢滑滑梯，而且不想离开。珍妮对大多数情境的反应都很紧张。当她处于好心情时，她会用阵阵笑声来迎接她最喜欢的姑姑，还会用极为夸张的姿势跑到姑姑那里。当她处于糟糕的心情时，她会在很长的时间里拒绝别人看她。去看医生时，虽然医生是她认识且喜欢的，但是当医生试图检查她的耳朵时，她会用拳头打医生。当医生在做完所有的检查之后给她一个玩具时，她又会给他一个大大的拥抱。

并不是所有有挑战性气质类型的学步儿都完全像珍妮那样。带有困难特征的学步儿会以个人的方式来表达他们的困难。一些学步儿经常且持续地发脾气；另一些很容易大哭；还有一些存在进食、入睡和排泄方面的困难。

当父母得知，这样的考验和磨难可能产生于孩子的困难型气质，而不一定是育儿方式的某些错误时，他们常常感到安心。

所有学步儿都需要父母提供一个安全基地，这个安全基地成为一种有回报的伙伴关系的基础。所有学步儿也都需要成人的帮助，以找到描述其感受的词语，调节他们的情绪，使他们变得能够觉察出他人的需求。紧张型气质的学步儿对这些成人反应的需求更多，因为他们在很多情境中都情绪化，而且他们随时会变得退缩。对于学步儿的困难，人们的反应通常带着自己的情绪化和退缩。这是很遗憾的。有时候，最有挑战性的学步儿也是相处起来最有趣的，因为他们强烈的情感和敏感度帮助他们注意到其他学步儿不曾觉察的东西。当这些孩子感到被批评或被拒绝时，他们可能内化出关于自己的一种观点，认为自己是"坏的"或"不可爱的"，这样他们就会把气质倾向永久化为个性特征。

对于紧张型气质的孩子，其父母们如何才能控制住日常生活？一个有帮助的处方包含 5 个主要成分：不要把孩子的行为视为针对个人的；拥有一些幽默感；陪伴孩子时要有耐心；设置清晰的行为指南；建立支持系统，允许父母离开一段时间，远离孩子，呼吸放松。这张配方是很重要的，让人在最受折磨的时候仍然能够明察事理。如果孩子的气质具有挑战性，那么父母应该通读本书，本书提供了一些建议，尤其关注如何帮助孩子渡过困难情境，比如分离和团聚、睡眠困难、纪律问题、手足竞争、如厕训练等。所有学步儿都需要敏感地处理这些有挑战的情境，但是紧张型气质的学步儿需要更多。

高活力型气质

在学步期，高活力水平对儿童行为的影响尤为显著，因为这个时期的儿童对于什么是被允许的和什么是不被允许的判断还处在非常初级的水平。对于安全基地行为的边界，有较高活力水平的孩子倾向于一种更加延伸的不同定义。高活力的学步儿不情愿待在父母认为安全的半径距离附近，他们可能跑开、毫不回头地往前走。

亚当一直都在动。作为一个婴儿，他很早就会爬，而且很少在一个地方坐着，他会爬到桌子和柜子上面，他喜欢高能量的游戏，比如追逐和玩球。他毫不犹豫地跑进新环境，他在抓取一个新东西之前，很少花时间去看这个新东西。当他被强迫不能动时，比如在长途驾车的途中，或者在给他穿衣服的时候，他变得不耐烦和易怒。

亚当展示了高活力水平的主要气质特征。当不同的学步儿同时倾向于靠近新异刺激时，高活力水平的学步儿可能被认为无法遏止的，因为他们不只渴望活动本身，而且不可抑制地被周围的很多事物所吸引。

高活力水平不一定总是高社交倾向。一些学步儿对于身体追逐非常着迷，而别人不会对此特别感兴趣。甚至在一些身体追逐中，其他孩子只是充当伙伴的作用。静止的社交活动并不符合高活力水平的孩子对速度的追求。

这些学步儿和父母常常在日常生活中遭遇阻碍。人们常常被他们的高活力水平所困扰，讨厌这些孩子持续不断地参与活动。父母报告说，他们常常微妙地或者明显地感觉被批判没有给孩子"设置边界"，好像孩子对身体活动的需求会完全受父母控制似的。"家居防护"是维护任何一个有孩家庭和平的必要方式。这成为必不可少的安全措施。但有一个问题：当高活力水平的学步儿疯闹几个小时，导致父母对于保证孩子在可接受的边界之内感到额外有压力时，很多人就会愤怒地不想在家里做儿童防护措施。这种情境可能会在孩子和成人之间引发很多矛盾。因为限制是非常让人厌恶的，以至于孩子可能变得脾气暴躁以及在反应上易怒。很多社交活动的最后结局是一种失败感。

气质的社会化

气质不是任何人的错误。我们对于一个人的气质可以做些什么，如何在气质的基础上有所作为，如何在必要的时候驯化气质，这些都是教育和性格塑造所关注的问题。

这就是育儿作为一门习得的艺术发挥作用的时候。父母和照料者对于学步儿的气质的回应方式，将决定孩子的易感性是否会被放大并且根深蒂固，或者从好的方面来讲，孩子更加有能力的方面是否能够框架性地限制住这些困难，而不让其成为孩子人格的主要部分。

孩子的气质风格倾向于在早期不受自己控制。一个学步儿不可能故意起来哭泣，存心使父母苦恼。他也不可能为了操纵现场以博取人们的关注，而在生日聚会的时候躲在妈妈背后。然而，学步儿常常因为自己无法控制的行为而被不公平地责怪。

当孩子的行为使我们愤怒或难堪时，我们的反应常常是看到其行为背后的黑暗动机。从某种程度上说，我们正在尝试通过在孩子身上寻求同样负面的动机，来让自己的负面反应合理化。这是非常人性的一面，但是对于亲子关系或者对于孩子的情感发展而言，这既不公平，也没有帮助。正如前面提到的，气质描述了孩子如何反应，但不解释他为什么要如此反应。

这些倾向是孩子天生的构成部分，记住这点有助于父母对孩子的经历产生共情，并且找到方式对其不喜欢的行为进行反应，使孩子的自尊得以维护。

比如，当学步儿刚刚醒来正在哭泣，父母最好是安慰他而不是责骂他。当孩子在生日聚会中需要待在父母旁边，而还没有准备好自己走开时，父母最好给他一些时间。

孩子的气质和安全基地行为

学步儿的气质影响了安全基地行为的盛衰。正如第2章所描述的，安全基地指在下述两种行为之间的平衡，一是为了探索而远离父母，二是回来重新获得情感联系或寻求安慰和确信。

孩子的气质特性会给他们的安全基地行为风格抹上色彩。活跃和喜欢新奇的学步儿通常会欣然地离开妈妈。而慢热型和对新异刺激退缩的孩子倾向于更多地待在妈妈旁边。

注意广度比较长和锲而不舍的学步儿通常可以离开父母较长的时间，因为他们喜欢花很多时间玩弄东西和解决疑惑。相反，同样是这些孩子，一旦他们决定靠近父母（因为他们也很喜欢可以和父母一起进行的活动），他们就会花更长的时间在父母身边。

甚至，孩子的心情质量和反应强度都可能会影响安全基地行为。那些对新刺激有强烈负性反应的孩子，很可能会在自己离开去探索之前，紧紧挨着父母，并且需要鼓励和确信。下面的例子描述了非常不同的气质特征如何影响了4个不同学步儿（乔伊、艾琳、珍妮、亚当）的安全基地行为。

乔伊22个月大，是一个非常好奇、早熟和开朗的男孩。他似乎永远都心情很好。他的不高兴时间通常非常短暂，妈妈将他描述为"韧性的典范"。乔伊可以自娱自乐很长一段时间，从假装游戏（如把他的乌龟哄睡和建造一座积木"房子"），到自言自语，自己看书，或者在后院（他的房间一出来的地方）使用攀爬器械，乔伊对于各种活动都乐此不疲。在那些时候，乔伊的妈妈需要时不时看看他，确认他没事。在另一些时候，乔伊没有兴趣自己玩儿，他想待在妈妈旁边较长时间，唱歌给她听，要求和她一起做饭，或者邀请她加入他的游戏。如果妈妈不能满足他的要求，乔伊就会不开心，而且不容易被分散注意。然后他就无法展现自娱自乐的优秀能力。但是他能接受和妈妈一起说话、唱歌，作为身体上待在一起的替代形式。这个孩子的安全基地行为显示了一种清晰的二分状态：一种是"他自己的时光"，一种是"和妈妈一起的时光"。

艾琳2岁，是一个安静、举止温和的女孩。她有点害羞，倾向于先观察，但是她很容易对新环境表现出兴趣。她对快乐和不安的表达倾向于比较低落。她既不会冒险离开妈妈很远，也不会爬到妈妈身上或者抱住她。她很微妙地离开妈妈，然后回到妈妈那里。她可能每次只离开一点点，而且她的回归也是渐进的，她的来去似乎只是某种游戏的副产品，比如正好因为追逐一个正在滚动的皮球，或者对一个正好在妈妈旁边的玩具感兴趣。艾琳的安全基地行为，如同她整体的人格，似乎没有戏剧化的波动：在以依恋和探索为主导的行为之间，保持一种调节良好的平衡。

珍妮22个月大，是一个聪明的女孩。她难以控制自己的情绪。当她在家并且妈妈在场的时候，她可以高兴地玩自己的玩具，并且开心地生动描述正在做的事情。但是，当事情不是完全按照她想要的方式出现时，她很容易变得生气以及意志消沉。比如，如果妈妈要离开房间，她就会变得很警觉，她会哭着问妈妈去哪里了，而且通常会一边大哭一边跟着妈妈。当她想要和父母中的一方玩耍的时候，她常常拒绝从另一方那里得到安慰。当父母中的一方不能陪伴而另一方想要帮助她时，她会尖叫"不行，妈妈！"或者"不行，爸爸！"当珍妮和父母一起去朋友家拜访，珍妮会待在离爸爸妈妈都不远的地方，并喜欢把头转向她的妈妈。如果某一个较大的小朋友想劝她去玩一会儿，她就会很快变得不安，再次要找妈妈。

在不熟悉的情境里，珍妮拒绝远离妈妈，如果妈妈试图把她从大腿上放下来，让她对旁边的玩具产生兴趣，她通常会不安地尖叫。

珍妮的安全基地行为可以被描述为，离开妈妈的短暂探索，以及较长时间的靠近和接触妈妈。因为这个孩子对刺激的敏感度阈限比较低，她很容易对日常事件（比如妈妈在屋子里走来走去，或者到朋友家定期拜访）感到警觉。她的反应强度较高，意味着她对那些情境的反应带着显著的不安，需要和父母（在不熟悉的情境中，尤其是妈妈）接触较长时间，才能够再次感到安全。

亚当2岁，是一个吵闹的男孩，他似乎总是在动。即使睡觉的时候，他也朝各个方向翻来覆去。他在10个月大时就开始走动。走动是他最喜欢的表达方式。他开心地靠近新异刺激，伸手去摸街上的小狗，停下来捡起小纸片、塑料或者任何他在到处走动中遇到的东西。他很少担心，极少被不熟悉的情境吓到。当他没有被妈妈牢牢牵住手的时候，他头也不回就冲到前面。在他向前走的时候，他会发出一些兴奋的声音。虽然当他愿意的时候他也能对妈妈充满依恋，但是他对过长时间的拥抱没有耐性，在妈妈的大腿上待上几分钟就要闹着下来。有时候，他会在探索的过程中靠近妈妈，摸摸她的膝盖或者给她一个玩具，但是更多时候他是远远地看着她，向她微笑，或者跟她说话，希望向妈妈展示他正在玩的玩具。他可以接受妈妈的邀请，开心地和妈妈一起玩，但是他也能同样开心地自己玩。他的安全基地行为可以描述为持续一段时间的探索，期间分布着一些短暂但是令人满意的时光去接近和接触妈妈。

这4个孩子都以正常的方式发展着，而且具有独特的依恋和探索模式。他们每一个都有非常个人化的风格。他们将父母作为安全基地的方式很不同，这些差异帮助我们理解他们是内向还是外向；他们需要精神支持还是自我依赖；他们感到受保护还是独自受威胁；世界对他们来说是快乐的源泉还是恐惧的原因。更微妙的是，安全基地行为携带孩子个体化的烙印表现在许多方面，包括对自我的感觉，和亲密之人的互动模式，以及如何在熟悉或意料之外的情境中谈判。

育儿方式和安全基地行为

在鼓励或阻碍学步儿的探索和依恋上，父母有着独特的风格。抓紧和放手是两个不同的育儿模式。当事情对父母和孩子而言都进展顺利时，这两个模式彼此补充，用以回应孩子发展中的离开与回来的需求。当父母自己的情感需求歪曲了他们对孩子的感知时，通常会导致一个趋势，即过度强调某一种模式，抓得太紧或太早放手。

父母和学步儿的模式互相影响。一个过度保护的父母可能会传递出信息，即这个世界是危险的，孩子只有待在附近才安全，而增加了一个害羞的学步儿的退缩倾向。或者，过度保护的父母，可能会引发一种非常不同的反应，即培养出一个叛逆，甚至会鲁莽地尝试行为界限，并且坚决而据理力争的孩子。

学步儿的风格也可能影响父母的育儿模式。一个大胆、爱冒险的孩子可能让害羞的父母感到高兴，因为孩子让他们了解了新的天地，或者也可能让一个还没有准备好面对如此壮举的父母感到担忧。一个谨慎的学步儿可能会引发父母中的一方不耐烦地催促他去探索，但另一方则可能觉得这个行为和自己的风格非常匹配。

气质、伙伴关系和匹配度

不但孩子有气质,父母也有。当父母和孩子的气质模式匹配,父母会觉得比较容易对孩子的行为边界做工作。这个匹配度让父母可以从孩子那里获得骄傲和满足。与此同时,父母对孩子的发展并没有全能的控制。著名儿童心理学家艾瑞克·埃里克森(Erik Erikson)表达了这个简单但常常被忽略的真理,他特别雄辩地写下这段话:

> "如果我们认为父母'拥有'如此这般的人格,然后可以移花接木式地传递给一个可怜的小家伙,那么我们就歪曲了事实。这个虚弱而处在变化中的小家伙在整个家庭中到处活动。宝宝对家人的控制和养育,与他们所受到的控制和养育差不多;事实上,家人通过被宝宝养育而养育了这个宝宝。[16]"

这让我们回到前一章探索过的伙伴关系问题上。当父母和孩子在气质风格上非常匹配的时候,很容易建立一种伙伴关系,因为他们每个人都对对方的节奏和感情基调感到很舒服。另一方面,当父母和孩子有相互竞争的日程安排和相互矛盾的预期时,气质上的不协调可能会妨碍亲子之间寻求相互可接受的解决方案。

兼容性不一定意味着相同。它的意思是父母和孩子彼此适应得很好。当父母的预期和孩子的需求可以通过孩子的动机、能力和行为风格得到满足时,就存在"吻合度"。[17, 18, 19, 20]当父母的预期和孩子实现这些预期的能力不匹配时,就会出现不吻合。

在亲子之间出现的即时即地的事务处理中,可以观察到吻合度。在一天结束时,一个有方法的观察者可能会得出一个分数。比如,"在50%的互动中非常匹配,30%中等匹配,20%不匹配"。这组特定的分数可能反映了在日常生活的日程安排中,父母和孩子在那天的大部分时间里都可以较好地关注彼此的需求和愿望。我们可以想象，以下这个系列中的一部分对于得出上述的最后分数将有一定参考意义。

早上5:00，当父母还非常需要睡觉的时候，安迪要吃早餐。妈妈发出低哼声，把自己埋在毯子底下。爸爸发出他最具权威的声音说这仍然是睡觉时间。安迪（按照气质以及正在不断出现的习惯来分类，他是一个固执的孩子）坚持说他很饿。爸爸记得这孩子昨晚在晚饭前就睡着了。这么估算，他已经大概12个小时没有吃东西了。爸爸确信孩子可能真的很饿，于是他起床准备了一瓶奶，然后坚定地告诉安迪，他需要在自己的小床里喝奶，让爸爸妈妈继续睡觉。安迪不情愿地顺从了。他在小床里喊了几次，但是当爸爸回答说他现在需要睡觉时，安迪妥协了。很快，爸爸和儿子都深深地入睡了。（分数：父母和孩子的能力和相互预期之间有很高的吻合度。）

早上7:30，父母和学步儿都起床了。妈妈需要在9:00之前带安迪去做一个常规的儿科保健检查。她发现他满身污渍，只有洗澡能拯救这个局面。因为赶时间，妈妈忽视了一个事实，孩子通常习惯于在早上和她悠闲地玩较长的时间。当她要给安迪洗澡时，安迪（作为一个总体上适应力强的孩子，基本上都是正面情绪）开心地接受了。但是，当妈妈尝试快点给他洗澡时，他强烈地反对。他是一个活跃的孩子，现在已经休息好了，自然希望去玩水，玩玩他的小鸭子，以及在浴缸里翻滚。妈妈不耐烦地说今天没有时间玩了，然后猛然地把他抱出来。他尖叫了。妈妈意识到自己过于用力地推他，就拥抱了他，用给他包身的浴巾一角和他玩"宝宝在哪里的游戏"，这就是他恢复合作状态所需要的全部。妈妈庆幸安迪是个具有韧性的孩子，她开始一步一步地告诉他一天要干的事情，在她给安迪穿衣服的时候，她就用这个故事来分散他的注意力。安迪喜欢开车兜风的主意。出门的准备过程没有出现更多的意见分歧，顺利地完成了。（分数：高吻合度。妈妈和孩子都能够体验彼此之间因为不同预期和计划所产生的矛盾，而且能协商出一种走出矛盾状态的方法，让双方都满意。）

早上8:40，在去看医生的路上。妈妈感到满意，因为早上她把事情都按照计划完成了，但是她有些担忧接下来的儿科保健检查。她知道孩子有很好的记忆力，一旦进入医院大楼，他就会记起上一次接受过的医学检查和疫苗接种。那时候，安迪大哭了很久，并且挣扎着要摆脱医生。为了不过早地破坏孩子的好心情，她决定不说有关去看医生的任何事情。就在他们把车停在大楼后面的停车场时，她之前的担心应验了。安迪大哭："不要医生，不要打疫苗。"他拒绝离开安全座椅。妈妈感到非常尴尬。她比较害羞，很讨厌在公共场合让自己成为人们注意的中心。她试图和孩子讲道理却失败了，她现在真切地觉察到，别人正在看着他们。妈妈觉得安迪过于不安，以致无法完成儿科保健的预约，所以决定取消预约。她告诉他，然后他马上就平静下来了。她把车开走了，为了重新预约，她用公共电话给医生办公室打电话。（分数：吻合度较低。因为她对于孩子发脾气感到难堪，妈妈把自己忍受公共视线的困难，错误地认为是安迪不能够应对儿科保健检查。偶尔的压力，其本身不一定会伤害孩子。考虑到他们可以接触到一个值得信任和为其提供帮助的成人，也考虑到从文化的标准来看，这个压力情境在儿童发展上是适宜的，所以孩子应该有能力去体验和容忍强烈的情感。为了想保护孩子而让孩子避免经历压力情境，这无助于孩子树立自己能够应对焦虑的信心。）

傍晚6:30，晚饭时间。安迪的爸爸非常关心安迪的营养问题，他在安迪的碟子上盛了许多鸡肉、土豆泥和蔬菜。安迪吃完这些之后，开始尝试拨弄土豆泥，而父母还在吃晚餐。安迪用手指捏住土豆泥，最后因为缺乏父母的关注而觉得无聊，他开始一会儿把土豆泥抹在头发上，一会儿把土豆泥丢在地板上。爸爸告诉他不要这样，并且用纸巾把他擦干净。爸爸希望他继续坐在儿童椅上，直至父母吃完晚餐。安迪变得非常焦躁不安。父母允许他从儿童椅上下来，在旁边的地上玩一会儿。（分数：中等的吻合度。当学步儿不饿的时候，他很难在餐桌旁边很好地陪伴他人。在一阵有点不现实的预期之后，父母意识到了这一点，改变了他们的要求，转而使用一个和安迪的年龄更加相符的方法。）

晚上 8:10，快到睡觉时间了。爸爸和安迪在玩捉迷藏游戏。爸爸宣布再玩两次，就到上床睡觉的时间。安迪反对，然而爸爸使他确信，爸爸还会"找到"他两次。时间到了以后，爸爸告诉安迪，现在是时候穿上自己的睡衣，并且刷牙了。安迪顺从了这些例行事务后，还想要再玩一下。爸爸说："我们明天还会玩。"安迪因这个诺言感到安心，而且睡前开着灯读一本书和唱一首歌的仪式进行得很顺利。（分数：高吻合度。爸爸给了孩子一些时间去适应从玩到睡觉的过渡，当孩子表示不太想放弃玩游戏时——这是可以理解的，爸爸表现出恰当的坚定但又带有同情。）

选出这些例子是为了强调，高吻合度并不意味着没有矛盾存在。相反，它涉及把矛盾维持在一个可以控制的情感水平上。当父母可以准确地感知孩子在特定情境中的能力，并且当孩子对父母的合理愿望和要求比较接纳的时候，这是可能的。

父母和孩子之间的持续冲突

有些时候,父母和孩子之间的冲突会成为亲子关系中的主导成分,而不仅仅反映了日常生活的常规起伏。在这些情况下,父母长期地对孩子感到沮丧和易怒。在他们之间,自发产生的开心时刻是很罕见的,而且很短暂。在孩子真实的样子和父母希望他们成为的样子之间,似乎存在一个根本差别。

孩子的气质可能在这个情境中起到了重要作用。他可能确实拥有一系列困难的气质特征,比如不可预期的情绪摇摆,对微小沮丧的强烈反应,难以琢磨的行为信号。但是通常是,不只孩子的气质,还有父母如何感知和应对孩子的气质,后者也会导致父母和孩子之间的不匹配。比如,父母中的一方可能会把孩子的哭泣行为看作是在操作他人,因而会打孩子一耳光,以告诫他"别动不动就哭";父母中的另一方可能把孩子的哭泣解释为是不安的一个信号,并且尝试给它找出理由。

研究者苏珊·克罗肯伯格(Susan Crockenberg)做了一个研究,阐明了这个观点。[21] 她发现非常爱哭、易怒的新生儿在长到 12 个月大的时候,倾向于和妈妈拥有一种焦虑的依恋关系,但这只发生在妈妈一直忽略他们的哭泣,并且妈妈自己缺乏社会支持的时候。换言之,如果他们的妈妈在日常生活当中感到被支持,而且对孩子的哭泣及时反应,那么即使易怒的宝宝也可能在依恋关系中变成安全型。

为什么一些父母能恰当地回应,而另一些父母在和学步儿的冲突中会纠缠不清呢?在第 3 章的"当过去入侵时:托儿所的鬼和天使"部分提供了一种可能的解释。但是,提出这个问题通常比回答它要简单,因为答案有很多层面和个人差异。正如列夫·托尔斯泰观察到的:幸福的家庭总是相似的,不幸的家庭各有各的不幸。一个全面的回答需要包含家庭生活中的生物学、心理学和社会学层面。下面将提供这些层面的简单概括。

1. **父母在接受自己和孩子的时候有困难**。困难的原因可能是多种多样的。

有时候，父母的气质组成与孩子的气质不和。比如，父母可能好动、外向、喜欢社交、热情；而孩子可能动作缓慢、内向、害羞。当父母不能在这些差异中找到乐趣的时候，就可能发生不匹配：父母觉得有趣的东西，学步儿可能觉得痛苦和过于刺激。相反，那些让学步儿高兴的活动，可能对父母来说极度无聊。

巴克夫人是一位外向、充满能量和热爱运动的女士，她以"努力工作、努力玩乐"为骄傲。她说起话来很大声，笑起来很爽朗，走起来很快。她的孩子阿什丽正好是妈妈的对立面：不爱与人交往、低落、容易害怕。巴克夫人尝试让自己的行为变得柔和点，以匹配女儿的慢节奏。但这让巴克夫人感到不耐烦。另一方面，阿什丽在妈妈面前，似乎会感到颤抖，就好像被妈妈过度刺激了。

或者，可能学步儿性格活跃、爱社交、热情；而父母则动作缓慢、安静、害羞。在这样一对搭配中，孩子一直在寻求更多的刺激，而父母总是因为孩子的要求而感到疲惫。

普雷斯顿先生是一位书呆子型的男士，如果可以选择，他喜欢整天宅在家里看书。他的儿子凯文却相反，对他的最贴切描述是"车轮上的地狱"：爱探险、不可停歇。凯文尝试让爸爸兴奋起来，他想和爸爸一起去玩球，去玩游乐场上的器械，去追逐。普雷斯顿先生试图让凯文和他一起安静地读书。他们两个似乎总是彼此不和，因为他们不能放开自己，接受让对方快乐的那些活动。

这些例子说明，不安可能是由于父母和孩子之间的不匹配。另一方面，父母不需要和孩子拥有完全一样的气质类型，也能够关系融洽。

建立伙伴关系通常需要妥协。巴克夫人找到了一个可以和阿什丽相匹配的领域，她发现她们两人都很喜欢水，可以一起游泳。这个共同点让她更加愿意在女儿需要她的时候放慢速度。普雷斯顿先生和凯文发现了一个不同的解决方案。他们一起"交换"时光，先一起看完一本书，然后去公园玩，或者反过来。换句话说，他们每个人都愿意为了陪伴另一个人去做一些事情。

在一项研究中，高活力水平的学步儿在妈妈不过多干预的时候，会玩得更好。相反地，较低活跃水平的学步儿在妈妈提供更多刺激的时候，能够玩得更好。[22] 这些发现表明，高活力水平的孩子可能需要自主性，当他们有兴趣自己玩的时候，一个同样活跃的父母就会让他们感到压迫。而较低活跃水平的孩子可能从父母的帮助中感受到支持。在任何时候，父母和孩子之间的匹配都会对孩子能够独立完成什么东西产生影响。

有时候，难以接受自己和孩子不仅是因为气质上的不匹配。一些父母对于自己是谁以及自己已经变成的样子感到轻松惬意。另一些人的自我在内部被切分，他们对自己的不完美感到内疚，对自己的成就不满意。那些和自己抗争的父母通常觉得很难和孩子协调。

如果一个人对自己不满意，那么很难成为能够接纳和令人满意的父母。我们通常把自己最深的渴望和最秘密的恐惧都投射在孩子身上。当这些发生的时候，我们倾向于在他们身上看到自己压抑的东西。年幼孩子可以变成父母的一面镜子，照出父母感到最羞耻的特征，也照出父母的无助感和沮丧感。相反，孩子可以给父母新的希望，刺激他们找到更加令人满意的生活方式。

2. 父母对孩子的主观体验。每个孩子都会给父母的心理带来他独特的印记。父母可能由于孩子的存在，而在本能上感觉到高兴、易怒、被威胁、被激怒或冲突。这可能与很多因素有关（比如，孩子受孕的环境，孩子像谁，孩子的出生顺序，孩子的气质和逐渐出现的人格，每个父母的自我意识）。但是最终，父母的本能反应主要还是与在孩子身上看到自己这一点有关。

父母有时候相信，他们能够觉察到孩子的本质。这个本质是如何被感知的，可能在孩子会被塑造成什么样子中起到了关键性的作用。

一位妈妈确信，她14个月大的儿子可能长大后会变成少年犯。这位妈妈把丈夫感知为不敏感且喜欢控制他人。她在童年曾被自己的爸爸进行身体虐待，她害怕丈夫最终也会有暴力倾向。她的学步儿陷入了妈妈自身遭遇的困境中。事实上，他是一个活跃的孩子，带有阳光的天性。但是，由于妈妈对丈夫、对自己的一生都感到愤怒，孩子因此成为妈妈愤怒的载体。妈妈把孩子最温和的反抗或不愉悦的表情，解读为他未来"一事无成"的征兆。

这位妈妈和她的另外3个孩子（全都是女孩），基本上保持着没有冲突的关系。她不能觉察那种想法：她对儿子的知觉，延续了她对自己那个有虐待行为的爸爸和那个控制他人的丈夫的愤怒。事实上，她认为自己对孩子的感受说明她比其他人更加了解他。她对他的行为受到这个信念的影响。她公然地对他说他不服从的本质，并且用惩罚和拒绝相夹杂的方式来对待他。只有当她能够真正地触及自己的痛苦以及她对爸爸的虐待的愤怒时，这位妈妈才能更好地觉察儿子对她的需求。她逐渐地开始把孩子的反抗和不开心信号，感知为学步儿在需要肯定和有感情的指引时的正常反应，而不是感知为一种犯罪潜质。

这个例子展示了正常育儿体验的一种扭曲，父母把各种各样的优点和缺点归因为年幼的孩子。这些父母的归因，常常更多地体现了父母的愿望、恐惧和期待，而不是体现孩子的真正天性。归因可能是灵活的或者是僵硬的，他们可能或多或少地受到孩子的实际特征所影响。很多时候，这些归因是正面的、善意的，而且大多数都是根据孩子逐步出现的个性化（"她将是一个假小子，你可以从她眼中的闪光看出来""他确实很善于和女士交际"）得出的。

在这些例子里，亲子关系在一个相互信任和充满希望的预期的基础上展开。而当归因是负面的或恶意的，而且不能被不一致的证据所改变时，父母和孩子将走向一段充满冲突和不信任的关系。在这些情境中，父母的归因可能有自己的起源，源于其童年的痛苦和恐惧经历——"托儿所里的鬼"继续对父母的知觉和身为成人的态度发挥重要作用。

3. **难以协调共同育儿过程中的价值观、预期和做法**。孩子从父母各自的生活中获得的象征性角色，可能会对父母之间作为伴侣和共同育儿者的关系产生广泛的负面影响。孩子的客观特征会成为优点还是缺点，可能取决于父母各自如何感知，这也对如何回应造成了压力。比如，孩子的坚持主见，可能担忧这个特征的父母一方会认为这是攻击性的，然而另一方可能会将此看作很大的乐趣，因为孩子有了能够为自己说话的能力。

> 迪卡洛夫妇有一个孩子叫安东尼。这个孩子能够非常清晰地表达喜欢和不喜欢。当安东尼需要一些东西的时候，他不会放弃，当他得不到自己想要的东西时，他会大声地抗议。迪卡洛先生认为自己太过固执，难以向其他人妥协，所以他相信安东尼的"性情执拗"应该被治愈。他的太太认为自己被丈夫压制，所以很开心看到儿子的据理力争，她还认为给孩子设置更严苛的边界可能会造成伤害。父母各自从自己的心理需求角度来感知安东尼。爸爸有意识地想要除掉自己身上的毛病，但是他也想去控制安东尼，让他符合自己的愿望。妈妈喜欢安东尼的直言不讳，因为这能够补偿她的感受——她丈夫总是那个做决定的人。当安东尼表现得固执和不服从时，父母在如何做出协调反应上无法达成一致意见。安东尼变得任性和叛逆，而且当父母在允许还是限制该行为上相互争吵时，他的行为恶化了甚至失去了控制。

4. **父母的支持系统的质量**。当父母感到筋疲力尽和被孤立，又很少有支持和帮助让他们感到安全时，他们很难和孩子建立并维持一种良好的关系。他们有时候太专注于应对困难环境，以至于没有多余的时间和精力留给孩子。

我们通常认为人类的支持系统是这样的：配偶、父母、手足和朋友。这是可以理解的，因为人类的关系在本质上是一种个人幸福感。然而，支持系统也可以包含社区网络提供的供应和服务：足够的住房，充足的食物，有效的交通，安全的街道，良好的学校，可获得的医疗服务。

当这些服务容易取得时，它们就会"在心理上无声"了：我们注意不到它们对我们的个人幸福，对我们拥有和谐的人际关系的能力，以及对我们成为一个足够好的父母的能力所产生的巨大贡献。只有当这些支持中的一个或者多个缺乏时，家庭感到了其空缺的压力，它们的重要性才能够被重视起来。

这和气质有什么关系呢？下面的例子说明，当父母在为自己和孩子获取基本需求做挣扎的时候，他们对孩子个体需求的反应可能遭到了严重考验。

费舍尔夫人需要全职工作，而且只能支付得起一个普普通通的托儿所，这里的保育员太少但孩子太多，而且这里的人员变更率很高。在日常事务中，费舍尔夫人的孩子对于可预测性和一致性有着不同寻常的强烈需求，这是基于气质的，因而这样的安排不可能满足孩子的需求。所以，自从开始加入托儿所，2岁的大卫已经变得容易发生严重且长时间的闹脾气。他一直很焦虑，吮着大拇指，在房子里围着妈妈转。

当摩根先生工作的高科技公司破产时，摩根先生失业了。他的失业津贴已经用完，家人没有医疗保险。他和妻子担心当下，也为未来烦恼。摩根太太为了抚养他们的女儿，曾经离开了教书岗位。她正在尝试寻找另外的职位，但是没有成功。父母如此专注于每天努力地量入为出，以至于他们很少留时间和耐性给女儿安妮。安妮30个月大，是一个敏感、容易被吓到的孩子。她已经开始为了节约食物而拒绝进食。她也开始咬自己的指甲，在如厕训练中也有退行。她不停地问妈妈"你没事吧？"

康普顿太太和家人住在一个日益恶化的贫民区社区里。他们的小公寓，不仅厨房和厕所的供水设备不足，而且常常有大批蟑螂和老鼠等出没。大楼的管理员已经在6个月前承诺维修，但是至今什么都没有做。"这在每个公寓都一样。"他说。因为担心犯罪事件，这个家庭很害怕晚上外出。父母想要搬到条件更好的地方，但是他们没有足够的钱。紧绷的神经和无助感导致争执频繁。这种状况正影响着小瑞奇，一个紧张的孩子。他对于微小的刺激都会反应强烈。理想的话，他需要一个平静而可预期的环境帮助他整理和调节行为。在他30个月大时，他频繁地做噩梦，面对微小的沮丧就很容易哭起来。他的注意广度非常短。尽管他很聪明，但是他不能坚持完成一项适合他年龄段的任务。他常常看起来很担忧和心不在焉。

在这些情境中，父母和孩子都感到有压力，亲子关系也更为紧张，这都源于社会不能为有需要的家庭提供充足的安全网。虽然所有孩子在暴露于不恰当条件时都会受苦，但在气质上，一些孩子更加有韧性，有应对能力，因而付出的情感成本较少，而另一些孩子则更加脆弱。

5. 家庭和社会系统中的文化匹配和不匹配。在逐步多元化的社会里，社会节奏的变化意味着，养育孩子的模式正在为了应对条件变化而快速地变化。按照传统，公认的育儿期望由祖父母传递给父母，然后由父母传递给孩子。但这个过程被打断了，因为它们的合理性受到年轻一代的质疑。家庭的不同成员在很多方面持有不同的意见，包括：孩子顺从长者的重要性，自我表达和坚持己见，两性关系，家庭关系的结构，个人愿望与追求和遵从家庭需求两者的首要性，以及家庭和社交生活中的很多其他领域。父母可能发现，他们养育孩子的方式遭到了自己的父母批评。祖父母可能感到被边缘化，因为他们无法影响他们的孙子或孙女如何被养育。来自少数族裔群体的家庭，可能重视某些不被主流社会所重视的价值观。比如，引用某幼儿园中心主任的话，"亚裔孩子在课室环境中非常安静。我认为他们的父母在家里是非常严格的，而且他们对学前孩子有非常高的预期，我认为这是没有好处的，但是在幼儿园，我们会帮助他们成为自己。[23]"有人可能会问：成为自己是什么意思，而且谁来定义呢？在有关自己应该是谁和自己应该如何行为的问题上，家庭和学校的期望互相冲突，学步儿或幼儿园孩子在努力协调这种冲突时，可能会如何感受呢？

　　文化价值观的误解可能导致刻板印象。这些自动化的负面归因在与儿童有关的养育功能中承担了不同的角色，使成人之间的沟通变得紧张，而且不利于社会凝聚力。但是，不同的文化群体可能有不同的气质特征和人格风格。这些差异可以拓展每一个参与者的视野。为了孩子的利益而形成的成人伙伴关系的关键在于，尊重不同观点，并积极参与对话以寻求共同点和解决争议。当父母持有与发展阶段和背景相吻合的预期，那么当成人能够支持孩子并且互相支持时，即使这些预期在不同场景中有变化，学步儿还是能够学会在不同情境中什么是恰当的行为。

　　心理学家钱德拉·戈什·伊本（Chandra Ghosh Ippen）对不同观点和塑造这些观点的背景给予了尊重的空间，这是非常重要且具有挑战性的。他写道："最后一个词语来自我的欧巴阿桑*，我的日本奶奶。她是一个小个子的女人。看相扑的时候，她的声音穿透整个房子：干巴类**！这是一句呐喊助威的鼓励性呼唤，是指我们在　起，就像我们把背景融入任务的各个方面，我们克服由此带来的挑战。它的意思是"争取！""尽力！""努力！""好运！"和"坚持！"。"干巴类！"[24]

---

*　欧巴阿桑，原义用的是"Obaachama"，是日语"おばあさん"的音译，意思是奶奶。——译者注

**　干巴类，原义用的是"Ganbatte"，是日语"がんばれ"的音译，意思是加油。——译者注

上述的例子描述了一个影响孩子幸福感的同心圆。孩子的气质和人格受到家庭环境的塑造,家庭环境又存在于一个更大的社会、文化和政治背景之中。每个背景都有其自身的复杂性,但是没有一个人——无论多么强壮、有天赋和有资源——能够独自存在。孩子们对背景的敏感性是不同的。一些孩子的生理组成,让他们更容易受到环境变异的影响,以至于他们在面对最优的条件时可能表现出优异的成就,但在面对资源匮乏和压力时,就会表现得更加脆弱。另外一些孩子倾向于有一个内在的生物指南针,不管环境的特征如何,这个指南针让他们在自己的发展轨道上相对稳定。[25] 但是,我们生活的环境支持或阻碍着我们的气质倾向,因此尽管存在个体差异,我们每一个人都被无数个、通常是看不见的方式帮助或阻碍。

下面两章内容将关注两种在学步儿中非常普遍的气质类型:害羞型和它的反面大胆好动型。这两章将会描述这些风格具有的特别行为模式,以及它们可能带来的快乐和特别的困难。

虽然气质差异是非常真实的存在,但大多数学步儿都会有时候害羞,而另一些时候大胆、爱冒险。因为这一点,在后面两章,父母可能都能看到某些符合自己的孩子的方面,即使他们通常认为自己的学步儿没有特别活跃或特别害羞。

第 5 章

高活力的学步儿：向前冲

学步儿天生就是不知疲劳的探索者。他们具体喜欢探索什么东西因人而异，而且在不同发展阶段有差异。一些孩子就像小小的科学家，把他们能够拿到的每样东西都艰难地扯开，一心想要看看它们是如何构成的。其他孩子通过语言进行试验，他们混合、搭配不同的字词，制造词语，参与到语言构造的活动中。还有一些孩子建立精巧的结构，似乎超越了人们的想象和物理重力。有些孩子做了所有这些还不止，另一些孩子在不同的发展阶段只关注不同的活动。

在这些探索者之中，有些学步儿着迷于运动，追求遥远的目标。他们的眼睛一看到任何够不着的东西，就猛冲过去，完全不管阻挡在路中间的东西。他们似乎不顾及障碍物，撞伤或者跌倒也无所畏惧。

从安全基地开始探索

高活力并且不害怕新异刺激的学步儿，在探索和依恋行为（定义了安全基地行为）之间的平衡中，明显表现出偏好探索。父母学会，在孩子太累了以至于需要搂抱一下时，珍惜那片刻时光。这并不是意味着，这些小探险家没有爱的感受或亲密的渴望。只是很简单，至少暂时来说，活动和新异刺激成为一种不可抗拒的拉力。对他们来讲，安全的关系包含了愿意冒险离开父母。就好像父母对孩子的爱点燃了孩子对世界的爱。

这并不是奇思妙想。那些在贫瘠的机构中被抚养长大的学步儿，显示出很少的能量或兴趣去离开，因为他们缺乏爱的基础去远离。[1] 安全并且积极探索的学步儿可以冒险离开父母身边，因为他们依赖父母的持续可靠，他们离开时完全信任父母在自己有需要的时候会在那里支持。

高活力学步儿的运动和语言

高活力学步儿在婴儿期并不总是过度活跃，但他们常常很早就会走路——在一段相对短暂的爬行阶段后。他们可能在8—10个月大时就开始走几步（而不像其他孩子常见的那样，在11—13个月大时开始），然后再过1个月，他们就能自主行走了。

一些学步儿在说出最初几个词后，要过好几个月才开始走路。很多婴儿在大概12个月的时候开始说几个词，但是这个发展里程碑的出现时间，存在非常显著的个体差异。学步儿习得新词语的速率，以及从说单个词进步到说三个词的句子的速度，都是因人而异的。

语言对于不同孩子的重要性，以及他们能够从使用语言中获得的愉悦感，同样有很大的差异。一些2岁的孩子对语言非常感兴趣，而另一些孩子则没有。那些在运动和动作尝试上蓬勃发展的学步儿，通常对谈话或倾听不太感兴趣，这一点直到他们长大一些，并且运动技能可以更好地整合到整体自我感觉当中，才会有所改变。这发生之前，他们很少关注成人的"不要"和"停止"的话语。这使得语言无法成为一种试图限制他们的有效工具。照料者通常需要在他们的语言中加入动作，才能重新引导这些非常活跃的孩子。

那些拥有强烈动机冲到前面去并且一直在动的学步儿，显示出至少3个特质组合：活力水平高，反应强度高，以及在安静活动中注意时间短。这样的孩子不可能花很多时间去看书或尝试完成拼图。另一方面，如果她可以接触一个攀爬架，她可能会练习走上走下，探索任何一个可能的方向，直到她（或者她的父母）累趴下。

尤其在12—24个月大时，运动对一个活跃的孩子来说，是非常核心的，所以强制不让动、拥挤的空间，或者简单地处于室内太长时间，都会导致学步儿易怒、不安，以及最终的发脾气。这些是孩子在表达渴望活动和探索的方式，他们希望寻求一种宣泄的渠道。

接下来的部分，将会描述一个叫亚当的小男孩，以阐明一个发展良好，但是异常活跃，似乎无所畏惧的学步儿的一些典型特征。那些描述也强调了其父母必须做出的适应，以应对孩子的高能量水平和不知疲惫的探索冲动。

精力充沛的探索者：亚当

大多数学步儿的身体里带着一种大胆的首创精神，在这个意义上，亚当生动地展示了这个阶段的正常状态。他只是做得更多，更加猛烈，并且持续时间更长。这是亚当10—30个月大时的部分精彩生活。

亚当的第1年

亚当在9个月龄时开始行走。从那开始，他似乎永远都停不下来。他的妈妈描述自己就像是一只导盲犬，因为她总是对亚当的行踪保持警觉，随时准备把他从危险中解救出来。（她是一个退役军人，所以她很容易就想到这个类比。）

10个月龄。亚当正在自己走路，并且拒绝被抱去任何地方。他的父母观察到，他着迷于远处有吸引力的物体，以至于他无法注意到途中的障碍物，比如台阶或者家具部件。他被物品绊倒，摔倒，撞伤自己。虽然家人共同努力要比他行动得更快，他仍然常常身上带着淤青。家里已经做了全面的婴儿防护措施，到处都是闸门，但这些措施也只有一点帮助。

用妈妈的话来说，为他换尿布就如同做"噩梦"。对于亚当来说，相比在换尿布时要没有尊严地躺下并且被摆弄，一张邋遢的尿布只是一件微小的麻烦事。妈妈决定从布质尿布换到纸尿布，以减小他们两个人的麻烦。她常常感到精疲力竭，但是还有一些喘息的机会。亚当在夜里睡得很沉，而且睡两次午觉，所以很幸运地，他一天总共能睡14小时。

亚当的妈妈感到她的小男孩似乎一夜之间就已经长大了。她怀念前几个月他们安静偎依的温柔时光，很多时候她的手臂感到空虚难受。另一方面，现在，她的脚永不停息，因为她总是需要去追赶亚当。她大笑着说，他们的相处方式从身体移到了脚上。

12个月龄。亚当开始讲他的第1个词"猫"。这个词的选择不一定是偶然的，这可能与亚当对运动的痴迷有关。这只家猫是他们的一个重要家庭成员，也是很多对话的中心。而且这只猫是一种敏捷的存在：它能轻松地从地面跳到厨房桌面上；当亚当用双手渴望地追赶它时，它能快速逃离；而且它能优雅地活动，随心所欲地到屋子里的每个角落。可能这只猫代表了亚当有关"理想自我"的一个正在逐渐成熟的版本，似乎能无拘无束地到任何地方，快乐且不受束于麻烦的现实，比如重力、失去平衡和父母想拉他回来的努力。

在那之后，"出去"这个词很快就出现了。当家人希望亚当待在室内时，亚当站在大门旁边，敲打大门，并且不停地重复着这个魔法词语。如果他不被带"出去"，他就开始变得越来越暴躁和不安。亚当的妈妈发现自己还花了很多时间在院子里，在他坚持要走得更远并且要爬上和爬下的时候，妈妈要跟着他。她报告说："我在那段时间很好地认识了我的所有邻居。"

亚当的14—30个月龄

14个月龄。每当亚当不能成功地完成某件他想做的事情时，他就开始打自己的头。我们如何理解这个行为？亚当是一个少年老成的孩子，而且他对自己有很高的期望。他希望自己能够独自爬到高椅上，或者能够打开前门走"出去"。当他不能达到自己的标准时，他拒绝成人的帮助，并且故意惩罚自己：他停止正在尝试的事情，寻找一个比较坚硬的表面，比如地板没有覆盖地毯的部分，然后大声地反复撞自己的头。

这种戏剧化的行为看似很让人担忧，而且非常吓人，但是事实上，在具有强烈情感反应的学步儿中，却是很常见的。这并不意味着父母应该忽略它。父母的不作为向孩子传达了一个信息，即惩罚自己是应对失败感和挫折感的恰当反应。

面对孩子撞头，亚当妈妈的反应是，把他放到他的小床里，同时告诉他，妈妈不能让他伤害自己。刚开始，她感到自责，而且担心把他放到小床里是在惩罚亚当，因为他惩罚了自己。但是，亚当对于这种方式的反应很好。他把自己的头轻轻地撞向床垫，似乎在重演如何在一个安全的情境中释放运动张力。妈妈留在旁边，有时候温柔地对他说话，有时候让他独处。亚当最终冷静下来。这种积极的反应让他的妈妈确信，她凭着直觉找到了合适的方式去安抚孩子。

对于亚当无法掌控的情感，小床成了为他提供安抚的容器。值得注意的是，这个精力非常旺盛的孩子，直到30个月龄才开始从小床里爬出来，尽管从生理上，他早就能够这么做了。他显然喜欢他的小床，把它作为一个安全的地方待在里面。

一些孩子在闹脾气的时候，对抱住或者偎依反应很好。但亚当的妈妈发现，这对于亚当来说效果并不好。亚当不高兴的时候，拒绝被抱住，他对于被抱住的反应是拱起背，扭动身体，并且推开别人。在那些时候，他并不把被抱住体验为一种爱的行为，而把它看作是一种身体限制，这种身体限制使他极度不愉快。

拒绝被抱住是他这个年龄的一种普遍反应，尤其当学步儿正体验到一种矛盾心情的冲突时：他既希望被父母安抚，也希望明确自己的自主性。这种矛盾可能被表达为转身离开妈妈或者爸爸，攻击他们，或者推开他们。父母在此刻成为孩子内在冲突的接受者。

当孩子正在闹脾气的时候，最好不要把他单独留下。在他感到孤独、生气或者被自己的强烈情绪吓到时，他需要父母作为一种安全基地，在艰难的时刻不会离他而去。如果父母可以平静地回应，不带着愤怒或者情感抽离，那么在发展过程中，随着学步儿变得越来越能够协调亲密和分离或自主，他自己就可以解决好矛盾心情。

15 个月龄。亚当学会踢球，并且有一个沙滩球成为他最爱的玩具。他的父母在厨房里安装了一个适合他身高的篮球筐，他很喜欢不停地把球投进篮球框里。他喜欢在电视上观看体育节目，虽然父母都不是特别喜欢这项活动。当他们试图切换电视频道的时候，他就大哭着说"足球，足球"。

16 个月龄。亚当和妈妈坐了 5 小时的飞机去看望外公外婆。除了在飞机的过道里上蹿下跳的时候，其他时间里他都痛苦不堪。他爬到几个空座位上，试图拿起空乘人员的电话来说话。亚当的妈妈尽她所能地追赶上他并且稳定他的状态，但是工作人员紧皱眉头的样子让她难以忍受。她自言自语地说："我猜他们从来没有带过一个孩子。"

在这次旅途之前，亚当的妈妈很期待待在她父母的家中，和他们一起分担照顾亚当的工作。她想象着，白天自己可以去散散步，或者甚至读一本书，这些如梦境般的画面浮现在她的脑海里。但这些幻想无法实现。她的父母——亚当的外公外婆——很明显无法跟上亚当的速度和力量水平。短短 2 小时，体验了作为亚当的唯一照料者后，他们发现在喜欢亚当的同时，也变得不安和筋疲力尽。他们担心如果无法对亚当的突袭做出足够快的反应，他的安全将得不到保证。亚当的妈妈伤心地意识到，她需要调整她对父母的期望，适应他们因为不断衰老而带来的体力上的局限。

18 个月龄。在妈妈离开时，亚当开始痛苦地哭泣，即使他同样喜爱的爸爸就在那里陪着他。当他黏在妈妈身上时，妈妈只好把他掰下来。这种情况一直持续到他 30 个月龄。分离时的不安说明，亚当很依恋妈妈。他的不安是短暂的，而且他能很好地接受让其他人来代替。他和两个临时保姆发展出一种温暖的关系，在妈妈每天工作的几个小时里，这两个临时保姆会来照顾他。当妈妈回家时，他热情地迎接她。

19 个月龄。亚当开始参加一个学步儿的班，每天去 2 小时，1 周 2 次，班上还有另外 5 个孩子。在这段时间里，妈妈陪在他身边。那里的老师经验丰富、情绪高涨、精力充沛。所有信号似乎都预示着，这对亚当和妈妈来说将会是一次美好的体验，但是事情证明是另一种样子。

班上的第 1 天，亚当爬到攀爬架上最高的一级，然后摔倒了，幸好没有伤到自己。老师赶紧把最上面的梯级拆下来，并评论说没有学步儿试过爬到超过最下面的三层。亚当的妈妈很感谢那个老师的灵活性。

第 2 天，亚当把一个很沉的木椅子弄翻，并且把它当作攀爬架。老师把椅子从那个区域挪走，高兴地说："亚当正在教会我一些我从来没有考虑过的潜在风险。"

第 3 天，亚当不停地哭，因为天在下雨，孩子们都不能到"外面"玩耍。亚当不和其他孩子一起玩。他爬到家具上面，发明了动作游戏，其他孩子觉得很有趣并且试图模仿。然而他大多时候都对待在那儿感到非常不开心。

第 4 天，老师观察到亚当希望自己活动，不喜欢和其他孩子一起玩耍，于是就对他的妈妈说："我觉得亚当还没有准备好来上我们的班。"妈妈感到很绝望。她想，"如果我真的能够更有创意、更有能量，并且能够想出新奇的方法来释放他的能量，他可能就能适应得好些。"亚当的爸爸对此比较豁达。他安抚她说："他没事的。我小时也像他一样。事实上，我现在还是。"

20 个月龄。亚当和爸爸一起外出游玩，回来时容光焕发。他们一整天都在坐巴士，在巴士和巴士之间发现很多令人兴奋的事情可以做。在坐巴士的时候，亚当高兴地爬上几乎全部的空椅子上，并且在巴士后面的走道里走来走去。

妈妈希望爸爸可以经常带亚当外出。但爸爸工作时间很长,他回家时,亚当常常都快要上床睡觉了。家里的每个人都对这种情况很自责。在唱家庭版本的《麦克唐纳叔叔有个农场》(*Old MacDonald Had a Farm*)儿歌时,妈妈问:"爸爸说什么?"亚当回答:"再见!"他非常清楚,自己每天和爸爸在一起的体验就是看着他离开。很明显,亚当有一个内在的运动地图,允许他带着一种内在成就感来邀游世界。当大人开车带他经过他最好的朋友居住的社区时,他指着对应的方向大喊:"汤米,汤米!"

22个月龄。妈妈最好的朋友评论说,她觉得她和亚当的关系不亲密。"他从不让我为他做任何事情,而且他不喜欢和我一起做比如拼图或看书那样的事情。"她表示失望。亚当的妈妈担心,也许他并不擅长与人打交道,以致无法被其他人喜爱。

亚当开始说两个词的组合。毫不意外的是,他最先说的就是:"不,自己。"

23个月龄。亚当能在秋千上让自己保持平衡,并用他新掌握的话语"不,自己"来拒绝帮助。但是,有一个新的进展:妈妈听到,他在让自己慢慢下来的时候,会喃喃自语"小心点"。

每当亚当准备展示新才艺,他开始都会说"小心点"。他也开始寻求帮助:"妈妈帮忙。"在妈妈对他的知觉里,这标志着一个新的大转变。她开始相信,他可以照顾好自己。她是对的:他对于危险的现实检测已经变得更加准确。他已经内化了妈妈的保护角色,现在他可以使用妈妈的帮助以及自己的应对策略,帮助自己感到安全。

24个月龄。在亚当的第2个生日,妈妈回忆道:"这是一个奇迹,我们从不需要跑去急诊室。"尽管他行为大胆和摔倒了很多次,但亚当从来没有严重地受伤过。这很可能是因为他对自己的能力有内在感觉,以及妈妈和照料者时刻准备采取行动。

亚当的妈妈想起自己过去的一年，她回忆道："我觉得自己就像一个过于警觉和过度保护的妈妈。"她的自我评价准确吗？事实上，过度保护的妈妈通常自己不知道这一点。她们相信自己在非常真实和紧急的危险中保护了孩子，但事实上，她们常常高估了情境的风险。相反，亚当的妈妈对于亚当的安全需求给予了非常清晰的回应，在亚当可以预估危险和保护自己之前，他都还无法可靠地掌握这项功能。妈妈学会了接受和尊重亚当在探索上的边界需求，作为一种人格特质，妈妈需要监控而不是改变。由于妈妈的善解人意，亚当在身心上都感受到做自己的自由，没有冲突或耻辱。

另一方面，值得注意的是，在抓回和营救亚当的事上，爸爸不像妈妈那么有紧迫感。在爸爸照料亚当的时候，他也没有受更多的伤，尽管他的确发生了更多的磕磕碰碰。在人身安全方面，妈妈比爸爸担心得更多，但是对他们来说这都是没问题的。在如何与世界协商的问题上，父母彼此的个体差异，非常有助于给孩子一种可替代却效用相当的视角。

30个月龄。亚当继续非常活跃，但是现在得益于新掌握的自我控制技能，他的活动得到了调节。在一次去海滩的旅途中，他径直朝水那边走去，然后在水边及时停住，接着他一直跑到一排树那边，但是他没有贸然进入森林里。

亚当的妈妈看着他奔跑于水边和树木之间，在最初的恐慌之后，她意识到他知道什么时候要停止，她放弃试图追赶他。她就站在水边，当他跑过这片激动人心的新领地时，她可以在这里看着他。她准备好了时刻采取行动，但是她也有新的信心，相信自己不需要那么做。

亚当花了很长时间搭积木和拼图。他现在已经掌握了运动，所以他的注意广度被引导到更加安静的追求上。这对于他与成人的联结有好处，成人更喜欢和亚当坐在一起，而不是追赶着他。

语言成为亚当和其他人建立伙伴关系的一个主要途径。在医生那里，他彻头彻尾地遵循护士的指引。在家里，他的父母现在可以告诉他应该做什么事情，并且不需要身体动作的劝诱他就能顺从。他也向父母报告他如何度过了一天。亚当可以和他人进行彼此交替的对话了，并且在别人说话的时候他会倾听。他把感受用语言表达出来，比较准确地描述自己和其他人。他能够意识到父母和小伙伴的体验，并且表现出同理心。

亚当在学前班很开心。他和班里所有10个小朋友都有友好的关系。他很好地适应其中。他喜欢光着身子。他发现了自己的阴茎，并且被它迷住。他注意到它有勃起的时候，并且评论道："妈妈，我的阴茎变大了。摸摸它，在这里。"他也对男孩和女孩之间的差别感到有兴趣。他和一个小女孩玩的时候说："这是我的眼睛，你的眼睛在哪里？……这是我的鼻子，你的鼻子在哪里？……这是我的阴茎，你的阴茎在哪里？"这些发展说明，亚当对于身体的兴趣，已经从毫不动摇地关注运动，逐渐转变到着迷于它是如何组成的，他如何相似于其他男孩，以及他如何不同于其他女孩。

亚当的第2年展示了，一个永无止境地渴望运动的小孩子，随着他逐步学会协调其高活力水平，所表现出的发展轨迹。发展进程的关键是，孩子在发展中能够逐渐整合身体活动和认知与社交里程碑，比如和同辈与成人的互动能力，语言的使用，以及想象游戏的演变。

时间有限的阶段

如果父母和孩子的活动水平不一致（很少是一致的），那么父母可能会在这个阶段遇到困难。非常活跃的学步儿的妈妈们常常评论说，她们常常因为孩子而觉得自己成为被社会遗弃的人。当孩子去亲朋好友家时，他们会为自己家里的物品感到焦虑。有一个隐藏或公认的社会信息认为，父母应该做更多的事情让孩子"被控制住"。一个妈妈说："人们并不理解，对于丹尼来说，咖啡桌并不是咖啡桌，它是一种专门用来爬上去的东西。"她继续解释道，她的自尊心受到了伤害，她对孩子的野蛮行为感到自责。这个妈妈相信，孩子的早期自尊心可能也会受到影响，因为他一直体验到成人们的反对。（她可能是对的，但是她的儿子似乎并没有带着这种早期伤害进入学前期。他是一个快乐、有天分，而且很受欢迎的孩子。）

好消息是，这个无节制的运动探索阶段通常是有时间限制的，并且在大概 30 个月龄时开始消退。到 3 岁的时候，孩子通常能够更好地控制自己，家庭的生活也变得更加安详和愉快。

下面两个部分将描述，当孩子的高活力水平成为父母和孩子之间的主要矛盾来源时，会发生什么。最后一个部分将提供一些建议，可能有助于减少矛盾，并建立可供安静活动的空间，促进父母和孩子之间的伙伴关系。

运动中的冲突：玛琳达

当学步儿在亲密和探索行为之间寻找平衡，却没有得到情感支持时，运动可能会成为亲子关系中的矛盾载体。

玛琳达就是这样一个例子。玛琳达是 4 个孩子中最年幼的一个，并且是唯一的女儿。玛琳达的父母多年来一直渴望有一个女儿。在其最年幼的儿子出生后的第 8 年，她出生了，父母简直高兴极了。鲍威尔太太感觉到了青春重燃和希望，她抱着小女儿，给她穿上饰有褶边的衣服，并且做着白日梦，幻想可以和女儿一起像自己小时候那样玩。她已经从那些快乐的日子里保留下来一个漂亮的娃娃屋，并在玛琳达可以玩它之前，就开始收集匹配房子风格的微型家居了。

但是，玛琳达逐渐浮现出的个性并不符合鲍威尔太太的梦想。她是一个笑容满面并且结实强壮的小女孩，她喜爱她的妈妈，但是她完全着迷于她那些吵闹、顽皮的哥哥们。她开始学会走路之后，每当哥哥们在外面玩耍的时候，她就会追在他们后面，试图抓住一个飞盘或者踢一个球。男孩子们有时候欢迎她，而另一些时候则对她的加入感到很生气。所以，他们在允许她加入和赶她离开这两种情况之间交替。当哥哥们和她一起玩耍的时候，玛琳达非常开心；当哥哥们不和她玩时，她就愤怒地尖叫。

在玛琳达2岁之前，鲍威尔太太顺从了她对哥哥们的游戏的兴趣。这个妈妈相信，一个2岁大的孩子可以开始学习像一个女孩而不是像一个男孩那样去玩。玛琳达的第1个生日礼物就是妈妈儿时的娃娃屋，这个娃娃屋完全配置好了娃娃大小的家具和合适的娃娃。玛琳达短暂地玩了会儿这个房子，她把一个小桌子的腿弄断了，把一个小扶手沙发的填充棉抽了出来，然后小跑着去看她的哥哥们正在做什么。她和哥哥们玩"捉人游戏"，在后院里疯狂地奔跑。

鲍威尔太太心里感到很受伤，但是她不允许自己承认。相反地，她开始变得更加坚定地相信，玛琳达现在是一个小女孩了，一定不能允许她如此狂野。每当玛琳达精力充沛地活动时，这很常发生，鲍威尔太太就变得唐突无礼和挑剔。当玛琳达在玩耍过程中摔倒或受伤后来到妈妈跟前时，她就会严厉地说："那是你如此疯狂的下场。"如果玛琳达在后院玩得满头大汗、满身是泥，她就怒气冲冲地说："当你这么脏的时候，就不要靠近我。"

很快，玛琳达学会把妈妈的拒绝与跑跑闹闹中的运动刺激联系起来。她也开始有点明白，小女孩不应该"随意地跑"。当她从冒险中回来时，她找到的不是一个接纳的妈妈，而是情感冷淡和反对的妈妈。

玛琳达继续和妈妈拥有一些快乐时光，但是只有当她是安静和小心的时候。到了28个月龄，她开始意识到，玩弄娃娃和玩茶聚游戏可以换来和妈妈一起度过亲密时光作为奖励。她开始特意地找妈妈来玩这类游戏，给她一个娃娃或者说："我们一起喝茶吧，妈妈。"在那些时候，鲍威尔太太的心似乎都融化了，她可以停下任何手头上的事情，和女儿玩耍。

尽管有那些亲密时光，一些事件仍然表明，玛琳达与妈妈的关系在情感上已经变得压抑。在玛琳达非常兴奋的时候，她通常突然自己停下来，担忧地看向妈妈的方向。当她因为冒险活动而摔倒时，她有时候会对自己说"坏女孩"，而且不会去找妈妈寻求安抚。在那些时候，鲍威尔太太的否定行为似乎已经成玛琳达自我意识的一部分。

如果玛琳达周围世界里的每个人都持有和她妈妈一样的态度，并且对她的活跃水平摆起脸色，那么玛琳达可能就会内化那些成人的否定态度，并开始觉得自己不好，因为她没有达到一个适当女性化的小女孩的理想标准。

幸运的是，对运动的抵触并没有充斥各处，因为玛琳达的爸爸和哥哥们继续和她玩吵闹捣蛋的游戏，并且喜欢她的活力。在那些时候，玛琳达似乎感到真正地快乐，尤其妈妈不在场时。如果她在活动中受伤了，她立即去找爸爸或者她的一个哥哥来抱一抱。这正是反映了年幼儿童对于不同成人的不同回应的敏感性，以及他们能够相应地调整自己行为的能力。这个女孩在和她生命里的每一个重要成人的关系中，所具有的情感色调可能是非常不同的。

如果鲍威尔太太没有因为女儿无法成为一个她期望的安静小女孩而如此受伤，那么她可能更加能够接受玛琳达充满活力的行为，并且帮助这个孩子学会同时享受茶聚和爬树，这两者其实并不是水火不容，而是都可以成为她自己和她的世界中的两个必需部分。

玛琳达的长期展望是怎样的呢？如果这个家庭继续像现在那样运转，那么她很可能学会把身体和情感的自由联系到男孩身份上，并且把身体和情感上的自我约束联系到女孩身份上。随着她逐渐长大，这可能造成她对女性身份的不必要的抵触。

另一方面，很可能发生更好的转机。毕竟，妈妈和爸爸都是从自己的失误中成长和学习的。很可能，玛琳达的妈妈在看到玛琳达所谓的"男性化"后，会变得没有那么紧张。有迹象表明，她的家人和朋友也许会在这个方面起促进作用。鲍威尔太太可能会因为对玛琳达的过分挑剔而被家人善意地嘲弄。她的丈夫常常私底下对她说，她对这个孩子过于严苛了。一个亲密的朋友在妈妈掏心掏肺地讲出她对于玛琳达的担忧和期待之后，发表了一段有帮助的评论，她指出，鲍威尔太太在"全是男孩"的家庭环境中常常感到孤单，而且把太多的想法寄托在玛琳达身上，包括希望她提供一些女性的陪伴，而这超出了一个2岁孩子的能力范围。

这些反馈可能有助于鲍威尔太太更清楚地认识到,自己的需要如何影响到自己对女儿的态度。如果她变得更加接纳,那么反过来,玛琳达可能会感到更加安全,她会觉得自己的男性化和全部特点,都是很好、很可爱的。

鲁莽的事故倾向：保尔

一些孩子将父母无法提供安全基地的冲突,表达为一种无法控制的冲动,他们鲁莽地探索,最后常常导致意外受伤。这些鲁莽的学步儿,可能从家里跑出来游逛,横冲马路,在超市和购物中心里走失,把货架上的货物扯到自己身上,总而言之就是不停地闯祸。并不是说,学步儿偶尔发生了几次事故,就可以将他定义为鲁莽；而是他们会频繁地发生非常严重或接近严重的事故,以至于需要成人持续担忧这个孩子的安全。[2]

有时候,很难知道什么时候学步儿的鲁莽是因为他的内在矛盾或者亲子关系问题；什么时候仅仅是因为他还太小、太活泼以至于不能预测危险；以及什么时候是因为他可能难以运用感觉运动协调能力,无法调整运动中的计划。有一个线索可以反映某些地方出现了问题,鲁莽的孩子在学步儿期结束后的很长时间里,会继续保持难以控制。不像亚当,他们在第3年的时候,没有变得越来越清楚危险的到来和越来越小心专注。

出现麻烦的另一个标志是,鲁莽的学步儿自相矛盾地在不同领域上表现出很多焦虑症状。虽然所有学步儿都显示出与其年龄相匹配的恐惧,但是鲁莽的学步儿通常被恐惧淹没。他们可能过度地害怕黑暗、动物、陌生人或不同寻常的噪声。他们可能经常倔强地发脾气；害怕入睡或在夜里多次醒来尖叫；遭遇强烈的分离焦虑,并伴随几次逃跑事件。他们在探索时,表面上无所畏惧,似乎可以与他们在其他领域的过分恐惧相抗衡。有时候他们的焦虑表现为生气和攻击的形式,如打人、咬人和踢人。

在28个月时,保尔表现出所有这些行为,这让他成为一个很难相处的孩子。他的父母和儿科医生都很担心,以至于他们实施了一系列非常详尽的医学评估，以确定他是否过度活跃。事实上，当结果显示阴性时，多纳休先生和多纳休太太有一点点失望。他们期待一个具体的医学原因来解释保尔的行为，期待一些可以通过吃药治愈的东西。但是，他们过于担忧保尔了，所以当儿科医生建议进行一次心理评估的时候，他们马上同意了。

观察学步儿心理能力的最好场所就是家里，他在家里最不受不熟悉情境的拘束。在一次两个小时的家访中，保尔很快就向我显露出他父母担忧的是什么。当他们讲述他无法控制行为时，他冒险爬到了一个窗台上，然后吵闹地跳了下来，扭到了他的脚踝；他爬到一件家具上，把自己和家人的一幅肖像画扯了下来；他因为拉扯猫咪的尾巴而和猫咪打起架来，导致自己被划伤；而且，当妈妈试图看看那个划痕的时候，他打了妈妈。

尽管出现了这些混乱，但是当我跟保尔说话的时候，保尔安静了下来，他睁大悲伤的眼睛看着我。我告诉他，他向我展示了他和父母在一起时出现的困难，而我正是来提供帮助让他们感觉好一些的。这些话让他平静下来。显然，他理解我在说什么。

在后面的家访中，一个古怪的模式浮现了。多纳休先生和太太确信，他们的儿子是一个有攻击性的、强有力的、无法控制的"小魔鬼"（正如他们叫他的那样），他们看不到保尔在很多方面上也是一个忧心忡忡的小男孩。他们很怕他，进而把他的噩梦、入睡困难、以及分离时断断续续的哭泣，都感知为他在狡猾地尝试把他们留在他的控制当中。"他只是在假装，"他们会说，"他什么都不害怕。他只是在试图糊弄我们，让我们去做他希望的事情。"多纳休夫妇已经对儿子感到非常生气了，他们无法同情他的处境。他们被自己的遭遇蒙蔽了，他们看不到保尔在绝望地争取帮助。

所有这些是如何出现的呢？和保尔的父母一起对保尔进行观察后，我发现：多纳休太太没有任何耐心面对任何寻求依赖或者精神支持的行为。当保尔因为一辆消防车而变得警觉，并且黏在她的裙子旁边时，她大笑并且说他真傻。当她把保尔留在一个学步儿小组里，而他哭了的时候，她会说："你没有权利哭泣。你总是从我这里跑走。当我这么对你的时候，看看你高不高兴。"当保尔被自己弄碎的玻璃割伤时，她告诉他："你搞破坏，这是你自己的错误。"

在保尔的生活中，多纳休先生虽然没有他的太太那么活跃，但也遵循着相似的模式。他鼓励保尔表现出"坚强"，并且在他受惊吓或受伤的时候批评他。另外，他倾向于用严厉的体罚管束保尔。保尔已经开始回击他，这反过来让爸爸觉得好笑和愤怒。当多纳休先生觉得好笑的时候，他会欣赏地对儿子的吵闹大笑，并且说："你就像你老爸一样强悍。"这强化了保尔使用攻击来回击的行为。但是当多纳休先生对于保尔的这种吵闹没有类似的好心情时，他会变得愤怒，甚至会更加严厉地打孩子以"向保尔展示究竟谁是老大"。在那些时候，保尔会崩溃地大哭起来，然后被赶回自己的房间，在那里他会尖叫表示抗议，每次长达40分钟。

保尔与父母的这些互动向他传递了一个信息：他只能靠自己。他没有安全基地让他在感到害怕或者需要精神支持的时候可以投靠。他的爸爸不能帮助保尔调节愤怒，因为他无法控制自己的愤怒。他的妈妈不喜欢任何显示软弱的行为，并且鼓励他要独立，但是当他努力"靠自己"却经常造成灾难性后果时，她还会责怪他。

多纳休夫妇错误地把保尔的高活力理解为是拒绝服从的信号，并认为需要对此进行惩罚。他们也错误地把保尔努力建立身体上的亲密或接近，看作是依赖他人的症状，而且他们不能接受依赖性。对于保尔努力想和他们建立安全基地的行为，他们表示拒绝，因为他们不理解那其实是符合保尔的年龄特点的。

父母不能接受的想法和感受，很容易成为孩子不能接受的想法和感受。从这个观点来看，我们可以把保尔的鲁莽和跑开理解为，他试图对抗自己想靠近父母的愿望，而他知道这个愿望会遭到拒绝。他越是竭力摆脱想要靠近父母获得安抚和肯定的渴望，他越是害怕自己会抵挡不住那个愿望。睡眠问题和分离焦虑是他在努力让父母帮助，并想要确认自己不会被单独留下来独自害怕。这个高活力的孩子将运动作为抵抗焦虑的防御方式，但是恐惧会在夜间和父母离开的时候出现，在这些情境下他无法逃离。

保尔这样的孩子正在询问："我需要走多远，妈妈才会把我带回来？究竟要多危险，爸爸才会来保护我？我需要多害怕，爸爸妈妈才会来帮助我让我感到安全？"多纳休先生和多纳休夫人不得不痛苦地挣扎了很长一段时间，之后他们才意识到保尔感到恐惧的急迫事实，他们才能够把他的鲁莽当作是一种呼唤求救来进行回应。在学习理解孩子的过程中，他们不得不想起自己在孩童时代的恐惧和孤独，他们曾经被过于严厉地惩罚，并且过早地被期望去做过多的事情。

一段痛苦的过去在当下痛苦地重复着，这常常出现在当父母迷失于如何去保护孩子的时候。多纳休夫妇在亲子心理咨询中获得了帮助，重新体验了他们早期被忽视的愿望，也就是想要获得保护和安全。这有助于他们更好地理解孩子的恐惧，继而可以开始对保尔的求助呼唤进行回应。比如，当他黏住他们的时候，他们抱着他说，"你没事的，我们会照顾你的"，而不是把他推开。当他在陌生场所里跑开时，他们把他带回来并且告诉他："当你跑开的时候我会感到害怕。我不希望你受到伤害。"当他寻求帮助的时候，他们会帮他。通过这些充满爱的救助，孩子开始从焦虑中治愈时，而父母也发现，通过体验对孩子的同情，他们也开始治愈了自己的伤痛，这些伤痛是他们自己的严峻童年的产物。

有关气质与伙伴关系的一般性反思

亚当、玛琳达和保尔的例子展示了，孩子的气质类型与父母对此的接纳程度，对他们能够建立的伙伴关系类型产生的强有力影响。当父母接受孩子的风格，并且适应它时，他们之间的伙伴关系能促进健康的发展。当父母一直拒绝或者挑剔孩子的风格时，就会产生矛盾和隔阂。

亚当的妈妈和儿子的气质风格并不一样，而且她常常渴望自己的孩子没有那么活跃。然而，她通过提醒自己，亚当不是自己的一个扩展，而是一个独立的小个体，他有自己非常强烈的个性特点——事实上他更像爸爸而不是她，她能够成功地在情感上支持亚当，并且一直关注他的行踪。

相反地，玛琳达的妈妈不能接受女儿的活跃风格。女儿无法满足她梦想中的恬静的母女亲密关系，因而她感到很失望。

在不能接纳自己的孩子上，保尔的父母更离谱。他们用惩罚来应对保尔的不良行为，并拒绝他靠近。这些正是他们在自己的成长过程中，从自己的父母那里学会的回应方式。

亚当、玛琳达和保尔在适应父母对待他们的方式时，表现出各不相同的适应行为。对于妈妈的接纳，亚当的回应是，用一种自我确认且没有冲突的方式进行探索，之后逐渐地内化妈妈的保护，调节自己。玛琳达意识到了妈妈的不赞同，为了让妈妈高兴，她学会抑制自己的充沛精力，但是在和爸爸、哥哥们一起时，她就会沉溺于大胆活动的快乐之中。保尔内化了父母的严苛，通过攻击行为和事故倾向来惩罚父母和自己。通过这3个孩子，我们可以看到，发展上的一个显著行为——异常高活力水平——如何因为父母反应方式的差异，而导致3种迥异的早期人格轮廓。

这个过程的另一面是，孩子在多大程度上教育了善于接受的父母，让他们适应自己的风格。亚当的妈妈，在做了很多白日梦（若有一个不那么活跃的孩子，生活将如何平静）之后，她有机会给一个正好是这样的学步儿做临时保姆。让她十分惊讶的是，她发现自己感到无聊和不安，她不得不压抑想让孩子变得更加活跃的冲动。

和高活力学步儿一起生活

对于一个令人恼火的、精力旺盛的孩子,我们如何才能有效地应对?首先,记住,这样的学步儿和其他更加安静的孩子一样,他们也很渴望让父母开心,并和父母建立伙伴关系。他们只是无法制止自己,即使当他们想要停止的时候,因为想要探索的冲动实在太强烈了。父母的策略需要围绕不能接受的具体行为,慢慢地尝试向孩子灌输自我控制。

其中一种方法是,讨论身边的情境,而不是孩子的天性。对学步儿来说,告诉他他招人厌烦并没有帮助,因为他不知道做什么才能改变,而且这种概括性论述只会让他觉得自己不好。当告知孩子他需要停止的具体行为时,他是可以配合父母的,如果父母需要给出一个简单的解释,那么孩子就可以开始学习行为与结果的联系。比如:

- "我非常生气,因为你跑开了。"
- "我很害怕你会受伤。我爱你,我不希望你遇到任何不测。"
- "当你不做我让你做的事情时,我不喜欢。"
- "我叫你停下来的时候,你就需要停下来。"
- "你需要待在房间里,直到准备好和大家在一起。"

如果语言不够,那么采取坚定的行动制止孩子,然后告诉他你为什么这样做。比起父母的语言,他们能从父母的保护性行动中学得更好,这对于年幼的学步儿来说更是如此。

感受强烈的孩子通常需要父母用强烈的反应方式去匹配他们的内在体验。一句温和的"不要那样做"很难说服这样一个孩子:父母就是这个意思。如果父母说"我很生气",并且伴有让人信服的情绪,那么孩子就会听进去,并将这句话视为必须严肃对待的东西。不需要用威胁的方式促使孩子顺从,因为父母的肯定足以起到激励作用。[3]

还有其他方法可以帮助非常活跃的孩子忠于自己的天性，同时减少父母的倦怠和家庭矛盾。下面这些建议也许能提供帮助。

- 把房子的里里外外都布置好，让这里成为可能或允许发生剧烈游戏的地方。这有助于孩子释放能量，并且增加了孩子在高能量的游戏之后进行安静运动的可能性。[4]
- 充分利用安静时光。充分享受偎依的短暂片刻。在孩子休息时，尽量也休息一下。
- 高活力的学步儿渴望新异刺激。你要尝试找到一些新想法，让你和你的孩子不会感到无聊。在你做饭的时候，给他一些蔬菜的零碎，让他做一个"沙拉"，或者让他将一些面粉和水混合起来做"面包"。把他玩腻的玩具藏起来，在几周之后再重新拿出这些玩具。计划外出，和其他父母及其孩子一起安排聚会时间。试图认识你的邻居，这样他们就能成为可以提供社会支持的社区网络的一部分。
- 留意孩子有关担忧或恐惧的微妙线索，对他的求助呼唤表现出接纳。有时候，很容易让孩子扮演"无所畏惧"的角色，并假设他在所有时候都是"自给自足"的。但这并不正确。即使最勇敢的学步儿也会害怕和需要精神支持。
- 尝试让他人分担照顾孩子的工作。如果你就在附近，那么8—13岁的儿童可以成为很好的临时保姆。一般来说，他们还太小，所以不会离开而丢下难以掌控的学步儿不管，但是他们跟得上孩子的活动强度，也有助于为孩子的肢体才艺带来一些条理性和良好的判断。负责任的青春期孩子一般可以独自照顾学步儿。他们可以给随时保持警惕以应对高活力儿童的父母，提供很好的缓解。
- 放宽标准，在很多你可以抽身的事情上——做饭、家务、娱乐，甚至工作标准——都可以，只要你可以承担。日后，当学步儿不再阻碍你的追求时，再去补回来。

- 小心地选择与孩子的冲突，如果引起问题的事情相对不重要，那么不要害怕投降。一位非常智慧的妈妈说："他充满激情地坚持某些心仪事物的能力，远远比我说'不'的能力强。"毕竟，谈判和妥协是建立伙伴关系的重要组成部分。在挣扎抗争的途中，学会问自己：这里的重点是什么？如果你的答案是，你在做一些重要的事情，那就坚持自己的立场。相反，如果你正在试图"保持一致"或者想要保住面子，那么请帮自己一个忙，找一个优雅的方式放弃吧。偶然的让步不会惯坏孩子，除非这成为一种习惯，以至于你不再有毅力去实施一些基本规则，比如有关安全、他人或财产保护等方面的。相反地，你的灵活性有助于教育孩子关于坚持的价值，让他对自己可以表达清楚个人观点的能力有信心。这也可以保存你珍贵的能量，你需要这些能量去关注此时此刻，而且从长远来看，可以留着应对更加重要的冲突。

在解决"靠近"和"离开"之间的矛盾时，孩子是你最好的伙伴。躲猫猫、相互追逐及捉人游戏，都可以把有关安全基地行为的矛盾，转化为孩子最能理解的语言，即游戏的语言。假装游戏也可以促进孩子逐步掌握应对这些矛盾的方法。儿童精神病学家亨利·帕伦斯（Henri Parens）描述了一个小女孩，辛迪。她在14个月龄的时候，对妈妈表现出不同寻常的易激惹和暴躁。她开始离开妈妈，然后突然停止，又靠近妈妈，然后发脾气。在重复这组行为一周之后，辛迪发现了一种能够控制其两难处境的象征性方式：她坐在妈妈身边，开始玩一个游戏，她把娃娃从沙发上抛出去，然后充满慈爱地把它拿回来。在反复玩这个游戏6周之后，辛迪可以离开妈妈了，而且离开的距离越来越长。[5]她发现了一种可以抓住内在僵局的方法，她把妈妈当作安全基地，进而学会对大胆和亲密感进行新的整合。

第6章

慢热型的学步儿：从容不迫

正如学步儿可以充满自信且劲头十足，他们也可以表现得安静内敛。当孩子遇到不熟悉的情境时，就很可能出现种心理状态。在这些时候，他们的活动水平会减退，面部表情变得悲伤或担忧，而且会强烈地想靠近父母，或者甚至躲在父母的背后。学步儿可能会紧紧地盯着正在发生的事情，逃避眼神接触，或者把脸藏在父母身上。他的所有行为似乎都在说："我需要一些时间去理解这些，需要一些时间才会对正在发生的事情感到安全。"

虽然所有的学步儿都可能偶尔这样应对，但是对于一些孩子来说，这是一种很典型的反应方式，并且可能持续20分钟或者更长时间。心理学家杰罗姆·卡根（Jerome Kagan）对这类行为已经研究了很多年，他把这种行为称为"对不熟悉的抑制"或"行为抑制"。[1] 将这些孩子的气质特征组合在一起，就是我们所谓的害羞。

慢热型气质的概述

慢热型孩子有3个主要的气质特征：对陌生人会格外地警觉，对新异物体表现出异常地谨慎，在不熟悉的情境中易退缩。但是，一旦他们熟悉了同伴和周遭环境,并且感到舒适之后,他们通常就与其他孩子无异了。2

在慢热型学步儿的安全基地行为里,他们在遇到不熟悉的场景时,倾向于比其他孩子更靠近父母,而不是去探索。父母要学会给孩子一段热身的时间,在这段时间里,父母可以牵着孩子,或者至少让孩子拉着他们,或者彼此离得比较近。一旦慢热型孩子适应了新环境,探索的乐趣可能就会比较强烈了。但是,具有这种气质类型的学步儿可能比其他孩子更容易关注到出乎意料的变化,并且当真的发生时,他们会去找父母。

有大量证据表明,较慢参与到陌生情境中是一种稳定的气质特征,具有真实可信的生理特点。卡根把他称之为"对新异的抑制"的这群学步儿,与一群非常外向的同龄人进行比较,他发现:胆小儿童的交感神经系统具有较高的激活水平。比如,他们在面对微小的压力刺激时,倾向于出现较大的心率和较大的瞳孔直径增幅。这说明,他们对可能唤起警觉或恐惧的情境有更大的反应。3

慢热型风格和增强的警觉与恐惧反应存在联系,这已经被更新的研究发现所支持。研究发现,那些持续出现行为抑制问题的青少年,其大脑中与恐

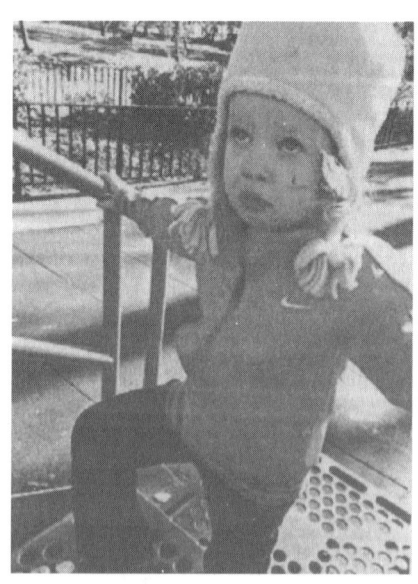

惧和奖励有关的神经回路比较活跃，这说明存在一种可能性，慢热型儿童可能比其他儿童对奖励和惩罚的反应更敏感。

慢热型儿童长大后还会如此吗？卡根和他的同事对这种行为模式的长期稳定性很有兴趣。一项早期的纵向研究显示，对比那些非常外向的 3 岁儿童，表现得极度慢热的同龄儿童，更可能变成内向的成人。[5] 一项更新的研究表明，这种特质可以在发展的更早时期就被检测出来。极度慢热型的 2 岁儿童长到 8 岁的时候，更可能表现出这种行为特征，以及对应的独特生理模式。[6]

虽然存在稳定性，但是也存在变异性。在另一项研究里，那些 2 岁时表现得极其社会退缩的学步儿中，少于 30% 的人会在 5 岁的时候出现这种模式。在婴儿期和青春期之间的这段时光里，他们与照料者和同伴的互动体验都能够强烈影响着这些个体特征的稳定性。[7]

只有在生命的第 2 年，孩子对新异物的退缩倾向才会成为孩子个性特点的一个可靠特征，但是婴儿早期的一些反应特点很可能预测，他会在后面重新出现这种模式。比如，如果 4 个月的宝宝对不熟悉刺激的反应是哭泣和增强肢体活动，那么比起那些对新异物不会表现出哭泣或肢体反应的同龄宝宝，前者在 14 个月和 21 个月龄时，会继续对新异物表现出更加不安。这里又一次证明了：行为反应具有生理基础。[8]

尽管有这些证据，对于新异物的拘谨特征并不完全同人格特点那样稳定。极端胆怯的 2 岁儿童中，大约有一半孩子不会在儿童后期表现得害羞。初期对新异情境的慢热型反应的减退，很可能是社会影响的结果，因为美国主流文化注重对人友好。因此，不爱与人交流的年轻人很可能会被父母、老师、亲戚和同伴所劝诱，使他们克服自己在新环境里的初始矜持。这种可能性被研究所证实，研究发现，那些曾经很害羞但是后来不再害羞的儿童，继续出现较高水平的副交感神经唤醒。行为可能比生理更容易改变。[9]

典型的慢热型学步儿：艾琳

艾琳的特点完全吻合一个慢热型学步儿的特征，她在新环境里需要慢慢适应，仔细观察，并且只有在热身过之后才会去探索。艾琳的妈妈报告说，她发展出一种标准策略，可以协调女儿和那些在社交场合中希望接近她的陌生人。她会告诉那个陌生人："她要先花1个小时（去熟悉），然后她就会成为你的朋友了。"通过不使用"害羞"这个标签，妈妈避免了过早地把孩子的反应进行归类。

艾琳的第1年

艾琳2个月大的时候，妈妈初次觉察到女儿对过度刺激的敏感性。当时她和艾琳在参加一个妈妈小组聚会，约有8位妈妈及她们的宝宝。艾琳不停地哭泣，怎么也安抚不了。这和她在家里的行为截然不同。在家里，她很少哭并且很容易被安抚好。自从那次的妈妈小组聚会之后，艾琳的父母就可以预测他们的女儿将会如何表现了。在熟悉的环境里，她很平静并且表现良好，在不熟悉和繁忙的场所，她就会不安和不开心。

即便在艾琳出生后最初的几周里，她也喜欢观察周围的环境。她家有一间充满阳光、色彩丰富的房间，那里有明亮的墙壁和有趣的装饰。当艾琳只有3个星期大的时候，她能够花很长时间去扫视所在的房间，并且睁大眼睛、目不转睛地看不同的物品。艾琳的妈妈在女儿出生后的最初6个月里留在家里，每当女儿出神观察的时候，她就在想自己是否应该尝试更积极地去逗女儿。但是，艾琳似乎非常满足于她的那些私人时光。

艾琳的观察兴趣还包括人。在6个月龄的时候，艾琳是一个非常喜爱与人相处的宝宝，当遇到陌生人的时候，她只会表现出很短暂的谨慎。在外出活动时，她的大眼睛就会盯着周围的人们。当她正视着别人的眼睛微笑并且高兴地发声时，人们都非常喜爱她。

艾琳的第1年是非常平静无奇的。只有两个持续的困难，这两个都涉及过渡期。一个是在醒着和入睡之间的过渡。当艾琳非常疲倦的时候，她会哭得很厉害，并且似乎不肯入睡。另一个引起强烈不安的领域是脱衣服、洗澡，然后再穿上衣服。她似乎讨厌暴露皮肤以至于受到过多的刺激。

艾琳的父母发现了很好的方法，可以在困难事件出现时帮助她。通过一些活动和音乐，她入睡前的过渡变得更加容易。父母把她放进一辆小推车里，在屋里推来推去。当这不奏效的时候，他们用自己的手臂做大幅度的摇摆活动来摇她。艾琳喜欢声音（她的父母是音乐家，而且音乐常常在房子里流动）。当其他所有东西似乎都不起作用的时候，吸尘器的单调声音会有一种安抚的作用。

艾琳在第9个月的时候开始说话，从此之后，语言成为她人际关系的一种主要工具。在9个月龄时，她也开始爬行。事实上，她在同一个周末开始说话并且开始爬行。直到13个月龄，她才开始走路，并且这个事件正式地宣告了学步儿期的开始。

艾琳的 13—36 个月龄

13个月龄。艾琳开始走路。她似乎没有把握，但是她对自己很满意。她大胆地练习，反复地摔倒和站起来。在她做这件事的时候，她的心境是冷静并专注的，而不是轻率的。她似乎在很努力地掌握和控制这个不可预测的新技能。

艾琳突然变得很害羞。也是这个时候，她的妈妈开始提醒别人，艾琳需要化较长时间才能向他们打开心扉。艾琳的妈妈记得，当孩子从社交上的外向转变到矜持时，自己也很痛苦。她记得自己当时的想法：人们甚至没有机会发现她是多么棒。

14个月龄。艾琳变得黏人且爱发脾气。尽管之前她喜欢独处，并且在大多数时候心情愉快，但是现在她变得易怒和很难取悦。当妈妈离开房间时，她会大哭并且坚持要到处跟着她。妈妈发现女儿的这个转变让人非常沮丧，她奇怪究竟为什么孩子看起来如此缺乏安全感。

艾琳和保姆感情很好。保姆是一个热情并且能及时回应的年轻女士，她从艾琳6个月大，也就是艾琳的妈妈回去上班时就开始照顾她。这段感情在妈妈与艾琳分离时帮助了艾琳，但是当妈妈在场的时候，艾琳仍然要求苛刻并且容易沮丧。有时候，妈妈会想：她已经变成让人讨厌的家伙了。

15个月龄。艾琳和父母一起参加一个小朋友的生日聚会，这个聚会是一次严格计时的两小时长的活动。在最开始的半个小时里，艾琳紧紧地留在妈妈身边，时不时地把脸埋进妈妈的裙子里。在第2个半小时里，她在妈妈的脚边玩一些玩具。然后，艾琳同意和爸爸一起去看另外6个孩子，此时他们正在旁边的家庭娱乐室里跑来跑去。生日的那个男孩递给她一个生日聚会礼物，这似乎终于打破了僵局。在他走过去爬一个室内滑梯的时候，艾琳跟着她的小伙伴，并且开心地大笑着从滑梯上滑下来。当回家的时间到了时，她变得非常不开心。

艾琳在家里继续保持很难取悦的状态。她和爸爸妈妈仍然有开心的互动，但是很容易变得沮丧。相对于她在生命第1年整体来说愉悦的心情，她现在很容易哭，频繁需要人安抚。这种行为断断续续，大概开心两三个星期，然后穿插着强烈的暗淡期。这种模式持续到她的第二个生日。

16个月龄。艾琳和爸爸去一个小超市购物，友好的店主热情地夸奖她漂亮的眼睛和头发，他非常靠近她，轻轻地触摸她的脸颊。艾琳大哭落泪。她的爸爸向超市店主解释："她的自我意识越来越强了。"艾琳能很好地使用短句，并且开始谈论内心的感受。有一次，快要入睡了，她把手臂围在妈妈的脖子上，喃喃细语地说："我喜欢我的妈妈。"

17个月龄。艾琳和爸爸去新的游乐场，在开始的半个小时左右时间里，艾琳拒绝尝试那里的攀爬架。爸爸和她一起沿着游乐场的整个外周走了一圈，高兴地讨论那里的场景。他指出一条狗在滑梯下面撒尿，并且他们都开怀大笑。他们用指尖玩弄细沙，在附近的草地里寻找小虫子。然后他们坐下来，安静地观看其他小朋友在攀爬架上爬上爬下。艾琳突然说："我也要。"然后，她积极地玩耍，开心地玩了很长时间。

18个月龄。艾琳的妈妈带她去幼儿体育活动中心，这里大概有10个学步儿在不同的攀爬架上玩耍，然后会有一个简短的"围圈时间"，大家一起唱歌跳舞。艾琳认真地看着那些孩子，用她妈妈的话就是展现出一张"绷紧的小脸蛋"。她没有尝试任何新东西。妈妈责怪自己居然养出了这么一个胆小的孩子。"我做错了什么？"她自己在想。她担心自己曾经无助地过度保护孩子，并且应该受到指责，因为她让孩子在新环境里感到不安全。当所有其他孩子都在穿上袜子准备回家的时候，艾琳突然开始迸发出活力。她大胆地在架子之间穿梭，尝试每样东西。她不想离开。

（妈妈责怪自己造成了孩子在发展上或气质上的非正常行为，这个问题不容轻视。当孩子们遇到困难时，妈妈们倾向于用自责来折磨自己。如果有人发现自己正在这样做，那么知道这点，可能会有些帮助。）

艾琳的父母每周都带她到体育活动中心，因为他们（有正确的理由）相信应该让她接触这样一个场所，在那里她需要努力克服自己对新事物的不安。在整整一年里，艾琳经历了相似的过程：很长时间的热身阶段，接着在没有人观看的时候就活动猛增，然后不愿意离开。

20个月龄。艾琳发展出对面具和满月的恐惧。在看到它们的时候，她大哭，转移视线，并且拒绝看到它们。她试图逃离月亮，并坚持面具藏在某些地方。她说不清楚那些物品究竟为什么让她感到害怕，但是学步儿确实会根据自己对世界是如何运作的幻想，发展出看似不可理喻的恐惧。在这个年龄，现实和假装之间的差别是非常细微的。艾琳很可能隐约地意识到，那些物体是真的，而物体依附的愤怒面孔可以对她造成伤害。这种恐惧持续了大概4个月时间。

还有其他例子说明艾琳难以区分幻想与现实。妈妈拿出艾琳的玩偶和她玩游戏，在游戏里，玩偶妈妈告诉玩偶宝宝要去睡觉了，这时艾琳流着眼泪大哭:"不要,不要,不要,我不想去睡觉。"另一次,艾琳试图把书本上的婴儿和动物"用勺子舀出来"。在这个年龄,这些以及类似的行为是非常常见的。

22个月龄。艾琳参加一个派对,这个派对大概有10个大人和另外6个孩子。艾琳的行为表现和她在体育活动中心时非常相似。她待在离父母非常近的地方,睁大眼睛看着其他孩子。在经过了大概1个小时的仔细端详之后,她开始和他们玩。当要离开的时候,她抱怨说:"但是我还没玩够。"

艾琳的父母发展出一种策略帮助她离开社交场所。在离开的时间快到的时候,他们提前10分钟通知她,之后继续不断地告知她时间,"我们会在5分钟之后离开""我们还有1分钟就要离开了""现在是时候离开了"。虽然艾琳仍然抗议不想离开,但是提前通知给了她一些准备时间去面对那个不受欢迎的事情。

当聚会在自己家中或者在亲密的亲友家中进行时,艾琳会高兴地和她非常熟悉的某个孩子玩耍。她很早就和小伙伴建立了密切的情谊,并且和他们玩了很长一段时间。她也喜欢安静地和妈妈一起玩。和爸爸一起时,她就敢于做一些她和其他人一起时不敢做的事情:爸爸会把她坐着的秋千推得很高,这是妈妈几乎看不下去的,但是艾琳喜欢这样,并且要爸爸继续。这些例子说明,艾琳需要在安全的人际关系基础上,才可以冒险去探索新天地。亲密的、一对一的关系是她感到最舒服、最享受的社会互动形式。

24个月龄。艾琳似乎在经历一种转变。她似乎更加放松、自信和独立。她在家里没有那么要求苛刻和难以取悦了。她对面具和满月的恐惧消失了。她开始问"为什么"。她想知道世界是如何运转的,她的好奇心似乎难以满足。她希望知道为什么天会下雨,为什么猫爱舔自己,为什么煎饼会变糊,为什么妈妈需要去上班,为什么谁谁谁感到生气。她会全神贯注地听父母的解释。

比起之前几个月,艾琳似乎对表现得兴高采烈感到更自在。有一次艾琳和她的小伙伴外出后，把她带回了家，朋友的妈妈发表评论说："艾琳确实放开了。"但她的情绪仍旧带有自我约束的特征。她可以开心地大笑，但是不会变得很激动；她不会激动地发脾气；她没有那么经常说"不"。极端情绪似乎与她格格不入。

在另一方面，艾琳喜欢诱惑她的小伙伴一起去做一些令人兴奋的事情，比如跳得更高、跑得更快。仿佛她可以从别人的兴奋中获得间接体验的快乐，并且希望通过观察别人是如何感受的来拓展自己的体验。

26个月龄。艾琳在密切的一对一关系中获得的快乐变得更加明显。当她在1个星期没见到朋友斯蒂芬妮后再次遇到她时，这两个孩子张开双臂跑向对方，然后相互紧紧地拥抱。

艾琳内化了父母倒计时的方案，用以帮助自己适应过渡时刻。在等待她的朋友安西尔停止滑滑梯，使他能够和自己一起玩木偶的时候，她说："安西尔，再玩两次就好了。现在还有一次。现在你来和我一起玩娃娃。"

28个月龄。艾琳开始在陌生环境中自主地和其他小朋友开启社交接触。在一个餐馆里，她的增高凳和邻桌的增高凳背对背。她向后靠，向她的小邻居微笑，然后用非常友好的声音说："你好。"

投身于一个大型场所则是另一回事，艾琳在加入之前仍然要慢慢地适应。那些热身阶段是她对新环境的反应的一个稳定部分。她不需要诱骗或者被说服。正如她妈妈所说的："如果你不打扰她，她自己就能缓过来。"

30个月龄。艾琳仍然不喜欢和妈妈说再见，但是她发现了一种有创意的方法。她发明了一种分离仪式：她满屋子跑来跑去找到一个特别的小物件（一片树叶、一个贝壳、一个玻璃球或一个小玩具），然后她隆重地把这个小物件放在妈妈的手里。这个物件可能代表了艾琳的自我中非常珍贵的一部分，她希望在和妈妈分开的时间里，可以把这部分放在妈妈那里保管好。

32个月龄。当艾琳努力想和某个特别的人独处时，她变得更加坚决主张。如果爸爸回家时，她正在和妈妈玩耍，那么她会简短地和他打个招呼，并且如果爸爸在她们周围徘徊,她会说:"我正在和妈妈玩。"有一次,爸爸从一次旅行中回来,她紧紧地抱着他,然后对妈妈说:"妈妈,你可以走开吗?"

33个月龄。艾琳开始上幼儿园了,每周去5个上午,每次4小时。第1天,整整一个上午,她都和妈妈在一起。不管如何,这个经历对她来说是困难的。回家之后,她出现了人生中为数不多的几次发脾气之一,发脾气之后她就满头大汗、呼吸短促和非常疲惫。

艾琳和学校里的朋友乔纳桑建立了非常亲密的关系。他们宣布计划结婚,而且他们花了很多时间玩穿衣打扮以及其他形式的假装游戏。当艾琳在乔纳森之前到达学校时,她有时候会一边等待乔纳森一边自娱自乐。她与乔纳森的友谊继续成为艾琳2个月之后的生活里的中心要素,这证明,孩子即使在很小的年龄也有能力建立非常亲密、持久的关系。

艾琳似乎无法保护自己的玩具,当另外一个孩子抢走她的玩具时,她只能被动地看着。妈妈对这个特征感到自责,认为是自己鼓励艾琳变得"太友善了"。她开始鼓励孩子变得更加坚持主见,然后,艾琳在36个月的时候学会了说出有力而有效的"不要!"这是一个很好的例子,这说明,当害羞的孩子感到坚持主见的行为是被社会接受的时候,他们学会了更加坚持主见的行为。

艾琳在婴儿期就出现的睡眠问题仍然持续,但是以不同的形式出现。她入睡没有困难了,但是她在入睡两三个小时后会经历梦魇。在那些时候,她似乎在因白天无法得到满足而耍小孩子脾气。

当艾琳在和一个朋友吵架的过程中过于自我控制之后,她会在夜里重新体验到那个场景。她在仍然睡着的情况下,在床上坐起来,大喊:"我不想要这样!把它还给我!不要这样做!"她在说话的时候很激动地指手画脚。她的妈妈温柔地告诉她没事的,并且哄她平静地进入梦乡。显然,艾琳在做梦,并且做梦的强度超出了梦境,表现出了运动的释放。即使在这么小的年龄,梦也在实现它在人的一生中都具有的一个功能:使做梦者尽力解决在清醒的

生活中尚未解决的剩余问题。

36个月龄。艾琳在表达困难情绪时变得更自由。她现在主动提出,要讨论有关妈妈离开的问题。她问妈妈:"你什么时候回家?"如果她不喜欢那个答案,她就回答道:"时间太长了。"在妈妈回来之后,艾琳告诉她:"我那时并不希望你离开。"

艾琳似乎能非常有意识地觉察感受,并且喜欢和妈妈一起讨论这些感受。她们发明了一个游戏:"告诉我,某个你感到开心的时候;你感到悲伤的时候;你感到害怕的时候;你感到生气的时候。"艾琳毫无困难就能想起自己感到快乐、悲伤或者害怕的时候。但是当谈论到生气的时候,她深思熟虑地说:"我不记得我曾经有过生气的时候。"在她对自我的感知中,生气不是一个熟悉的部分。它倾向于潜伏在深处,然后在她没有完全意识到的时候浮现出来,尤其是在睡眠中。并不是所有害羞的学步儿都会对愤怒感到不舒服。但是很多害羞的学步儿会试图避免任何类型的高强度兴奋,因为这并不能很好地吻合他们的内在气质。感受就在那里,但是孩子可能自我意识过高,以至于无法自由地表达它。

艾琳的父母(他们自己对于各种类型的情绪,包括生气,都感到挺自在的,而且不会被这些情绪所淹没)一起努力,鼓励孩子对自己的愤怒变得更加觉察,这是帮助她对愤怒感到安全的第一步。在恰当的时候,他们开始更积极地反对她,并且没有那么担心会让她生气了。他们坚持自己的偏好,而不是像之前那样,为了让她快乐而处处向她让步。最后证明,这是一个非常好的改变。这让艾琳获得了更多的机会去练习处理生气的体验。最后,生气对艾琳来说并没有那么吓人了。

艾琳对怀孕和婴儿变得非常感兴趣。在她的保姆怀孕之后,她宣布:"我的肚子里正怀着一个婴儿。"然后她问:"我的宝宝什么时候会出生?"妈妈告诉她,她的宝宝还没有在她的肚子里,而且宝宝是在她长大后才会出生。此时,她非常不安地问:"但是它现在在哪里呢?"她散步的时候对收集东西产生了很大的兴趣。她把鹅卵石、树叶、贝壳和彩色纸片视为珍宝,并且把它们送给别人,作为对她特别喜欢的人所表达的一种特殊姿态。她继续问:"为什么呢?"但是现在她会自己进行又长又详细的解释。当她无法解释一些事情时,她会深思熟虑地说:"这一定是有魔法的。"

发展良好的慢热型学步儿

艾琳一旦熟悉了周围的人,就对探索充满热情,并且在和人交往时感到有乐趣,考虑到这一点后,我们该如何理解艾琳在新环境里刚开始的退缩行为呢?缓慢的热身准备对她来说有什么功能呢?

我们可以猜想,这种行为对艾琳来说有一定的生理起源,正如卡根和他的同事所研究的那些孩子,他们就是这样的。但是,气质特征对那个个体及其同伴赋予了一种心理学意义。艾琳的矜持对她而言有什么心理学上的意义呢?

我们无法确切地知道,但是在艾琳难以从醒着过渡到入睡,以及她难以从熟悉场所过渡到陌生场所这两件事之间,可能存在一种平行关系。这两种类型的过渡都涉及从一个舒适和安全的状态,进入另一个不同的、更高要求的状态。进入梦乡需要放下自己的人际关系,并且独自进入一个神秘的领域探险。去体育活动中心,参加派对,或是进入幼儿园,这些都涉及为了加入其他人和其他活动而离开自己的家庭活动。

显然，从艾琳还是个宝宝起，她就非常喜欢个别的人和物体，并且能够在一对一的基础上进行密切的人际互动。私人关系是她所偏好的与世界发生联结的方式。可能，当社会情境非常庞大和复杂时，她无法和某个特别的人单独相处，因此在这种情况下，艾琳的慢热成了她的一种应对方式。退缩和对场景的观察给她留出了时间，直到她可以识别出一个特别的人或者物，让她可以舒服地与之相处（正如幼儿园情境中的乔纳森）。

反过来说，她偏好非常聚焦的一对一互动，可能是因为这些私人关系为她提供了一种方式，来应对庞大情境所产生的刺激轰炸。很显然，在任何事件里，我们都可以从艾琳的发展轨迹中看出，她的矜持并没有阻碍认知、社交或者情感发展的任何一方面。相反，她刚开始的矜持很可能为她提供了一种有用的机制来防止过度刺激。

艾琳展示了一个发展良好的害羞学步儿的典型行为。她偏好亲密的私人关系而不是群体的情境，喜欢熟悉而不是陌生，喜欢温和刺激而不是强烈刺激。她的这些偏好是这个年龄里健康、适应良好的害羞孩子的特征。

当然，在这些共同元素中也存在个体差异。当一些害羞的孩子发现某些新情境过于有吸引力后，就会忘记自己的矜持，然后向前冲。一个 18 个月龄的孩子在第 1 次参观动物园时，会过于激动，以至于他着迷地在一个又一个笼子前，呼唤那些动物，并且试图翻越分割他和它们之间的那些围栏。

其他害羞的孩子喜欢特殊类型的强烈刺激。辛迪喜欢被舅舅抛向半空，但是不喜欢其他任何人这么做。埃尔伯特会狼吞虎咽地吃光每种辛辣味的食物，包括智利辣椒，而且他似乎有一种第六感，能够侦查并且找到它们。埃斯特拉喜欢雷盖音乐*，当音乐响起时，她就会像回旋舞者那样跳舞；而当音乐停止时，她就会哭着大喊："还要，还要！"玛利亚，如果任何一个场所里

---

* Reggae music，20 世纪 60 年代于牙买加兴起的一种节奏强劲的流行音乐。——译者注

提供了蜡笔让她可以画画，那么她就可以很快地融入这个新场所。

这些例子说明，慢热型孩子不应该被刻板化。他们不只是害羞，他们也好奇、充满能量、充满爱心，以及不断地成长变化。他们对探索的乐趣可以帮助他们在新场景里克服自己的矜持。对于父母来说，最重要的事情是熟悉孩子的特殊反应类型，并且继续让孩子接触新异事物，这个引入过程应该是逐渐地和可控地，这样可以培养反应的灵活性。这一章的最后一个部分，我对于如何这么做给出了具体建议。

胆小的学步儿：托比亚斯

有时候，学步儿天生的害羞可能会转变成对新环境和陌生人的普遍恐惧。这时候，孩子会拒绝去新场所，或者在遇到新面孔时就大哭。有时候，孩子会发展出多种表面上看似乎毫无道理的恐惧，这些恐惧会在很大程度上阻碍他发展出探索和认识世界的能力。

托比亚斯正是处于这个情况下的一个小男孩。在他 32 个月龄的时候，父母请求进行咨询，因为孩子的过度胆小，他们感到家庭生活已变得越来越紧张和不开心。在几次家访和游戏室观察的过程中，以下的画面浮现了出来。

托比亚斯是一个瘦小、脸色苍白的孩子，一脸沉思的表情。他小心地移动，说话轻声细语，而且喜欢花很长时间自己独自玩耍。他使用木头积木和任何手边的东西（比如书本、嵌套杯子、羽毛和厨房拿来的食物罐头），来搭建他所喜爱的精致结构。当他完成的时候，他搭建的东西看起来就像精致的大师之作。他也喜欢看书，他常看着那些图片自言自语。他不同寻常地擅长拼图，而且亲朋好友们都知道，如果要送拼图给他当礼物，那么拼图的难度需要超出他的年龄至少 2 年的水平。他的动手能力异常灵巧，并且他喜欢那些能够拆开然后重新拼起来的玩具。他最喜欢的玩具是一辆红色塑料小车，因为他能够用一个塑料扳手和一把塑料螺丝刀把这辆小车拆开然后拼装起来。他的爸爸预测，他可能在 12 岁之前就能够修理真正的小车了。

在 26 个月龄之前，托比亚斯的发展都平静无奇。他适应不熟悉环境的速度较慢，而且他在尝试新的身体技能时也非常谨慎。另一方面，他对父母充满深情，他有两个好朋友可以一起快乐地玩耍，而且他在家时似乎总是忙碌且心满意足地修补着各种东西。他的妈妈评论说："他有属于自己的完整人格。"

在托比亚斯的生活中，最大的挑战就是他的弟弟——安德鲁，比他小 15 个月。安德鲁简直就是轮子上的地狱。托比亚斯瘦小、羸弱，安德鲁则强壮、结实。托比亚斯缓慢、温柔，但安德鲁却让整个房间充斥着吵闹的说话声和快节奏的移动。托比亚斯喜欢一个人独处，安德鲁则渴望陪伴。安德鲁，一头红色头发，脸上有些雀斑，调皮地咧着嘴笑并且眼睛闪闪发光。无论安德鲁去哪里，他都吸引了别人开心的关注和赞美。然而，托比亚斯只是安静地在场外观看。

安德鲁不让托比亚斯一人独处。这从成人的视角来看是可以理解的，但是对于托比亚斯来说，弟弟的入侵是一种无休止的激怒。安德鲁尤其着迷于托比亚斯全心全意投入所搭起来的建筑，而且瞬间就能把它们推倒。托比亚斯说不要，并且试图保护他的杰作，但是他温和的举止和轻柔的声音，一点都赢不了安德鲁自信的蛮横。让事情更加糟糕的是，安德鲁可以"逍遥法外"。他们的妈妈觉得托比亚斯是一个成熟的小男孩，可以控制自己，并且她还告诉他不要对安德鲁生气，只要重新搭起建筑就行了。托比亚斯忠诚地顺从了，他的脸上露出了逆来顺受的无助表情。在那些时候，他看上去比实际年龄要年长很多。

在他 30 个月龄大的时候，托比亚斯开始表现出多种恐惧。他拒绝参加游戏小组，他已经加入这个小组 6 个月了，之前他总是很享受其中，现在他在妈妈离开后要大哭很长一段时间。他发展出对入睡的强烈恐惧，他很确信，有一个怪兽正藏在衣橱里。他变得很害怕影子（字面意义上的影子），每当他看到自己的影子或者另一个人或物体的影子时，他就黏着妈妈。他拒绝尝试新食物。在学步儿阶段，这里的每一种恐惧本身就已经出现得足够频繁了。但是它们的数量和强度，预示着这个小男孩的生活中有什么更加严重的问题。

每天似乎都引发了一种新的恐惧。如果他在街拐角的杂货店，那么他很害怕那台吵闹的老式收款机。在公园里，他很害怕在主人旁边快步走的狗会咬他。有一天，他看到了一个完全秃顶的男人，对此他感到非常地恐慌。另一天，当他看到一个男人在玩具店里打扮成小丑的样子时，他紧紧贴着爸爸不放。他的父母说："你随便说一个东西，他就害怕它。"

因为托比亚斯的胆小，生活变得不可预测。父母永远无法知道一次外出活动是否会顺利进行，是否会变成一场没完没了的安抚，或者是否会因为托比亚斯坚持要回家而不得不缩短时间。

安德鲁顺利地在家庭的混乱中生活。他似乎看不到哥哥的不安，继续高兴地踢倒高塔和抢夺玩具。安德鲁是毫无拘束的，因为父母的态度是，他"太小了，什么都不懂"。这种态度对两个孩子都产生了非常负面的后果：这鼓励托比亚斯成为一个受害者，而允许安德鲁表现得越来越像一个欺凌者。

可以将托比亚斯的遭遇理解为是一种英雄主义的努力，他压抑对弟弟的愤怒，使自己可以达到妈妈和爸爸的预期，成为一个"好样的小男孩"。

这种努力需要一定程度的自我控制，这超出了他在这方面的能力，即便他已经很不错了。要让自己可以成为父母期待中的那个早熟、无私的孩子，只有一个办法，那就是不再有意识地觉察自己对弟弟和父母的愤怒。这样，他就不得不去压抑正常的热情和这个年龄的自我确定需求，因为他害怕在坚持自我主张的过程中，可能会失去对冲动的控制，最后导致自己猛揍弟弟以及失去父母的爱。

如果不付出代价，学步儿是无法保持对愤怒感受的完全压抑的。这些感受想要释放，并且寻求一种方式去表达自己。托比亚斯一旦想到自己生气了，就马上会被自己的恶劣所吓倒。他处理这种情况的方法是，把自己的愤怒归咎于不熟悉的人和物。在他眼里，他可以维持好孩子形象，但是任何他不认识或不喜欢的人都是坏的，而且想要抓住他。当他和父母出门时，他开发出一套冗长的说辞："那个男人是坏的吗？那只狗是坏的吗？那辆火车是坏的吗？"同时，他会检查环境是否安全，并询问："当我不能像妈妈和爸爸希望的那样时，我是坏的吗？"

刚开始，托比亚斯的父母并不喜欢我提起这种可能性，因为我说，他们年长的儿子对弟弟感到愤怒，但是他又不能表达他的愤怒，因为他害怕让他们不开心。愤怒是一种让他们感到不舒服的情绪。事实上，这对年轻父母，无论是彼此之间还是和孩子之间都显得格外地正式和正确，似乎好的举止高于一切，即使是在家庭关系里。父母想象托比亚斯正在挣扎着控制愤怒的感受，这种挣扎太接近他们自己的体验，在努力表现得"好"的过程中不惜牺牲情绪的自发性。

得益于很多支持，这两位心怀好意、考虑周到的父母开始接受这种观点：他们希望托比亚斯做到的那种自控力，没有任何一个 2 岁孩子能够做到。通过在一面单面镜后面观察，他们看到，一开始托比亚斯犹豫不决，后来他在玩具室里到处扔积木，让两个玩偶互相打架直到它们疲惫地倒在地上，并终于欢喜起来。当我告诉托比亚斯"有时候生气的感觉会让你觉得好受些"时，他露出充满喜悦的表情表示同意，让这对父母非常感动。

在和托比亚斯和安德鲁的联合会谈中，那对父母有机会练习回应孩子的新方法。他们开始尊重托比亚斯独自玩耍的权利，并且阻止安德鲁的捣乱。当父母约束安德鲁，并且站在托比亚斯一边时，两个孩子露出的惊讶表情实属壮观。这对父母也很惊讶，并且受到很大的鼓励，因为他们有权力告诉安德鲁什么可以做。事实上，当他们说一不二的时候，安德鲁是会顺从的。这让父母感到解脱，因为他们一直和托比亚斯一样，在安德鲁看似无法阻挡的权力面前，他们感到很无助。这对安德鲁来说可能也是一个很大的解脱，这让才 20 个月龄的他不再是家里最有权力的人物。

在为期 4 个月的干预项目结束之后，又过了几个月，那个妈妈打电话来报告事情的进展。那时，托比亚斯是 39 个月龄，安德鲁刚刚过了 2 岁生日。诺瓦克太太在前一天带托比亚斯去了游乐场，他们一起度过了快乐的 2 小时。两位父母协调配合着加入更多可以单独与每个孩子相处的时间。在秋千上荡了很久之后，托比亚斯说："妈妈，曾经有一个小男孩，他害怕每一样东西。那个小男孩死了，但是另一个不再畏惧的小男孩出生了。"他正在自言自语。

害羞、压抑的愤怒及恐惧

托比亚斯展示了一种常见现象，一个举止温和、慢热型的学步儿，他希望成为好孩子，但是担心愤怒和沮丧的自然感受意味着他是坏孩子。他变得害怕自己的愤怒，但是在压抑愤怒的努力中，他们被坏和危险所占据，最后变得对整个世界都感到害怕。

恐惧有很多起源。一些恐惧和愤怒毫无关系，但是它们源自某些与年龄相符的幻想以及对世界如何运作的误解。另一些恐惧源自暴露于吓人的经历。还有另外一些恐惧，确实来自压抑的愤怒，而且那些愤怒通常最难被父母理解。

托比亚斯正好把他的愤怒聚焦于他的弟弟，虽然他也间接地对父母感到生气，因为他们生了另一个孩子（"为什么我对他们来说还不足够？他们爱他多过爱我吗？他会取代我吗？如果不会，那为什么他们要生他？"），也因为他们不保护他，以及他们允许安德鲁的放纵行为。父母对安德鲁的纵容确认了托比亚斯的担忧，即安德鲁是受宠爱的那一个。

其他孩子会直接对父母感到生气，并且担心那些感受，因为他们害怕失去父母的爱，正如下面这个例子所阐明的那样。

莱尼喜欢单独和妈妈一起，当爸爸回家的时候，他就会很讨厌他。22 个月龄时，他在妈妈和爸爸亲吻的时候打了爸爸。30 个月龄时，他变得更加善于表达。他对妈妈说："爱我，不要爱爸爸。"在 36 个月的时候,他甚至更加直接:"等我长大以后我会娶你的。"莱尼喜爱爸爸,但是也很害怕他。当爸爸进入房间的时候,他会吓一跳,而且当他做了一些错事时,他就会恳求妈妈:"不要告诉爸爸。"那位爸爸是一位优雅、慈爱的男人,并且没有客观理由可以解释莱尼的恐惧。很可能莱尼害怕爸爸会对他愤怒,是因为他想成为唯一一个拥有妈妈的爱的人。

索尼娅,26个月大,有一次她和父母分离长达1周,期间她和亲爱的奶奶住在一起,之后她变得非常害怕动物。当父母回来时,索尼娅扭过头不想看他们,并且把她的脸埋在奶奶的大腿里。在大概10分钟之后,她允许父母去抱她和亲她,但似乎很拘束、很矜持。在后面的几天里,她不同寻常地表现良好,服从父母的要求,但是出现了对动物的恐惧,也在大概同样的时间里,她开始拒绝在夜里入睡。索尼娅对父母离开的愤怒,不得不被压抑了,因为她害怕他们会再一次离开。她变成一个行为过于完美的小女孩,但是这种努力的代价通过她的恐惧表达了出来,她害怕当她入睡并且远离父母的时候会被动物袭击。那对父母通过词语和游戏帮助索尼娅表达了她对他们的愤怒,并且向她确认无论她对他们有多生气,他们都会回来的,从此那些恐惧就消失了。

这些例子说明,在年幼儿童中,对自己的愤怒是很常见的一种反应,尤其当愤怒的感受指向了他们生命中最重要的爱的对象时。害羞的孩子可能不容易表达他们的愤怒,但是他们可以和其他孩子一样感受到它,并且会默默地承受难以表现出愤怒的遭遇。因此,对害羞孩子的父母来说,很重要一点就是,意识到孩子可能正在过度恐惧的伪装下表达他们的愤怒。

当害羞变成攻击行为:纳迪亚

在人们的心目中,通常不会把胆小和攻击行为相联系。我们想到害羞的孩子，就会觉得他们不容易生气，并且投入比较慢。但是，胆小可以在一定环境下变得富于攻击性，比如持续的身体或情感虐待，目睹了父母之间的暴力互动，或者被刺激所淹没（包括孩子无法满足的父母要求）。

慢热型孩子也可能变得具有攻击性，尤其当他们还没有学会容忍中等强度的沮丧时，因为他们被过度保护了。当父母把孩子的脆弱看得过于认真，他们允许自己被孩子吓倒。这可能让孩子产生一种预期，即他应该得到及时的满足，因为他太过脆弱了，他不能忍受其他任何东西。当最终产生沮丧时（这是不可避免的），攻击行为成为孩子唯一可用的应对机制，用以阻挡对自己的可怕毁灭。

与其他孩子一样，害羞的孩子因为相同的原因变得有攻击性。比如，他们可能会试图通过采取行动，做一些让自己觉得没有那么无助的事情，来控制并且掌握某个吓人的情境。他们也可能模仿一些他们接触到的有攻击行为的成人。有攻击性的害羞型孩子，有一个最明显的特征，他们会使用攻击行为来拒绝过度刺激。因为慢热型孩子通常对刺激高度敏感，所以他们可能觉得是迫于压力才出手的，这是为了在退缩不奏效的时候保护自己。

纳迪亚2岁的时候，经常抓或咬她的朋友。面对看似很小的沮丧，她就会暴跳如雷。在那些时候，她会打、咬或抓伤侵犯者，然后她看上去非常解脱。不幸的是，这种解脱仅仅持续了很短的时间，因为其他成人会跑过来警告纳迪亚并且保护那个受害者。被责骂的时候，纳迪亚会在生气和羞愧中哭泣很长一段时间。

纳迪亚并不会攻击她认识的成人，但是她曾经向陌生的成人吐口水，当时他们在她能容忍之前，过早地试图跟她做朋友。她对保姆也有比较多的攻击行为，并且她的父母发现，当邀请备选保姆陪纳迪亚一晚上时，他们总是"很忙"。这种行为模式始于纳迪亚还是小婴儿的时候，它是逐渐形成的，是一个缓慢过程的累积结果。这个过程在不同时期表现出不同的形式。

纳迪亚是一个非常警觉的宝宝，她和爸爸妈妈格外早地建立了非常亲密的关系。他们报告说，从她6周大开始，她就拒绝被父母之外的任何人抱。纳迪亚在新环境里激动地哭泣，满脸通红，最后常常因为胃疼而呕吐。爸爸妈妈在纳迪亚生命最初的6个月里很少外出，因为他们感到既不能带她一起，也不能把她留给其他人。

随着第1年过去了，纳迪亚开始减少哭泣，但是她仍然需要很长时间来适应不熟悉的情境。她挂着焦虑的表情黏着妈妈，用紧张和坚定的眼神仔细端详陌生人，如果某个她不认识的人试图太快地和她交朋友，她就会痛哭流泪。她的妈妈评论道："所有的书都说，陌生人恐惧在第8个月才发展出来，但是纳迪亚一出生就有。"

纳迪亚的父母非常关注孩子的情绪，并且尽他们所能地使纳迪亚保持快乐。他们相信纳迪亚是一个心理脆弱的孩子，他们很努力地不让她在任何方面受伤。在纳迪亚身边发生的谈话大多是以孩子为中心的。如果父母沉浸在一个对话中，然后纳迪亚做出一些社交信号，那么他们就会马上中断自己的聊天而去关注她。回顾这第1年，那个爸爸说："我们觉得，为了让她有安全感，需要一直把她放在首位。"

虽然纳迪亚在很多方面确实有安全感，但是她很少有机会学习体验一般的沮丧，这是不愉快体验的一种，完全在她的容忍能力范围内。因此，当她遇到任何不喜欢的事情时，她常常很恐慌，要去找妈妈把事情搞定。自相矛盾的是，妈妈的敏感和及时反应，反而强化了纳迪亚的感觉，让她觉得自己无法独自应付不愉快的感受。

当纳迪亚进入生命的第2年，她开始对同伴游戏有兴趣的时候，这种情况逼近严重关头。2岁大的同伴作为玩伴是有趣的，但是不能算作是敏感的照料者。他们不会为了满足朋友的需要和愿望，而把自己的计划搁置一旁。和朋友玩耍，让纳迪亚初次遇到了一些经常拒绝她的人。她并不喜欢如此，但是她不能够退缩（退缩是她在不熟悉情境中偏好的方式），因为她对于正在进行的事情投入了很多的感情。面对沮丧，她唯一可用的反应方式就是攻击，因为她还没有学会忍受不安或者通过谈判协商出一个方法来。

类似的机制也用在了无礼的陌生人和粗心的保姆身上。这两个情境都不允许纳迪亚优雅地从沮丧中退回去。一个坚持要求获得纳迪亚关注的陌生人是纳迪亚不得不面对的，而那个不受欢迎的保姆也是她不得不容忍的。纳迪亚对那些不公平的要求和无法逃避的事情，感到很生气，她求助于身体攻击，这是心理自我防卫的一种方式。

纳迪亚的父母强烈地同情纳迪亚在陌生情境中的不安，并已经对她过度保护。当他们意识到这点之后，纳迪亚已经学会了调节她的愤怒。他们开始训练自己更严格，不要因为纳迪亚的抗议而松懈，而且他们开始鼓励她独自解决小问题，而不是在她刚出现沮丧感时就上前去帮她。现在他们在等待一段较长时间之后，才对她的请求或要求做出回应，而且他们通过说"等一下，纳迪亚，我需要先完成这个"，来帮助纳迪亚学习等待。这种方法有助于纳迪亚理解其他人的计划和愿望，以及她需要考虑的不仅仅是她自己的计划和愿望。

在纳迪亚学会等待、容忍沮丧感和关注他人的需要时，她的攻击行为减退了。当她快要对自己失去控制和要爆发的时候，她学会了识别这些时刻。在那些时候，她最喜欢的话变成："你正在打扰我。"大家意识到，这句话是一种早期的提醒信号，他们在很大程度上尊重它。因而每个人都更加快乐了。

帮助慢热型学步儿享受他们原本的样子

慢热是一种气质特征，它的特点是对刺激高度敏感，逐步适应变化，在压力下倾向于退缩。在这个整体框架内，个体差异的变异性是有可能，正如艾琳、托比亚斯和纳迪亚所展示的个性特点。根据他们遇到的压力和支持，以及他们自己的天分和脆弱程度，不同的慢热型孩子会求助于不同的应对机制，用以适应在遇到陌生人和面对新异情境时不可避免的挑战。

在这个过程中，文化影响起到一个很重要的作用。比如，传统的中国父母和加拿大父母对害羞的年幼孩子，会表现出不同的反应。传统的中国妈妈表现出温暖且接纳的态度，但是加拿大妈妈更可能试图去"纠正"或者改变孩子的行为。在学校里，害羞的中国孩子在学业上表现得更好，比起他们外向的同伴，害羞的学生从老师和同伴得到的评价更积极。相反，害羞的加拿大孩子没有外向的同伴表现得那么好。文化和家庭对孩子的气质所赋予的意义，影响了孩子如何做出反应。[10]

艾琳能够和父母、保姆、老师，以及少数同伴形成非常亲密而深厚的感情，这说明害羞不一定意味着和他人的情感疏离。比起外向的同伴，害羞的孩子可能更有选择，但并不是心中没有爱。相似地，艾琳开心地和爸爸一起尝试吓人的新技能，这说明，如果孩子有安全感，那么胆小并不妨碍勇敢。艾琳能够在爸爸的保护和鼓励下，参与身体上的冒险，这正强调了，对于慢热型学步儿来说，尤其重要的是依靠一个成人将其作为去探索的安全基地。

慢热型学步儿对于刺激的敏感性意味着，父母和照料者在充当安全基地时，需要在托管的两个极端获取一个谨慎的平衡点。他们不得不找到一种方式，既保护孩子以免他受到过度刺激，又不会过度保护。

父母确实很容易忽略孩子的特殊需求，他们需要从过度刺激中获得缓冲。像托比亚斯的案例，如果孩子正在很努力地"符合标准"，而且在压力面前也不去抗议，那么情况就尤其如此。在这些情况里，为了忍受一个过度消耗其应付能力的场景，孩子可能会安静地忍受着，并且逐渐变得害怕和退缩。当孩子表现出过度退缩或者有太多恐惧时，父母最好审视一下，在孩子的生活中有哪些具体压力来源，这些来源可能是他们之前没有意识到的。

从另一方面来讲，在尽力减少孩子的不安时，父母很容易变得过度保护。当父母变得焦虑，他们就无法鼓励孩子去尝试一个费力的情境，虽然这个情境是符合年龄特征的，并且在孩子的能力范围内。这可能会变成一个退步，慢热型孩子会因为自己而灰心丧气,尤其当他们看到同伴们正在享受对自己来说是吓人的场景,比如在游泳池里玩耍,或者坐在秋千上。如果慢热型孩子经常在压力下感到无助,那么他们可能会失去自己的抗逆能力,变得过度依赖成人作为安抚的来源。也可能,当他们的不安无法被一个富有同情心的成人马上安抚的时候,他们变得高要求和易生气。成人可以通过提醒孩子,他们通常在适应了一个新情境之后就感到很开心,由此来帮助他们。

在帮助慢热型学步儿征服新异情境时,也许最有帮助的配方就是"一步一步来,每次走一步。"这种方法涉及逐渐但稳定地鼓励学步儿去探索。下面这些步骤可以使慢热型学步儿征服最开始的犹豫,进入新的场所。

- 不要让孩子单独去一个新情境,要和他一起去,并且拉他进去。一起花时间,简单地观察一下发生的事情。对正在发生的事情做出少许评论,最好是关注已经熟悉和安全的方面。比如,如果一群陌生的小朋友正在玩一些玩具,那么你可能想要指出孩子已经见过并且喜欢的一个玩具:"看他们那个沙滩皮球。它就像你的那个,但它是橙色的。还记得我们昨天是如何玩那个球的吗?我们不得不到处跑,就像他们现在正在做的那样,因为它的弹性很好!"
- 留在附近,直到孩子的心情确实从警觉转变为享受。然后,向后退。
- 在一段时间里保持"随叫随到",但是不要徘徊,以为孩子会需要你。
- 如果孩子叫你,就调整自己的反应,使之符合孩子的需求强度。如果他看似真的很焦虑,不要犹豫,马上上前。更常见的是,从远处招招手或者说一些安抚的话就足以让他知道,你会在他需要的时候帮他。尝试一种极微弱的方式:试图用最不积极的反应应对,然后看看效果。
- 在引诱慢热型孩子进入新异情境时,孩子们通常是最好的帮手。你或许可以和某个看似与你的孩子合得来的孩子说话。余下的就顺其自然了。

罗纳德·拉利（Ronald Lally），是"从零到三（Zero to Three）"网站的创立成员之一，他和他的同事认为，上述步骤能够被归纳为父母或照料者的下列行动："陪同、聊天、后退、保持提供支持、继续向前。"[11] 这些步骤的节奏需要和孩子自己的节奏相协调，但是成人的信心可以让孩子在时机恰当的时候"继续向前"。

第 7 章

早期焦虑

　　人类有一种根深蒂固的能力就是对危险进行预期并做出反应。我们对当下和即时的危险所做的反应是恐惧。我们对预期或者想象的危险所做的反应是焦虑。焦虑是预期,而恐惧是反应。两种情绪是相互关联的,因为一个假想的危险可能会非常快地变成现实。恐惧和焦虑都有一定的主观成分,因为我们必须把一个事件理解为是安全的或危险的(这是一个只需几毫秒就能完成的过程)。在生命早期,焦虑和恐惧通常难以区分,因为它们的发生不仅涉及客观的危险,而且涉及不熟悉或者没预期到的事件。父母的角色——虽并不总是被履行——就是提供"保护罩",在孩子预期或者回应真实或感知到的危险时,使孩子感到安全。那个有天赋的漫画家盖里·拉尔森(Gary Larson),在他的书《远侧画廊4》(The Far Side Galler 4)的第1页,对这个心理过程进行了深刻的阐述。他写道:"当我还是一个小男孩的时候,我们的房了充斥着怪兽。他们生活在壁橱里、床底下、阁楼上、地库里,而且当天黑的时候,它们几乎无处不在。这本书是献给我爸爸的,是他使我安全地远离了所有的怪兽。"[1]

　　拉尔森激发了塞尔玛·弗雷伯格对于"有魔力的年代"这个开创性概念的描述,她的描述如下:

有魔力的年代是童年早期的那几年。我说的"有魔力"并不是指孩子生活在一个被施过魔法的世界里，所有最深层的渴望都能被满足；而是，（孩子）关于世界的最早概念是有魔力的。他相信自己的行动和思想可以引发事件，因为孩子摸索出了自己的方式去探索原因和客观世界，在这个世界里，他必须与想象中的危险生物以及他设想的外部世界的危险进行周旋。

虽然体验焦虑是很不愉快的，但是焦虑对于生存起着很重要的作用，因为它是即将要发生危险的一种信号，给了我们时间去保护自己。引发焦虑的事件本身并不总是危险的，但是它们获得了情感力量，因为它们通常出现在危险之前，或者与之相联系。[3] 比如，我们睡醒的时候发现自己独自在黑暗的房子里，它本身并不危险，但是可以使我们焦虑，如果我们——就如拉尔森所说的——想象黑暗中那些看不见的危险。如果我们把灯打开，并且看到了真实的危险，我们就会很快地从感到焦虑转而感到彻底地恐惧；但当我们发现没有什么特别的事情发生时，我们的焦虑就会得到缓解。

焦虑会因为无助和无知而增强，因此婴儿和学步儿就特别容易焦虑。非常年幼的孩子面对的是一个不熟悉的世界，这个世界按照他们不了解的方式运作。他们是弱小的，他们依赖别人来获得安全感。年幼孩子也会做一些难以预料甚至有可怕后果的事情，包括让父母对他们感到生气。由于所有这些原因，在婴儿期和学步儿期，总是存在让孩子体验焦虑的机会。

这一章描述了焦虑在生命第 1 年里的起源，以及早期的焦虑如何在学步儿发展过程中变化。本书第 2 章描述过在孩子出生第 2—3 年出现的巨大冒险经历，发现世界、发现身体和发现心灵，它们具有黑暗的一面。伴随新知识的到来，学步儿开始害怕因为被抛弃、不被爱或者身体损伤而受到伤害。这一章描述了学步儿如何体验可预期的和过度的焦虑，以及他们可以用的应对机制范围。在下一章，我将提供具体指南帮助父母辅助学步儿，以面对这个年龄阶段更加常见的焦虑唤起情境。

焦虑的早期起源

　　学步儿期的焦虑可以通过早期发展的背景进行理解，因为孩子关于安全或恐惧的基本感受是在生命的第1年里建立的。这部分描述了婴儿期焦虑的起源和表现，这是理解学步儿期焦虑的背景。

　　情绪很可能在出生之前就被胎儿感受到。早期研究者报告，胎儿有厌恶、伤心、快乐和恐惧的面部表情，[4]并且得益于超声波图的发明，这些先锋性的观察被证实了，超声波图让我们能够在屏幕上密切地观察胎儿的面部表情。[5]

　　胎儿似乎也可以根据自己的感知而行动。例如，早在7.5周孕期的时候，它们就会躲开有害的刺激，如轻轻的触碰，它们使用的是全身反应，先是向后弯曲头部，然后逐渐扩散到手、躯干和肩膀。[6]这种反应暗示着，或许胎儿能够感受到一种原始形式的焦虑，因为相同形式的躯体回避，是婴儿出生后的一种常见焦虑表现。[7, 8]在孕期，相对于产前觅食反应等趋近能力，远离不愉快刺激的能力在更早的阶段就出现了。[9]这可能说明，自我保护的动机发展得更早，而且生存动机可能比探索动机还要基本。

　　当然，胎儿并不需要寻求接近营养和保护的来源。它已经嵌在一个安全基地里了：妈妈的子宫。健康的新生儿对于离开这片安全天堂的反应是一场精力充沛的哭泣，既代表着抗议，也代表着对与人类接触和寻求帮助的呼唤。哭泣可能是人类出生后第1次体验到恐惧和焦虑的标志。

　　一旦出生，婴儿就无法照料自己了。他需要一个慈爱的成人的照顾，在生命的第1年，这个人主要是妈妈（大多数文化和环境中）。这并不是偶然发生的。在怀孕过程中，妈妈和胎儿逐渐形成彼此之间亲密的联结。[10]等宝宝出生的时候，他们就已经准备好识别并且形成与妈妈之间的最初人际关系了。

这种现象在一个天才般的实验中得到展示。在这个实验里，当宝宝吸吮的奖励是由妈妈而不是一个陌生人来朗读苏斯博士的书时，他们学会了长时间或者短时间的吸吮。[11] 新生儿在出生后的几个小时内就能分辨妈妈的脸，并且表现出偏好。相似地，他们能分辨并且偏好妈妈的气味：他们能稳定地把头转向自己的妈妈的哺乳垫，而不是另一个妈妈的哺乳垫。[13]

新生儿从开始就使用了这些社交技巧，因为他们一出生就涉及了一种重要的发展挑战。他们需要调整饥饿和睡眠的周期，以满足母亲的期望，或多或少顺利地融入家庭价值观和日常流程中。[14, 15] 婴儿识别并且偏好妈妈的面孔、声音和气味，这能帮助他们与妈妈成为合作伙伴，共同配合调整身体的节律。

这种早期偏好并不意味着婴儿只是回应妈妈。在一个身体非常脆弱的时期，他们能够回应任何关照他们的人，这对于他们早期的生存和健康是最有力的——这种灵活性可能是在进化过程中演化而来的，成为一种有适应力的反应，以应对孩子出生时母亲死亡的风险。天生偏好和反应灵活性是贯穿一生并且在出生时就已经出现的人类特征。

互利互惠的互动是通过试错而断断续续地建立起来的。婴儿的早期焦虑建立在不安的身体感受上：饥饿、渴望吸吮、胃部不适、解除束缚、疲劳，以及渴望触摸、拥抱和偎依等形式的身体接触。在新生命的开始两三个月，父母的大多数育儿工作就是为了帮助宝宝从这些不安的来源中得到缓解。正如在有关气质的章节里所说的，宝宝们的易怒水平有差别，就像他们在被安抚的容易程度上也有差别。但是，每个宝宝都可以学会控制焦虑，只要照料者能够确定对孩子最有用的具体干预方法。

因为婴儿不能照料自己的需求，而且他们不得不依靠其他人，所以身体的愉悦和焦虑很快就获得了某种社交属性。父母和宝宝可以在喂奶、换尿布、洗澡、穿衣服和入睡的时候，相互对望、细声软语、微笑、说话，以及偎依。或者相反，照料的过程也可以是短暂的、突然的、不耐心的，或者仅仅是就事论事和公事化的。

　　早期体验所造成的感觉教会了宝宝很多，关于可以从人际关系中获得什么预期。如果因饥饿而大哭的宝宝获得了及时且充满慈爱的喂奶，那么他就学到了，在他的求助呼唤和成功结果（以父母表现出恰当的养育反应的形式）之间存在着某种关联。当这种体验不断地重复，婴儿就能学会，饥饿或痛苦的折磨不会一直持续。只要他给出一个信号，就会得到帮助。这样的宝宝能够学会，在面对内在压力时等待希望。父母的敏捷反应能帮助孩子把焦虑控制在可以掌控的范围内。事实上，在孩子还不能保护自己之前，父母要保护孩子以免体验到无法控制的焦虑感。

　　如果婴儿大声哭泣了很长一段时间，却什么回应都没有得到，那么他就会开始形成一个非常不同的内在体验。他发现自己的需求信号并不有效，而且他无法学会需要和获得之间的因果联系。随着身体不适感聚集，焦虑的情绪也会出现，而且这种焦虑状态将会一直持续。绝望取代了希望，而且他的面前只剩下两类反应方式向他开放：瓦解为发狂的、生气的哭泣，或者退缩到无精打采的睡眠中。父母不但没有保护孩子免受焦虑的煎熬，事实上，他们反而成了孩子焦虑的原因。

　　在很多互动领域里，都可能出现宝宝的信号和父母的反应之间缺乏同步性的情况。婴儿恳求似的微笑，却被父母忽略了；黏着父母，却被仓促地放到床里；靠近父母，却被推开；发出求助呼唤，却没有被听见。当这些情感上的挫折成为常规而不是例外时，这些挫折塑造了孩子的自我感知和情感关系。那些在不安时很少获得帮助的婴儿很可能变得无精打采或者生气，而且经常哭泣。他们在尝试语言沟通或其他社交信号方面是比较滞后的，因为他们已经对给自己带来好的体验的能力失去了信心。

　　如果婴儿持续体验到他们的需求信号无法换来关注，那么他们可能会对照料者能否提供身体或情感支持滋生出长期焦虑，因为这些照料者习惯性地不给予回应，或者只是仓促、严苛地回应。婴儿没法充满信心地期待，父母会在他们有需要的时候给予回应。逐渐地，这种焦虑内化成为其自我感知和世界观中的必要成分。相反，需求信号获得了稳定且恰当回应的婴儿，内化的感觉是，他们是有价值的，值得被好好照顾。在信任别人的同时，他们学会了信任自己。[17]

妈妈和宝宝之间复杂精细的互利互惠关系，促使英国儿科医生和心理学家唐纳德·温尼科特说出了妙语："不存在婴儿这个东西。"[18] 他的意思是，婴儿的个性是在特定的母爱背景下展开的，他最本质的东西深刻地受到他所获得的照料类型的影响。同时，妈妈和爸爸可能也强烈地感受到"不存在父母这个东西"，因为所有的父母都是在自己的特殊背景下，对孩子的独特个性和具体需求进行回应的。同样的父母对自己的不同孩子也会有不同的回应，这依赖于他们在生命的不同时期感受到的安全和自信有多少，包括他们对自己、对成为一个父母，以及对每个特定孩子的个性特点是否感到自在舒适。父母可能会根据自己获得的家庭和社会支持的多寡，而有差别地回应婴儿和幼儿。同样的父母，可能会按照自己的具体背景而给不同的婴儿和幼儿提供不同的资源。父母在抚养一个幼儿时可能会因为经济问题、家庭矛盾或者其他原因而担忧，但如果在下一个孩子出生时，这些问题都得到了解决，那么他们对自己和自己的育儿角色都会有不同的感受。

妈妈是多么独特

研究表明，一般来说，妈妈比爸爸花更多时间陪伴年幼的孩子，[19] 也更多地参与育儿和安抚活动。[20, 21] 对宝宝来说，妈妈是特别的，因为他们从孕期开始就共享亲密的身体和情感体验。但这并不意味着只有妈妈，或者没有别人而只能是妈妈。这种认识可以帮助婴儿对人际关系感到有安全感。儿童在多种不同育儿环境中都能茁壮成长，只要他们和少数能够稳定回应他们需求的照料者建立满意的人际关系。爸爸、养父养母、同性父母、单亲父母、祖辈父母和其他成人都可以同样好地抚养一个孩子。

在过去20年里,无论是异性恋家庭,还是同性恋家庭,或者是单亲家庭,爸爸都逐渐更多地参与到育儿中。精神病学家凯尔·普鲁特(Kyle Pruett)研究了一组家庭,这里的爸爸是主要的照料者,而妈妈则出去工作。他发现,那些男人的养育能力远远超过养育孩子的任务要求。那些孩子则在爸爸的照料下茁壮地成长。[22]

这并不意味着,父母角色在孩子生命中的任何时期都可以互换。那些和爸爸妈妈建立了坚实的情感联系的孩子,在遇到生命中的特定问题时,会有差别地向父母中的某一方寻求帮助,比如向其中的一方寻求安抚和确信,而找另一方寻求探索和玩耍。妈妈有时候抱怨,孩子把她们看作是照料者,而不是玩伴。当爸爸发现年幼的孩子持续大哭并且坚持要找妈妈时,会感到受伤。对于相同性别或者不同性别的父或母的偏好,可能在儿童发展过程的不同时期发生了变化。同性恋父母报告说,同一个孩子在不同时期和不同情境下会偏好父母中的某一方。

事实上,婴儿从非常早的时期开始,就和不同的人建立了不同的人际关系。在4周大的时候,他们已经能够按照可预测的独特方式,分别对妈妈和爸爸进行回应,而且这两个模式都不同于他们在回应陌生人时的那种更模糊的反应方式。[23] 到12个月大时,婴儿就能和父母中的某一方建立安全的关系,而和另一方建立焦虑的关系。[24] 父母在之前几个月对孩子的敏感度和响应度,将强烈地影响这些不同的模式。从这种意义上讲,生命的头12个月充当了一个试验场,婴儿从中学到,她可以从生命中的重要他人那里预期到什么。

孩子和父母或照料者建立的焦虑关系对孩子的情感发展有多大影响,依赖于这个人在孩子生命中的核心程度。在一组主要由妈妈抚养的中产阶级孩子中,相对于那些在前18个月与妈妈建立了安全型关系的学步儿,那些在12—18个月龄时对妈妈感到焦虑的学步儿,在6岁时感到更加缺乏安全感。相反,在这一组中,和爸爸的关系出现了早期焦虑,并不能预测后来的不安全感。[25] 对于这些孩子,妈妈是更加核心的照料者,他们和妈妈的关系明显地影响着他们的情感发展。

婴儿的主要常见焦虑包括害怕失去妈妈和分离焦虑。不安全的依恋关系尤其能有力地预测这种焦虑。在6—10个月大时,婴儿开始精力旺盛地抗议妈妈的离开,之前他们能够优雅地接受替代者,现在则是非常不情愿。在多种环境和心境中经历了多样的互动后,婴儿已经变得强烈地、不容妥协地依恋于主要照料者了。

联结的质量具有很多个体变异性。它可能是安全的或者焦虑的;是热情洋溢的或者情感淡漠的;激烈的或者平静的;冲突的或者和谐的;简单的或者复杂的;摇摆不定的或者全心全意的。它可能是这些东西的全部;也可能在不同的时期是不同的东西。最重要的是,它还只是联结本身而已,它的威胁还没有在婴儿的内心和心灵里释放出强烈的对抗。

一旦对分离和失去的焦虑萌生了,它就会变成一种稳定的人类伴侣。个体无法建立亲密、强烈的情感关系,也不能幸免于对这段关系的稳定性和永恒性的焦虑。一些成人(以及一些婴儿)更容易感受到这种焦虑,并且比其他人更容易体验到这种焦虑,但是对失去亲人的恐惧是爱的黑暗面,它总是存在但又常常隐藏。躲猫猫和捉迷藏游戏,在很多社会中都以某种形式出现,它美好地展示了人们回应幼儿分离焦虑的一种跨文化智慧,并且使用了孩子们最能够理解的语言:游戏。通过玩出现和消失的游戏,成人帮助婴儿和幼儿学到,人们在离开之后会再回来。这让孩子确信事情正如其应该的样子发生,这为非常年幼的孩子的心理健康提供了重要信息。

学步儿期的焦虑

12个月大的婴儿带着丰富和成熟的情感世界,进入生命的第2年。他和妈妈、爸爸、祖辈、兄弟姐妹、保育员,甚至是家里的猫或狗——这些都是

有特殊意义并且不可替换的——形成了不同的关系层级。就他的幸福感而言，这些人中的一些比其他人更加重要，而且他拒绝并且抗拒与他们分离。但是，他也习惯了由其他熟悉和可信任的人作为替补，直到他们偏爱的依恋对象回来。一个 12 个月龄的宝宝在主要的依恋关系中感到越安全，就越能够在第 2 年里对特殊挑战进行协商。

正如我们在本书前面所看到的，分离焦虑的发展历程是，在大约 18 个月龄时会变得最尖锐。这似乎是矛盾的，就在学步儿经历渴望离开妈妈身边的时候，分离焦虑反而增强了，但是，这又是理所当然的事情。远离妈妈的动力需要一种同等强度的心理抗衡力，让学步儿至少偶尔可以保持在妈妈的触及范围内。分离焦虑提供了这种抗衡力。

正如其他每一件事情，分离焦虑在第 2 年变得更加复杂。在生命的第 1 年里，妈妈的敏感回应足够缓解宝宝的不安。而现在，学步儿的内心做着斗争，他既想要又不想要妈妈的帮助。他希望成为做决定的那个人，但最经常的是，他无法自己决定。

学步儿内部挣扎的目标常常是妈妈，但是他正在试图解决的问题实际上是一种内部矛盾。他一边说"我仍然需要你"，一边又在抗议"但是我可以自己完成"。这种内心的潜台词说明了学步儿坚持主见下的自我怀疑，"我真的可以自己完成吗？"，以及"即使我把你赶走，你还会在那里帮助我吗？"。在学步儿阶段，混合的信息是常见的，因为复杂的情感问题通常都是复合的问题。

对失去父母的爱的恐惧

随着成长中的学步儿更加意识到构成正确和错误行为的是什么，另一个焦虑来源就冒了出来：害怕批评和担心失去父母的爱。

> 马里奥和妈妈狠狠地吵了一架。妈妈向他大喊，让他回自己的房间。他拒绝了。她抓住他的手臂，把他带回他的房间，并且关上门。他尖叫。她坐在紧闭的门外面，带着愤怒、无助和内疚的心情在颤抖。在他们的情绪平静下来后，他们安静地讨论刚刚发生的事情。妈妈告诉马里奥，她非常抱歉刚才向他发脾气了。马里奥问："当你对我生气的时候，你仍然爱我吗？"妈妈回答是的，并且说："那当你对我生气的时候，你还爱我吗？"马里奥沉默了1分钟，然后说："啊，我不知道。"他停顿了一会儿，补充道："晚一点我就会爱了。"

马里奥正在为一个问题而挣扎，他持续地觉察到一个人在愤怒中的爱。学步儿逐渐增强的自我意识使他们能够更加近距离地仔细觉察自己的感受，并且提出很多有关什么感受在什么时候出现，以及不同的感受如何相互适应的问题。他们试图理解自己以及他人的矛盾感受。

学步儿对失去父母的爱感到焦虑，因为他们体验到的是：自己在对父母生气的时候就不再爱父母了。由于认知的局限性，年幼的儿童发现，很难理解他人可以在一个特定的情境中有不同于自己的感受。所以，一个年幼的儿童不能相信：即使自己在某个特定时期感觉不再爱父母了，他们也仍然会爱他。实际上，这种知觉可能是非常准确的，因为在吵架中途，即使最关爱自己的父母也会让人难以感觉到爱。父母的愤怒是那么生动和真切，以至于它让孩子相信，他所害怕的失去爱（这是终极的灾难）最终发生了，并且会一直持续。这就是为什么在一次吵架之后进行和解很重要：父母的确认对学步儿的情感健康有着极大的重要性。

身体焦虑

第 2 年和第 3 年的焦虑并不是全都基于分离和失去。身体，那个老捣蛋鬼，继续诱发着恐惧。到现在为止，有关消化、饥饿和吸吮需要的早期焦虑，应该掌控得很好了，但是随着新挑战的出现，新的不确定性也随之而来。

在学步儿期，损害身体的可能性被放大了，因为年幼儿童既知道他们可能会被伤害，也知道身体的某些部分会伴随他们，但是另一些部分（如头发、指甲、尿、屎）会被切除或者冲走。所有文化似乎都发展出一种游戏般的仪式，帮助年幼儿童面对这种焦虑，比如亲吻小伤口，使之离去。

孩子究竟能多么真实地感受到这种焦虑，将在下面的文摘中展示。这段文摘阐明了，为了安抚年幼儿童而努力理解其误解的重要性。

> 3 岁的希拉里和她 8 个月大的弟弟，正在拜访他们的叔叔和婶婶。婴儿正在开心地吸吮着自己的脚趾头。为了搞笑，叔叔把番茄酱涂到婴儿的脚趾头上，并且开始发出响声地吸吮它。婴儿泰然自若地接受了，但是希拉里大哭起来，并且大声地呼喊着要叔叔停下来。爸爸坐在希拉里旁边，他温和地问她，是什么让她如此担忧。希拉里很努力地才在哭泣声中解释道："因为当叔叔吸吮宝宝的脚趾头时，他会把脚趾头吞下去的！"

排便和排尿可以在学步儿中造成极大的焦虑，因为它们会造成身体上的不舒适感受，这些是孩子不能控制的。尤其当孩子容易有消化道痉挛、腹泻或者便秘时，就可能将排便联系到来自体内的威胁感。

如厕训练的压力通常在学步儿中造成焦虑。当儿童因为有动力长大而学会如厕时，这种焦虑会变小，或者可能不出现。当父母在他们做好准备之前，要求他们控制身体功能时，如厕训练就可能造成有关是谁在控制孩子身体的焦虑，以及孩子无法达到父母的标准而产生的羞耻感。第 8 章提供具体的指南来帮助父母决定，什么时候开始以及应该如何进行儿童的如厕训练。

身体焦虑的另一个来源是性别差异。在大概15个月龄之前，儿童就变得非常关注男孩和女孩之间的差异。他们还不能清楚地提问，也不能把自己的担忧用言语表达出来。但是从他们的行为来看，很显然他们已经意识到身体的差别了，而且他们可能会担心自己具有或不具有另一性别所具有的东西。在一项涉及托儿所里的70个男孩和女孩的纵向研究中，精神分析学家赫尔曼·罗菲（Herman Roiphe）和埃莉诺·加伦森（Eleanor Galenson）观察到：儿童从15个月开始密切地观察自己以及彼此的生殖器官，他们其中有一些人对差异表现出不安。[26]

托儿所的老师非常清楚这种现象。其中一位老师描述了一个男孩，他叫提摩西，15个月龄，他在老师更换一个小女孩的尿布时，全神贯注地在旁看着。当轮到给他换尿布的时候，提摩西跑开了，他藏到一张小床下面，尖叫着"不要！不要！"他之前从来没有这么做过。很可能，提摩西并不理解性别差异的来源，他害怕换尿布会让自己看起来像他看到的那个小女孩。老师猜到了这种恐惧，就说："提摩西，我在给你换尿布的时候不会伤害你的。你是一个男孩。而且你会一直是一个男孩。琳赛是一个女孩，她没有阴茎。"这个解释起作用了。提摩西允许自己的尿布被换下来。这个互动表明，有知识的、不急迫的、敏感的照料者，在帮助年幼儿童缓解担忧上非常重要。

未知的焦虑

贯穿整个生命周期，那些年龄特定的焦虑来源都与生命任务有关，对于这些任务我们仅仅是不完全地了解，并带有很多幻想。对于年幼的学步儿，这可能围绕着活动和如厕训练；对于较大的学步儿以及三四岁的孩子，则是围绕着男孩和女孩的区别，以及婴儿是怎么生出来的；对于年轻的成人，是围绕爱的秘诀；对于老年人，则是围绕死亡的奥秘以及远方世界。

我们倾向于害怕我们不知道的东西，学步儿也不例外。让事情变得更复杂的是，他们常常得到错误的结论，因为他们的推理能力仍然是基于自己的愿望和恐惧，而不是基于客观的信息。另外，学步儿旁听了很多他们还无法理解的事情。成人并不总是编辑自己的对话好让学步儿能够理解，通常他们甚至不知道孩子正在听。但是，对于自己旁听到的事情，学步儿的个人理解是充满痛苦的。

飞利浦，27个月龄，开始拒绝到院子或游乐场里玩耍，而且发展出对外出的强烈恐惧。当哥哥翻开一块石头去看它下面的虫子时，飞利浦开始尖叫，自此他的恐惧来源变得清晰。在爸爸的耐心询问之后，飞利浦哭着说："有坏人在一块石头里面，但我不知道是什么石头。"他的家人曾焦虑地谈论过伊拉克战争，这是他对该讨论的最好解读。

如果学步儿对父母比较有信心，相信他们愿意倾听自己和为自己做出干预，那么他们关于父母的爱、身体如何运转，以及世界是如何构成的焦虑都是易于应付的。在任何年龄，如果一个人独自面对恐惧，那么恐惧就会被放大。飞利浦能够信任父亲，并告诉他有关"坏人在石头里面"的信息，是因为爸爸对于理解孩子不安的原因，表现出清晰而且坚持的兴趣（"告诉我是什么让你害怕。是在外面发生了什么事情吗？是那些虫子让你害怕吗？"）。如果将飞利浦拒绝外出的事情视为无理取闹或荒唐，并因此而忽视，那么他可能会在更加长的时间里默默遭受不必要的折磨。

可应付的焦虑是什么

在大多数理想的情况下，孩子可以通过接触适量（不多也不少）的焦虑，而学会应对焦虑。根据孩子的年龄和气质，可应付的焦虑数量有所不同。它可能也会随着文化价值观而变化。但是，即使在特定文化里，对于多少焦虑、挫折或者压力才是"刚刚恰当的"，有知识的成人的看法也是各有不同。并没有数学公式可以精确地计算，孩子在成长过程中究竟能够容忍多少数量的焦虑。这就是为什么育儿是一门艺术而不是一门科学，这也是为什么父母在考虑孩子能够容忍多少焦虑的时候，需要思量个人的因素。

但是，我们可以接纳一些不同的可能性去指导我们思考这个问题。让我们回到新生儿会因为饥饿而大哭的例子上。如果父母马上回应，那么婴儿就会兴致勃勃地吃完，然后平静地入睡。如果延迟足够长以至于哭泣快速地升级，那么婴儿就不会在得到食物之后马上被安抚下来。他含着奶嘴也会继续哭泣，甚至还可能被正在流淌的奶呛到。如果用时间单位来看这个图景，我们会发现，当妈妈在 90 秒以内回应宝宝的哭泣时，宝宝只需 5 秒就能平静下来；如果妈妈等待了 3 分钟再回应，那么宝宝需要大概 50 秒才能被安抚下来。[27] 换句话说，回应时间翻倍，会导致婴儿哭泣的时长增加到 10 倍。一旦婴儿的不安超出控制范围，就会更难帮助他重新组织情绪，并重新参与到现实生活中来。

在这个情境中，并不难推测什么是可应付的焦虑。一个饥饿的新生儿没有内在资源让自己在等待食物的不安中不崩溃。但是，随着他长大，他将有更多的经验去调节内在线索，并且有一个让人安心的内在预期，即他饥饿的信号会可靠地被父母关注到。在父母的语言确认下，他能够忍受饥饿，并能够通过多种活动让自己分心，包括观看父母准备食物。他学会带着信任等待。

学习应对学步儿期的焦虑遵循一个相似的过程。当学步儿不喜欢正在发生的事情时，他就会发脾气，并且大声地抗议。如果他们从发脾气中恢复过来，回到正常的自我状态，那么这种导致发脾气的经历很可能是一种可应付的焦虑。这种经历实际上是有价值的，因为它能帮助学步儿学到，挫折和焦虑是一种不愉快的状态，是生活的重要组成部分，是可以忍受的。如果父母能提供帮助和支持，那么学步儿就能学会应对失望和不安的情境，还能因此变得更加灵活和坚强。发脾气也会减少，并且最终不发脾气。

等他们成为学前儿童，他们就可以更好地控制自己的行为了，并且开始说出自己想要什么，以及如果没有得到会如何感受。他们不会因为失望而感到被压倒，也不再假设自己天生就有权利让所有事情都按照自己的想法进行。

游戏和对焦虑的控制

如果焦虑可以被控制好，那么它就是一种非常有用的情绪。孩子有冲动去掌控与其年龄相符的焦虑，这些冲动能够非常有力地激励他们学习。当孩子的能力受到困难的考验但没有被其淹没时，掌控是有可能的。相反，如果父母过度仁慈，并试图让孩子免受发展上所必需的挫折，那么他长大后将不确定自己的应对能力，并且在面对即使是微小的考验和磨难时也会变得焦虑。

学步儿是如何从焦虑中学习的呢？焦虑作为一种信号，警示某些危险的东西将要出现，但是还没有发生。这给予孩子机会去寻找方式来应对危险。这种寻找，以及孩子找到的最终解决方案，促进将焦虑转化为发现的乐趣。把焦虑转化为掌控的过程，是创造力发展的一个基本成分。

西西莉15个月龄，她的父母晚上要出门。虽然她很喜欢临时保姆，但她还是大哭了。随着夜晚的时光缓慢地流逝，她在开心和烦躁之间交替，既享受与保姆的游戏，又流着眼泪呼唤妈妈回来。然后她发现了一个游戏：她爬到小床底下，紧紧地闭着眼睛，等了一会儿，然后，在她等待保姆去"找到"她的时候，她无法控制自己，大声地喊"我在这里"。她玩了这个游戏无数次，每当她被找到时就开怀大笑。这个即兴发挥的捉迷藏游戏帮助她联系并且强化了正在形成的知识，妈妈总是会回来的，正如西西莉可以被藏在视线以外，然后又被看见。

拉菲，20个月龄，他刚刚发现女孩没有阴茎。在一段异常长的时间里没有听到他发出的动静之后，妈妈发现他坐在自己的房间里，下半身光着。他沉迷于用一个塑料杯子盖住他的阴茎，再掀开。他正在检查它是否总是在那里，即使当它不被看见的时候。他对于身体完整性的焦虑导致他进行了一次科学实验，他系统性地重复以确定结果可以从一次尝试推广到下一次尝试。

迈克尔的妈妈得了流行性感冒，而且已经几天没有上班了。家人允许24个月龄的迈克尔进入妈妈的房间，但是不许他走到妈妈面前，因为担心他被传染。他坐在那里安静地看了妈妈很长时间。然后他捡起一个娃娃，他把这个娃娃从头检查到脚，试图去发现"她有什么问题"。他用手臂温柔地抱着娃娃。然后他转向爸爸，并且高兴地宣布："现在都好了。"

游戏是学习控制焦虑的一种主要途径。这给予孩子一个安全空间，她可以在此自由地试验，搁置身体和社会现实的规则和限制。在游戏中，孩子变成了主人，而不是臣仆。她成了做决定的人，而不是那个必须遵守成人的决策的人，也不是那个无论生活带来什么都必须忍受的人（从妈妈生病，到令人苦恼的某个发现）。游戏让孩子超越了被动，变成周围所发生事情的积极行动者。

艾瑞克·埃里克森提出了一个理论，他认为游戏是人类终身习性的童年版本：建立场景模型，用不同的方式来试验对现实的控制。[28] 在游戏中，孩子再现了过去的事件，并且在这个过程中，通过"演出来"缓解了刚发生的事情所滞留的焦虑和恐惧，就如成人通过"说出来"得到情感上的释放那样。

25个月龄的杰西卡被摘除了扁桃体。虽然从医学角度来看，手术进展得很顺利，但是对于这个小女孩来说，压力太大了，包括被推着离开父母去做手术，然后忍受好几天的疼痛。回家之后，她变得一反常态地黏着妈妈。她也很容易暴跳如雷。这个时期，她是如此焦虑，以至于她的游戏片段都是很短暂的。父母会通过复述曾发生过的事情来帮助她，她也会专心倾听、偶然询问问题并主动提供自己知道的细节。在后面的4个月里，她对于分离和身体损伤的焦虑得到了缓解，杰西卡不想再听关于手术的内容了，但是她开始把这演出来。她变成手术医生，对她的玩偶做手术，在她对玩偶做手术的时候，她对自己的玩偶变得很生气，这反映了她的知觉，她感到手术是对她身体的一次攻击性入侵。当父母干涉到游戏中，并试图给出一个让人安心的转折时，杰西卡变得生气并停止了游戏。孩子的反应让父母意识到，虽然看到孩子用这样的方式游戏时，他们会感到不安，但是孩子需要找到自己的方式去表达和修复她在困难遭遇中感受到的愤怒和无助。

游戏帮助孩子了解过去发生的事情，同样重要的是，也给予未来正确的方向：给让人烦恼的情境一个"快乐的结局"。

  玛利亚的父母在孩子面前大吵了一架。玛利亚32个月龄，她默默地看了一会儿，然后冲他们大喊："不要吵架了！那样不礼貌！"后来，她用她最喜欢的两个填充动物重演了那次吵架。她替每个娃娃说话，模仿父母的声音和生气的语调。然后她让娃娃们抱在一起，说道："我们不要再吵架了。"

幽默是管理焦虑的强大工具，学步儿很开心地发现自己使用这项工具的能力在上升。他们甚至开始尝试一些恶作剧，取材于自身的脆弱以及父母的规则和恐惧。

伊登，28个月龄，他爬到厨房的桌子上，这是父母曾经反复禁止的一项活动。他站得非常靠近边缘，假装要摔下来，然后眼里闪着光芒地大喊："救我！救我！"（对于他的智慧，父母并没有像他那么感到得意。）

学步儿可以非常厉害地突然投入游戏中，将此作为一种方式来应对有压力的互动并试图去修复，正如下面的例子。

卡米拉，24个月龄，她的头发刚刚被梳成一条马尾，这是妈妈正在试图固定的头发造型。作为回应，卡米拉扯下了扎头发的橡皮筋。妈妈变得非常不耐烦，直接问道："为什么你那么做？"卡米拉没有回答，她背对着妈妈，坐在地板上，捡起一只玩具斑马，并且开始用它敲打地板，同时发出生气的声音。她用另一只手拿了一只玩具马，然后让两个动物相互"大喊大叫"，每个动物发出不同的声音，声音既响亮又生气。之后，她转向玩具屋，拿了一条毯子，让一只动物躺在床上，并且用毯子包裹好另外那只动物，接着用一个安抚人的音调说："嘘……"

当儿童知道一些事件与吓人的结局并没有联系时，他们就适应了很多原本会诱发他们焦虑的情境。他们发现，妈妈的不耐烦并不是终结，而且可以被修复。他们学会，剪一次头发并不会受伤，而且头发会重新长回来。他们发现，多数不熟悉的情境是能够忍受的，甚至可能是有趣的。更重要的是，他们学会，人和物在它们看不见的时候并不会消失，妈妈和爸爸肯定会回来，他们可以在父母不在的时候与其他人一起度过快乐时光。

在儿童的象征式游戏中，父母扮演什么角色呢？父母可以帮助学步儿将他们对特定情境的焦虑演出来，给予孩子这样做的空间，支持他们，但是不要为他们设置脚本。游戏的本质是自发性，而且学步儿比成人更明白怎么做更好。父母可以给予许可，也可以跟从孩子的带领，但是他们需要小心，不要干预孩子的步伐，不要把自己的日程表过早地强加到孩子正在试图通过游戏来解决的事情里。同时，父母可以通过和孩子玩游戏，以及在孩子无法靠自己的时候，找出方法引入保护性主题，为孩子提供安慰。当孩子无法通过靠自己玩游戏来找到一个解决恐惧的方案时，游戏会变得刻板重复或失去控制，这时，这些好玩的互动可以为父母提供新的视角和替代方式，帮助孩子释放想象力。

持续强烈的焦虑

焦虑有其用途，但也有其损害之处。作为教育机制的焦虑，当它超过了学步儿的应对资源，就会失效。此时，实验、游戏和幽默不再存在，而孩子也无法从那段经历中学习。

当学步儿常规地体验到恐惧或焦虑，他们必须求助于极端的心理措施，在减少内心崩溃的同时保持正常运作。这些措施是对不可忍受的心理痛苦的防御。虽然这些反应在控制焦虑上是有用的，但是它们涉及很高的心理代价，因为它们限制了孩子评估现实、感受和学习的能力。

什么情境会导致无法应对的焦虑呢？这个问题的答案对于不同的孩子而言可能是有差异的。不同气质的学步儿在不同情境里的体验是不同的，在同伴们感到激动和高兴的场景中，一些孩子可能变得强烈焦虑，因为他们倾向于把不熟悉的事物和潜在的危险联系起来。学步儿第 1 次遇到游泳池时的不同反应，就是一个很好的例子。一些学步儿可能感到很害怕，并且恐慌地退缩；另一些则怎么玩水都不足够。虽然存在个体差异，但是有些情境在所有学步儿中都会诱发强烈的焦虑。

- 目睹或经历非常吓人的或创伤性的事件。在生命的第 1 年，这种事情的发生频率还是非常高的。大众观点认为年幼孩子过着无忧无虑的生活,事实与之相反,他们比年长的儿童更有可能遭遇虐待[29]、目睹家庭暴力[30]以及经历意外[31]。

- 持续地和父母分离,尤其当孩子熟悉的、令其感到舒适并且信任的替补人员也缺席时。
- 遗弃或者严厉惩罚的威胁。这样的威胁是吓人的,因为这让孩子怀疑父母的基本关爱和保护他们的承诺。常见但具破坏性的威胁有,"如果你不跟着来,我会在这里离开你""我会打电话来带你走""我不再爱你了""我不再喜欢你"等,父母常用这些威胁来控制他们的学步儿。
- 全面的批评性评语。这会造成焦虑,因为这让孩子相信自己本质上是坏的。常见的例子有,"你是坏孩子""笨蛋""你太倔强""你从来不听话"。
- 因父母的感受而责怪孩子。这样的责怪会让孩子相信自己是危险的,他们只是做自己就能伤害父母。比如,"你会杀了我""你会让我得心脏病""你让我筋疲力尽"。
- 重复或严厉的体罚,或者威胁进行体罚。这让孩子感到害怕,他们会观望并试图预期将会发生什么。经常的体罚,比如打屁股,也教给学步儿,打人"可能是正确的",以及当一个人比较强壮并且可以逍遥法外的时候,打人是可以的。
- 不可预测和频繁地更换照料者。这让学步儿感到焦虑,因为他们无法在父母离开时依赖于一段稳定的替补关系。
- 嘲笑学步儿的恐惧。这让他们感到孤独,因为他们对于世界是如何运转的以及什么将会发生在自己身上,真的感到非常焦虑。反过来,如果把孩子的焦虑看得过于严肃,则会造成另一种风险,使孩子确信那个危险是真的,以至于父母也很害怕。
- 对一个孩子特别偏心。当父母稳定地表扬一个孩子而不是另一个,或者总是护着其中某个孩子时,不受偏爱的孩子可能会内化这个信息,认为自己的需求不像那个被偏爱的孩子的需求那样受到重视。同时，不受偏爱的孩子可能会变得高要求、生气和怨恨。

- 父母过度担心孩子的身体安全，总是在孩子身边徘徊，并且不停地提醒学步儿要小心，即便不存在即将发生的危险，他们也会说"你会摔倒""你会磕到脑袋""你会受伤"。对预期危险的过度担忧可能会转移给孩子，他们可能会把世界看成到处都是危险的地方。这样的学步儿感到很矛盾，一边是自己的探索冲动，一边是父母认为探索注定会造成伤害的信息。两者存在巨大的鸿沟。

- 父母过度关注对孩子的智力培养。当父母过于有意识地去提高孩子的认知技能时，他们倾向于把日常生活的每个方面都视为教育和测试孩子知识的机会。在这种心理框架下，他们很容易忘记，早期学习的最有效方法源于自发的、有乐趣的互动，因为这些是对孩子的兴趣的回应。过度结构化地努力教育学步儿，可能造成他们对成绩的早期焦虑，因为孩子开始把学习联系到父母的赞许，而不是把学习联系到掌握适龄技能的内在乐趣。

- 父母过度关注孩子的内心生活和心理健康。一些父母对孩子的情绪变得过于敏感并且太想及时回应了，以至于他们过于关切地试图去理解孩子在想什么和感觉如何。他们可能会问很多问题，并向孩子详细地解释他正在感受什么，以及为什么；他们在所有情况下都试图减少孩子的挫折；在孩子对他们感到伤心或者生气的时候，他们感到非常担忧。那些在如此密切的关注下长大的年幼孩子可能会对负面感受变得过度焦虑。他们努力通过一种快乐的、宜人的和合作的举止来讨好父母，但是这种举止是不可能维持的，这可能会成为始于学步儿期却持续终生的焦虑来源。

这份有关产生焦虑的情境清单已经足够长了，长到父母都想问，自己是否可以把任何事情都做正确。好消息是，这全是平衡的问题。所有父母都会偶尔做出让孩子焦虑的事情。通常来说，这并不会很成问题。我们的孩子足够爱我们，他们能原谅我们的错误，并且继续成长。当焦虑的数量在可应付范围时，焦虑可以深入构建应对资源，父母和学步儿都会变得更好。只有当一个人在任意方向走入歧途太多并且太经常时，才有理由需要担心，当学步儿感受到过多的焦虑以至于无法忍受时，他们会富有表现力地告诉我们的。

应对难以应对的焦虑

每个与强烈的焦虑挣扎的儿童都会发展出情感策略来防御它。这些防御中有很多可以理解为生物学语言中的"战斗、冻结或逃跑"反应，这是应对紧急危险的生物基础。[32] 换言之，做出可以远离不利情境的行为的儿童，他们在身体上、情感上或者认知上会变得"僵硬"，因为他们不知道如何应对危险，或者如何带着愤怒和攻击去回应。有时候，同一个学步儿可能会在不同情况下表现出不同的模式，比如对父母是退缩，当被要求去表现时就变得不能动，以及对照料者或同伴则是斗争的。其他孩子则可能在不同时期对同一个人表现得有时退缩，有时愤怒。

作为对压力的一种回应，所有的学步儿都会在某个时间点展示出这些行为的一些或者全部。比如，婴儿期的攻击行为是一种表达愤怒的自发方式，并且被认为是一种可预期的发展现象，通常发生于孩子应对挫折时，或者没有能力实现目标时。[33] 不服从也是发展上可预期的，是练习自主性的一个里程碑，它通过多种形式呈现出来，包括简单地拒绝、积极地违抗、打破规则，以及忽略要求或指令。[34] 只有当模式过于强烈和普遍，以至于它每次都困扰孩子好几个星期或者几个月，干扰孩子从情感关系里获得整体愉悦，并且影响孩子的探索和游戏时，才是一个比较严重的问题。

回避。身体退缩（或者"逃跑"）以远离父母是对不可忍受的焦虑的一种常见防御机制。它通常发生在，当学步儿经历了延长的分离后与父母重新团聚的时候，这次分离已经给他的应对资源造成了压力。[35] 孩子可能会不向父母问好、转移他的视线、转过身来、走开，或者背对父母坐着。在更加严重的情况下（比如在一周或更长时间的分离之后），孩子可能看似认不出父母，这是一种可以持续几分钟至几小时的反应。

在非常严重的反应中，虽然学步儿最终可能会认出父母，但是他们对父母的回应方式是冷淡的、疏远的，他们对父母带回来的玩具表现出较大的兴趣，而对彼此的互动则没有兴趣。这种极度形式的回避被命名为"疏离（detachment）"。[36]

可以将回避理解为，孩子在努力地控制对父母行为的愤怒。在延长分离和后续重聚的例子中，孩子困在两种情绪之间，一种是他们对于被留下来的愤怒，另一种则是，当父母回来时，他们的激动和如释重负。回避可能为孩子提供了一个临时空间，去梳理那些强烈的矛盾感受。在一次充满压力的分离之后，孩子的情感过于脆弱，以至于他们不敢冒险立即去公然地表达自己的愤怒情绪，在他们的理解中，愤怒可能驱使父母再一次离开。

很多学步儿在最初的回避行为之后，会变得过度黏着父母和有攻击行为。似乎，他们只有在确信父母真的回来了而且不会再离开之后，才允许自己表达各个方面的感受。

战斗。攻击行为是对感知到的危险做出"战斗"反应的最直接表现。虽然所有的学步儿都会偶尔参与到攻击行为中，但是少于10%的学步儿会被报告为"经常"打人。[37, 38, 39] 在17—42个月龄期间，通常会出现攻击行为上升的模式，然后到学前阶段，随着孩子学会使用语言并获得解决问题的能力，这个模式逐步消退。[40] 攻击行为似乎是在健康的发展过程中"被忘掉的"。

学步儿也可以通过目睹的或自己作为受害者的恐怖经历，而学会攻击他人。经常攻击他人的学步儿会被贴上令人痛苦但又非常常见的标签，比如"小怪兽""可怕的讨厌家伙"或者"怪兽"，因为成人不理解攻击反应是对恐惧和长期焦虑的防御。孩子把日常的互动感知为对自己的潜在攻击，并且学到，最好的防御就是一次好的进攻。当他们要洗澡、穿衣或上床睡觉时，他们会战斗；他们也会在没有明显理由的情况下打人、踢人或咬人；他们无休止地大发雷霆，之后表现出颤抖、疲倦和全身是汗。

自我惩罚是另一种攻击形式。这发生在孩子对父母非常生气，但是因为害怕受到惩罚而不敢表露愤怒时。于是攻击行为转向自己，以事故倾向、冒险和自我伤害的形式。孩子会咬自己或打自己。自我惩罚有一个无法解释的迷惑，为什么受伤带来的痛苦不能抑制这种行为。[41] 有可能，孩子并没有感到痛苦，因为他的情绪被过于强烈地唤起了。另一种解释是，实际上，学步儿寻找痛苦，是因为他们觉得自己应该承受。

破坏行为。众人皆知，学步儿常常出现发脾气、强烈抗议以及其他破坏行为。超过 80% 的学步儿在 2 岁之前就会发脾气，虽然发脾气很普遍，但不一定频繁。根据学步儿父母的报告，不到 20% 的 2 岁儿童会每天或者几乎每天发脾气，而且当他们长大到 3 岁时，就只有不到 10% 的儿童会频繁地发脾气了。[43] 发脾气、生气抗议、拒绝服从和其他破坏行为的性质和背景，是儿童体验的重要标志。当这些行为成为惯例而不是例外，或者当这些行为是持续的、极度强烈的、毫无来由的，以及对自己或他人造成伤害时，就有理由担心，孩子在势不可挡的情感体验上正面临着严重的困难。[44]

情绪转变。一些学步儿把自己的焦虑转变为行为，表现上看就像浮夸的兴奋或强烈的搞笑。他们一边满屋子乱跑，一边狂野地尖叫，发出无法停止的傻笑声，或者逐步升级游戏直到他们变得几乎狂躁。最终他们无法忍受这种过度刺激，然后突然流出眼泪。

将这些行为视为焦虑的外在表现，是因为它们在特定的环境下是不恰当的，正如下面的例子所阐明的。

- 当马蒂亚斯的爸爸用一条皮带威胁他时，马蒂亚斯边乱跑边狂野地大笑。

- 当乔舒亚的妈妈生气地向他扔了一个球，并击中他的生殖器官时，他皱眉蹙眼，然后大笑。
- 特瑞莎带着假笑看着妈妈，挑衅地向她的方向扔玩具。

这3个孩子全都在家里接触到高水平的攻击行为和过度惩罚。而且他们已经学会在一副假欢乐的面具背后隐藏自己的焦虑。

冻结和抑制。在应对一个诱发焦虑的情境时，一些学步儿通过变得僵住不动来表达焦虑，他们如同在半空中冻住一样。他们的脸变得毫无表情，并且无法解读。学步儿也可能表现出对探索的普遍抑制。他们对于靠近、接触和操作物品表现得犹豫，对于和不熟悉之人的互动表现得退缩。

这些孩子不会展现出这个年龄段最具特征的情绪广度，从热情洋溢的喜悦到绝望。他们的心境倾向于是冷静的，或者在最好的情况下是中性的。一些受抑制的孩子黏着父母，拒绝离开他们身旁，即使他们已经熟悉了周围环境。其他孩子倾向于同父母中的一方或父母双方都保持距离，虽然他们可能用警觉兼恐惧的神情看着他们。学步儿担心如果自己很自然、很随意，就会有什么事情发生在自己身上，所以他们用抑制来回应。

有一个小女孩叫艾丽塔，她使用这种反应模式，到了一种极致的程度。她从来不表现出愤怒、不安或者沮丧。她很少展现好奇心或者主动发起探索，她坐在妈妈腿上，会很长一段时间保持不动。

对于这个小女孩而言，抑制运动和情感是最安全的。妈妈的抑郁症非常严重，会闷闷不乐地坐很长一段时间，不能自拔。如果艾丽塔斗胆发起一个妈妈不允许的活动，那么妈妈的恍惚阶段通常会在对艾丽塔的大声呵斥中中断。比如，有一次艾丽塔从妈妈的腿上移下来，去捡地上的一条橡皮筋。她的妈妈大喊"不要！"，然后重重地打了孩子的手一下。艾丽塔扔掉那个橡皮筋，然后背靠着妈妈。

当抑制变得很严重时，孩子似乎会出现字面意义上的冻结，并且无法感受或者探索。[45]"冻结"状态可能会突然停止，然后孩子崩溃流泪，并且无法安抚地哭泣，同时东闯西撞。这发生在艾丽塔个案里，当治疗师给她一个玩具的时候，她的手指微微地动了，但是她并没有展开手心。治疗师用玩具触摸到她的手，试图鼓励她接着那个玩具，这时艾丽塔大哭起来，哭倒在地上。这种运动崩溃是冻结的另一面。孩子无法再控制自己内心的绝望了，而且她控制自己的努力在一次彻底的情绪崩溃中瓦解了。

抑制不应该同害羞或慢热混淆。害羞或慢热的学步儿完全有能力在自己对周围环境感到舒服的时候，体验各种各样的情绪，包括玩乐和自发的愉悦。他们也和其他孩子一样，能够与父母和照料者发展出安全的情感关系。相反地，受抑制的孩子似乎保持一种警觉的状态，他们总是准备着逃离危险。

自我保护中的角色反转。这种防御机制表现在父母和孩子之间的角色交换中，学步儿经常参与保护行为，而这通常是由父母完成的，而且学步儿格外地担心父母（尤其是母亲）的安康。焦虑、早熟的学步儿肩负起监察妈妈行踪的任务，不惜付出代价，甚至以牺牲游戏为代价。他们熟练地觉察到妈妈的情绪。当他们看到妈妈伤心的时候，可能会替她擦眼泪，或者给她递过去一块小饼干。他们可能问妈妈，她在离开家的时候是否带着车钥匙。他们以不可思议的方式，承担了母女或母子关系中的保护角色，他们把妈妈感知为脆弱的、需要帮助的。

当然，有很多学步儿在能力上非常超前，他们能够照顾好自己，并意识到父母的情绪，而没有过度焦虑。在焦虑、早熟的能力里，存在一种显著的矛盾，一方面是孩子表面的成熟，另一方面是并不匹配这个模式的其他行为，比如过度吸吮手指，拔自己的头发，或者强迫型自慰。过度依靠自己的另一方面可以在梦游和进食障碍中观察到。很多孩子也表现出一种广泛悲伤的心境，可能因为他们需要保持警觉，像大人那样表现，但这损害了这一年龄典型的情感自发和热情洋溢的特征。

当文化价值观重视独立和自力更生时，人们很容易忽视隐藏在早熟的应对策略之下的焦虑，也很容易表扬孩子，以为他成熟或者很有韧性，却忽略了这些技能所带来的代价。焦虑、早熟的能力最让人担忧的方面就是，孩子试图弥补父母无法为他提供帮助所造成的深刻的不安全感。这种能力的外部表现遮盖了痛苦的内心怀疑，关于自己的价值和是否值得被爱。因为这个原因，焦虑、早熟的能力可以变成"虚假自我"的基础，在此，让人印象深刻的外表隐藏了一种根本的恐惧，即害怕自己不够好。

学步儿的强烈焦虑可以被缓解吗

前文描述了针对焦虑的防御机制，如果我们理解它们对于孩子的意义，那么这些防御机制是可以被缓解的。当孩子不再需要用这些行为作为保护的武器时，他们可以减少甚至丢开这些行为。当父母开始觉察到孩子过度焦虑的原因，他们可以逐步地缓解它，减少孩子对早熟的防御机制的需要，因为这些防御机制限制了孩子的情绪自发性。

如果一些学步儿倾向于有持续或强烈的焦虑，那么就需要专业的咨询服务来理解起作用的因素，并帮助孩子和家庭学习应对策略去缓解它。婴幼儿期的心理健康专家是一些心理学家、精神病学家、社会工作者、职业治疗师、儿科医生，以及其他专业人士，他们在应对婴儿、学步儿、学前儿童和其家人的情绪方面接受了专门的训练。当孩子及其家人迷失于如何通过自己的资源来解决情感困境时，专业人士的服务可以带来巨大的帮助。[46]

事实上，有研究证据表明，对焦虑问题的早期干预可以有效地解决焦虑问题。为了调查我们的临床方法的有效性，我和同事设计了一项研究，我们在这项研究中发现，经过治疗，那些在治疗前已经有焦虑问题的学步儿，同那些一直和妈妈建立了安全型关系的学步儿一样，能够良好地运作。[47]特别是，这些学步儿在伙伴关系的维度上获得了高分，该维度测量了他们与母亲一起用协商的方式去解决矛盾的能力。在一个没有获得治疗的对照组里，焦虑的儿童没有显示出改善。治疗的积极结果源于我们与父母的合作，让他们理解孩子焦虑的原因，并找到方法调整他们的育儿方式，使孩子的具体需求能够得到更加及时的回应。大量证据证明，涉及儿童和父母的早期干预能够帮助那些处于各种应激和创伤性情境中的年幼儿童，让他们恢复健康的发展轨迹。[48]

促进情感上的安全感

要促进学步儿拥有情感上的安全感，最简洁的方法可能就是，在情感上及时回应，加上清楚而坚定的指导。母亲在生命第1年里对宝宝的信号的敏感性，与12个月时母婴依恋关系的情感安全感紧密关联。[49]这种安全感会变成孩子对自我和对世界的部分感知。所以，比起焦虑依恋型婴儿，安全依恋型婴儿通常长大后都能从容地、能干地应对后面的发展任务。明尼苏达大学的研究者曾经追踪了一组家庭长达30多年，从孩子出生前3个月开始，然后追踪母亲和孩子，直到孩子进入成年期，包括了一段孩子也变成父母的时期。[50]研究结果显示，早期安全依恋关系所产生的有益效果表现出了令人震撼的持续性。比如，安全依恋型的12个月大婴儿，长大成学步儿后与妈妈更加合作，并且在尝试完成困难任务时更加有恒心和热情。[51]到了3—4岁的时候，正如他们的老师所评价的，他们在幼儿园环境里能够和其他孩子建立更加和谐的关系，并且能更加融洽地相处。5岁的时候，他们在寻找问题解决方案上更加灵活。6岁的时候，同更加焦虑的同龄人相比，他们在情感上没有那么受限制，而且有较少的行为问题。[53, 54]

在孩子的不同发展阶段，父母对孩子需求信号的敏感回应都是亲子关系中的一个重要成分。事实上，在所有促进自我实现的亲密关系中，这一特点都是存在的。同时，它的一些表现会随着年龄而变化。婴儿的信号在发展过程中变得更加多样化和微妙，父母的回应需要根据孩子的变化而更加有区分度。对一个正在哭泣的 6 个月龄的孩子说"不"，是让人难以想象的；而对一个正在哭泣的 2 岁孩子说"不"，有时是唯一合理的回应。孩子在迫使父母发展出更加有创造力的回应方式时，他们养育了父母，正如父母养育了他们。

随着孩子长大，父母要面对其越来越多样化的愿望和要求，并敏感地回应孩子的天然意愿，但这需要被另一问题制衡：对什么进行敏感的回应？

在第 2 年，父母能相对容易地对这个问题做出清晰的回答，因为 1 岁孩子想要直接的东西，当人们分散他们的注意力，不让他们做有风险的事情，比如吃土、爬到音响上，或者不让他们把手指伸进插座里时，他们并不会怎么大哭大闹。

第 3 年迎来了明确意义的个人意志，给父母带来了新的挑战。当父母面对一个坚定的 2 岁孩子坚持着自己的权利时（不管是通过语言，还是通过最有说服力的武器，即发脾气），任何有同情心的灵魂都会在内心怀疑，自己坚持否定孩子的愿望到底是否明智。一个人会想问：这是一场意志的竞赛吗？是一场权力的斗争吗？我同我的孩子一样顽固和叛逆吗？我是否在通过强行灌输来对抗他的意志，造成他的心理损害？我应该谈判达成妥协吗？我应该无论如何都坚定立场吗？我会因为反对他的愿望而让他感到焦虑吗？

无论一个人如何继续，都有必要记住，儿童期的挫折并不会造成焦虑，只要父母确信，他们坚持的事情具有个人或文化意义，并足以充当给孩子带来不安的理由。比如，如果妈妈明白外出工作很重要，不管是为了她的个人满足，还是为了家庭经济的稳定性，这都将向孩子传递一种理解，让孩子知道妈妈的工作是重要的，而不只是为了造成他沮丧。另一方面，如果妈妈觉得自己在外做的工作是琐碎的或自私的，那么这个妈妈更可能在孩子抗议她离开的时候感到过度抱歉。这反过来会让孩子无法学会尊重妈妈在外面工作的重要性。学步儿从父母那里学会意义，而且学会更好地忍受不安，只要他们理解这是为了一个有意义的起因。

第 8 章

谈判的议题

我们在前一章看到，学步儿期的基本焦虑围绕着害怕失去父母或者父母的爱，也围绕着身体如何构成和如何运转的疑问。这一章，我们将关注这些基本焦虑的一些具体表达。

孩子的成长和发展所涉及的每一个日常事件，都可以成为学步儿上演其恐惧的舞台。分离焦虑、睡眠障碍、拒绝如厕训练、手足竞争以及管教问题，都是害怕失去父母或者失去对自己身体的控制的常见表现。这些抗争的发展背景提供了一种方法，将学步儿作为年幼的合伙人引入一种合作的努力中，共同寻找令人满意的解决方案。

分离焦虑

佐伊，18 个月龄，第 1 次去儿童托管中心。妈妈已经决定留下来陪她，直到佐伊在新环境中感到舒适。在开始的 20 分钟里，她黏着妈妈，但是后来逐渐地放手。她爬进一个玩具小屋里，关上门，然后很大力地打开门，跑到妈妈那里，紧紧地抱着她。她不断地重复着这个游戏。

正如我们在前面章节看到的那样，年幼儿童通过动作控制内在的恐惧。他们通过玩捉迷藏使自己确信，事物在他们看不见的时候并没有消失，而且当妈妈离开后，她还会回来的。他们引诱父母追赶自己，以确认父母想要他们回来。他们离开去探索，但同时又密切地关注父母，以确认父母并没有把他们丢下。

有时候，孩子的行为并不能够如其所愿地把父母留在身边。环境可能要求父母必须说再见，把孩子留给家中的祖辈或托管中心，或者让孩子和保姆一起，有时候是几个小时，有时候是每天的大部分白天时间。

当分离在情感上是可控的时候，学步儿的反应可能有一些不安，但是可以被替代的照料者安抚下来。即使他们思念父母，他们也能够从同伴、玩具以及其他照顾他们的成人那里获得乐趣。

在更加困难的情境中，孩子会惊惶不安，绝望地黏住父母，在父母离开的时候，他们拒绝被他人分散注意力或被安慰。在一些更加极端的环境下，分离的恐惧变得具有支配地位，使得孩子持续地监控父母的行踪，拒绝让父母关上厕所的门或者离开视线哪怕几分钟时间。在父母离开时，孩子失去了游戏和社交互动的热情。当普通、可预见的不安变为过于剧烈并涉及方方面面时，分离焦虑的问题将会干扰孩子的整体心境和日常流程。

主要分离的潜在情感代价

日常分离是学步儿期可以预见的事件，孩子将学会应对这种分离，即使他们也在表达合理的抗议。不安不一定意味着伤害。父母自己也会因为孩子的困难而感到不安，但是他们分离时不会对此感到内疚。重要的是，区分实际事件（分离）和由于事件而产生的感受（不安）。

但是，在生命前3年，长期的分离可能是一种主要的情感风险因素，而且将继续成为贯穿童年期的可能忧虑来源。

对于学步儿，分离的情感代价取决于很多不同因素。在下面的条件里，分离会最困难。

- 长期的（超过一夜或者两三天）。
- 发生得很突然，所以孩子还没有准备好。
- 孩子被留在不熟悉的环境里，并留给了不熟悉的照料者。
- 没有向孩子解释发生了什么以及将要发生什么。
- 替代的照料者并不能理解和安抚孩子，也没有关注孩子的不安。

上述5个因素里的任何单独因素都能给孩子造成很大压力，但是当5个因素同时出现时，就将孩子暴露在了一种潜在的创伤性断裂中，他将和他熟悉与珍视的一切断裂。在这些情况下，即使功能完好的学步儿也可能在信任他人的能力上发生剧烈的倒退，变得非常生气和不安。这些情感反应通常被不知情的成人所轻视，以为是短暂的和可逆的，但是已有研究充分说明，一些学步儿可能因此变得更加容易出现长期的抑郁和焦虑。[1]

气质上的差别对学步儿适应分离的能力起着重要作用。一次过夜的分离，可能对某个孩子来说只代表着一种轻微的应激，但是对于一个比较敏感、适应力较差的学步儿来说，可能就是焦虑的主要来源。相似地，当被不太熟悉的人安抚时，孩子的接受能力也很不一样。面对分离的反应有很大的个体差异，父母需要了解学步儿的个人风格，使自己可以预见某次分离会不会使人感到压力过大。

有时，分离焦虑并不是实际的分离经历所造成的，而是因为孩子想象自己没有充分地被爱。这些想象让他们害怕被抛弃。这里又一次看到，一些孩子比另一些孩子更容易出现这些想象。通常地，学步儿倾向于把父母忙碌的生活方式、繁忙的工作安排、暴躁的脾气或绷紧的神经，解释为是父母生气且不想和自己在一起的标志。

有时候，成人很难记住普通的学步儿是如此敏锐地关注自己深爱的父母的情绪，以及他们可以如此快速地成为恐怖想象的受害者。

有一天，马克是育儿中心里最后一个被接走的孩子。那天晚上，当他被送上床睡觉的时候，他对妈妈说："我以为你把我忘记在学校了。"这时候妈妈才意识到，因为夏令时间的改变，那天傍晚的天色比平常更早地变黑。那会儿马克不可能知道，妈妈将在比平常只晚几分钟的时候接他回去。对他来说，天黑了，其他妈妈全都来接走她们的孩子并回家了。黑暗和孤独诱发了对于自己被抛弃的恐惧，这种恐惧在睡前分离快要发生的时候有所缓解，并且能够和妈妈一起谈论。

减轻分离焦虑

留意日常事务所产生的情感影响，因为每天的分离能帮助孩子避免持续的强烈分离焦虑。父母需要让自己和孩子都准备好分离，并且建立起相互的信心，相信这个经历是可以控制的，而且重聚是喜悦的。这不但可以应用于孩子和临时保姆待几个小时的情况，也可以应用于孩子上全日制的托管中心，或者是父母离开去旅行几天的情况。

虽然不同情境的具体情况有所不同，但是帮助孩子应对分离的基本决定因素在不同情境下都是一致的。

- 在孩子长大一点之前，尽量避免超过一个夜晚的分离。
- 在分离发生之前，想想分离会带来的感受，这样你就能够注意到自己可能如何通过行为来表达那些感受了。
- 对于替补的照料者以及孩子将要留下来的场所，你要确认这是孩子熟悉并感到舒服的。
- 帮助替补的照料者熟悉孩子的个性风格、好恶、具体的担忧和恐惧，以及日常流程。
- 给孩子留下有形的提醒，让他们记住你的爱：你对孩子说话、唱歌和讲述他最喜爱的故事的录音，你和孩子的合照，一个可以帮助孩子过渡的心爱玩具。这些措施对于年幼的学步儿尤其有用，因为这些是父

母存在的具体提醒，不依赖于孩子的记忆和语言能力。

- 对于一次重大分离，比如托管安排刚开始时，至少在它实际发生的前几天，告诉你的学步儿将要发生什么事情。选择简单而且直接的语言，并用自信和陈述事实的语气。给孩子一些空间去提问和表达顾虑。告诉他在你离开的时候他将要做什么事情。让他确信你会想念他，并且告知他，他可以在分离的时候想念你。对于比较年长且语言能力比较成熟的学步儿，这些准备尤其有效，但是年幼的学步儿可以理解更加简单的解释，以及声音中让人安心和有爱的语调。
- 强调当你们重新在一起时你会做什么。"然后我会回来，而且我们会相互拥抱，并且我会做你最喜欢的薄饼作为晚餐，接着我们会玩骑马。"具体的例子比一般的陈述能传递更多的情感力量。
- 鼓励替代的照料者在分离的时候跟孩子谈论你，告诉他可以在他感到不安的时候想念你,以及给你打电话,并且让他确信你会回来的。

注意重聚之后发生的事情,这与准备分离一样,对孩子来说都是非常重要和有帮助的。在父母和孩子重新在一起后的很长一段时间里,分离体验仍然产生影响。以下是一些建议。

- 重聚之后,准备好应对孩子表现出来的矛盾信号。一些学步儿兴高采烈地迎接他们的父母;但是其他孩子可能对父母表现得很冷淡和冷漠,或者表现出明显的愤怒,这些是可预期的行为,表明孩子正在通过和回来的父母保持一定情感距离的方式,努力地控制自己对于被抛弃的感受。对此,父母不要感到被冒犯或者在行为上远离孩子。重聚后,孩子刚开始的这种矛盾心情,通常很快就会变成焦虑的黏人,以及拒绝让父母离开他的视线范围。有时候,矛盾心情的表达会延迟出现,而且不会变得很明显,直到重聚之后的数天甚至两周才显现。
- 告诉孩子你很开心能够回来与他重聚,并且找机会聊聊你离开的时光,告诉孩子你想念他。
- 准备好去识别孩子因为担忧再次与父母分离而做出的行为,可能会表现为梦游、如厕训练倒退、突然发脾气,以及很容易出现沮丧感等。焦虑会以很多不可预期的形式出现。一个小男孩在爸爸离开去长途旅行时,用一个玩具锤子很大力地打他的妈妈。妈妈冲他大喊之后,才想起了爸爸的离开,她说:"我想你对我生气,是因为爸爸离开了。"他大喊:"是你做的!"在他心里,他的全能妈妈要对爸爸的离开负责任,他的思念很自然地转变为对她的愤怒,由于她那被想象出来的过错。
- 和孩子进行一些游戏,尤其是那些能够帮助掌握分离问题的游戏,比如躲猫猫和捉迷藏。给他一些空间,让他在玩玩偶或其他玩具的时候,可以重新演绎分离的经历。孩子可以在游戏中表达那些在其他情境里被小心隐藏的感受。一个举止非常得体的小女孩很少生气，但是她在游戏中责骂她的玩偶。"你这个坏女孩！我会把你一个人留下！"她在表达自己的害怕，她担心如果犯错，同样的事情会发生在自己身上。

除了留意孩子在分离前后的感受，更重要的是，不要为了控制孩子的行为，而以离开或失去关爱来威胁他。对于年幼的学步儿来说，"我再也不会爱你了""我会离开"这些话是非常吓人的，因为他们的发展特点决定了，他们会把对于失去父母的爱和认可的焦虑当成事实。给孩子灌输恐惧，是一种很不好的管教方式，这让孩子不信任父母。这种不信任最终可能泛化到其他人际关系，并且可能造成终身的焦虑和愤怒。

孩子总是在体验分离，在某种程度上，相当于被丢下。这种感受可能持续到成年期，正如柯尔·波特（Cole Porter）在写下下面这段话时所本能感受到的那样。

> 每次我们说再见，我都离死亡近了一点点，
> 每次我们说再见，我都更纳闷一点点，
> 为什么高高在上的诸神，全知的他们，
> 对我知之甚少，所以他们让你离去。

当我们爱的时候，我们持有一个无意识的信念："如果你最爱我，如果我是你生命中最重要的东西，你就应该永远不会离开我。"想要同持有这种坚定信念的孩子和解，唯一的方式就是通过情感上的支持和回应，提供足够的证据说明，他不必成为你生命里唯一重要的东西，你们也不必总是在一起，因为即使如此，你们的爱也足够好，你们也可以足够深情地去爱和被爱。

如厕训练的经历

在第2年，学步儿学会识别肛门和尿道区域比较微妙的感受。他们也学会收缩和放松那些负责憋住或拉出大便和小便的肌肉。注意和控制感觉的能力增强，预示着学步儿准备好开始接受如厕训练。

除了孩子意识到肛门和尿道区域的感觉，其他因素也影响着孩子做好准备去使用这些感觉来控制排尿和排便。这些因素中最重要的有：

- 孩子自身的消化-排泄周期是否规律，以及其消化系统的整体健康状态。
- 父母对于孩子个体节奏的容忍度。
- 父母和学步儿为谈判早期发展问题已经建立的伙伴关系的质量。

根据所有这些变量，如厕训练可以成为相对太平的过程，也可以成为父母和孩子之间的战场。

因为其朴实特性，排便具有意味深长的象征意义。没有其他身体功能能够如此简洁地代表人类心理的两极化体验。排泄物是珍贵的宝藏，因为它是个体身体的一部分和局部，而且充满奥秘。它同时又是肮脏和发臭的，孩子被教导不要触摸或者玩弄。它既是被珍惜的东西，也是被抛弃的东西。

2岁的拉菲，半信半疑地看着妈妈第1次拿给他的小马桶。他穿着裤子坐上去几秒钟。然后站起来，把1枚金币巧克力放到小马桶里面，可爱地微笑着说："那里，妈妈。"这枚金币，里面是黑色的甜味，表面也是金色诱人，正完美地象征着拉菲的大便对于他的意义。

如果排泄物的这两种意义都能够得到尊重，那么如厕训练就可以完好地进行。这意味着孩子的身体产物可以被愉快地欢迎，但无须夸张地赞美，并且事实上可以被抛弃，但不需要有显而易见的厌恶表情。[2]

总之，排泄物需要保持它们的特性，作为属于孩子的某些东西，孩子有权产生或保留。从这种意义上来说，如厕训练通过付出和获取、忍住和放手而成为伙伴关系的象征。

孩子的准备程度

如厕训练的时机成为父母和儿童心理学家们常常争论的话题。对于何时是开始和完成如厕训练的恰当年龄，不同文化的社会预期存在很大差异。但是，有一个反复出现的主题，就是互利互惠：即使在生命第 1 年就开始如厕训练的文化里，实际措施也涉及留意孩子的身体信号，把他们放在恰当的场所和位置，鼓励他们排便。在美国，长期存在一种一致意见，最好等到孩子准备好理解自己被预期做什么事情的时候再开始如厕训练，这样他们可以在这个过程中成为积极的合作者。[3] 可能每个孩子都不一样，但是如厕训练很少发生在 15—18 个月龄之前，可能直到 24—30 个月龄甚至更晚才会发生。

这种对孩子准备程度的关注，反映了主流美国文化对孩子个体性的重视。随着国家变得越来越多元化，其他文化价值观越来越有影响力，它们影响了父母对如厕训练的态度，比如孩子如何适应家庭的日常生活节奏（父母日程的灵活性；其他孩子的需求），以及父母购买纸尿布的经济压力。

在第 2 年的中期，孩子对因果关系的理解逐渐变得清晰，他们深深地关注标准的问题。他们担心行动的后果，如果事情不合乎标准，如果衣服弄脏或者玩具坏了，他们会感到困扰。如果父母在桌子上留下面包屑或者把鞋子忘记在走廊里，他们可能会变得不安；当他们弄脏或者搞得一团糟时，他们会对自己生气。他们很快就内化了社交行为的标准，这些都是潜移默化或者明确地教给他们的。

如果如厕训练符合家庭需求并且可能发生，那么最好在孩子对标准萌发兴趣的时候开始，这可以让他们感觉进行如厕训练就好像投入到满足标准上。

当孩子希望模仿父母和哥哥姐姐在厕所做的事情时，可以自然而然地开始如厕训练，此时不太需要父母过多的鼓励。

很多学步儿自己启动这个过程，他们呼唤父母注意他们正在小便或大便的事实，或者在尿湿裤子或拉脏裤子的时候变得很不开心。即使在那时，一些孩子还是对父母的方法不感兴趣，而且不理解为什么要让自己总是符合标准。坐到马桶上是他们希望做的时候才会做的事情；在其他时候，使用尿布对他们来说更好。这些学步儿在保持干爽干净和退步复发两个阶段之间反反复复，因为他们会被其他追求所吸引。其他学步儿则做足了准备而且比较规律，他们能够在几周内就被完全训练好了。

在孩子清楚地显示已做好准备之前，就开始如厕训练会导致亲子间的权力对抗，争夺究竟拥有孩子身体的是谁。在第 2 年，因为孩子对标准感兴趣，所以当他们不能符合外在要求时，就会变得非常不安。杰罗姆·卡根曾经表明：当成人期待 2 岁孩子完成一项太难的任务时，不同文化背景的孩子都会大哭或者抗议。相同年龄的孩子，当他们达到自己提出的标准时（比如搭一个由 6 块积木组成的塔，或者完成一个有难度的拼图），他们会以发自内心的愉悦来回应。[4]

如果我们根据这些研究发现来推测如厕训练的问题，那么我们可以得出结论，这个过程如果过早地开启，可能导致孩子的沮丧感和负面情绪。当父母受环境所迫，无论如何都需要较早地开始时，那么最好让孩子参与到伙伴关系之中，帮助他在小便或者大便的时候发出信号。这很容易实现，如果父母自然而然地对事件发表意见（"玛丽在拉大便"），那么很快孩子就会开始自己注意到，因为他的行为带来了最重要的事情发生——父母的兴趣和关注。当孩子自己告诉父母小便或大便这件值得注意的事件正在发生时，他也在发出信号，这说明他更加做好了准备以开展下一步：坐在小马桶上。

在训练刚开始以及后面很长一段时间里，小马桶比成人马桶更适合孩子。小马桶是根据学步儿的屁股尺寸设计的，以免孩子害怕掉进马桶里。学步儿可以把双脚牢固地踩在地上，以便在排便时使劲。最后，小马桶没有配备冲水设备，避免因此惊吓到一些孩子，有些孩子可能有无法言喻的幻想，认为自己会像自己的大便那样被冲走。

在孩子的准备程度不成问题时，如厕训练中的多数冲突可能可以追溯到孩子的不规律周期（包括生理性的便秘、拉稀，或者两者混合的倾向）和父母的错误知觉（误认为如厕训练是一个由父母控制的过程）的组合。这两个因素中的每一个都代表了一种威胁，阻碍围绕如厕训练形成伙伴关系。

生理上的不规律性

学步儿的生理状况可能在他们便秘以及大便无法顺利排出的时候，造成一阵阵的腹痛或者肠痛。孩子可能会憋住以免疼痛，从而导致便秘愈发严重。有些时候，反复的腹泻或拉稀会导致学步儿难以控制排便，然后他们可能会停止尝试并且放弃。便秘和腹泻都能削弱孩子的自信，使他们对控制肠道失去信心。学步儿常常把他们的大便拟人化，当孩子体验到疼痛的时候，他们给大便赋予了含有恶意的动机。正如埃莎尔说的："我的大便对我非常生气。"

当父母怀疑孩子的消化过程运作得不是很好时，最好向孩子的儿科医生咨询。如果有必要，医生可能会给你一份特殊的食谱和一些大便软化剂。孩子可能会觉得栓剂和灌肠剂具有胁迫性和侵犯性，所以最好将它们作为最后的办法。当必须进行这些措施时，如果父母能向孩子解释，将会发生什么事，为什么这是需要的，以及它将为孩子提供怎样的帮助，那么孩子的恐惧和抗拒就可以被减缓。[5]

很多健康孩子的生理节奏并不规律，他们也会在预期之外的时候需要排泄。这是体质特性，成人需要设身处地地为孩子着想，不要仅仅因为这更方便，就逼迫孩子在每天同样的时间里使用小马桶。对于排泄模式不可预期的孩子来说，便携马桶非常有用，因为每当需要的时候就可以马上使用。同时，设定可以预期的时间表让孩子坐在小马桶上而不逼迫他去排便，可以训练孩子的身体和心灵去期待一个可预测的流程，最终形成排便的规律模式。

父母可以控制如厕训练吗

有一种潜在的想法认为，如厕训练完全依赖于成人。这种想法以一种不可思议的方式在父母心中悄然出现，即使这些父母在意识上相信的是相反观点。如果孩子是玩伴小组中唯一一个没有对开始如厕训练表现出兴趣的，那么父母可能会感到难堪。另一些父母渴望从臭烘烘的衣物或者昂贵的纸尿布账单中获得喘息。还有一些人从朋友以及家人那里感受到压力，因而要停止"纵容"，并且帮助孩子成长。有时候成人担心的是自己不想开始如厕训练的动机（希望他永远是个婴儿？害怕不知道如何去做？）。

永远有空间去解释一个人的行为，但是如果孩子没有对干净、整洁、标准、厕所或者大便表现出兴趣，那么很可能他还没有准备好开始。

另一方面，如果孩子似乎准备好了，那么父母有必要去跟随，不需要试探性地征询孩子的同意，但是可以自信地暗自认为，这就是合适的时机。孩子自己会让我们知道，我们是否准确地理解了他的行为线索。

马克斯，2岁了，不管父母如何恳求，他都没有表现出对如厕训练的兴趣。无论如何，妈妈渴望开始（如厕训练），她给他买了一些玩具家居，包括一个玩具厕所，鼓励他去玩。马克斯顺从了，他把玩偶妈妈头朝下地塞进了玩具马桶里。

如厕和安全基地行为的节律惊人地相似。两者都是在控制和放手、付出和获取、打开和关闭之间交替。两个过程都反映了孩子对父母的舒适感，并最终将其内化为对自己和对自己的身体的信心。

晚间困难

虽然"睡得像个婴儿似的"是一种常用表达，但是这更可能是对大多数婴儿和幼儿的愿望，而不是他们的实际情况。一般一天 24 小时里，3 岁孩子平均会睡大概 12 小时，包括一次较长的晚间睡眠和一次日间小睡。在生命的前三年，大多数婴儿和学步儿不会一觉睡到天亮，但是他们中很多学会了安抚自己，然后重新睡回去。但是，晚间睡眠的总量，以及白天和晚上睡眠的分布情况，存在较大的个体差异。而且，对于年幼孩子的睡眠惯例，包括睡眠空间、一起睡觉，以及父母对于梦游的反应，不同文化存在着不同的预期。[6] 可能因为这些复杂性，有关睡眠的担忧是父母在儿童保健门诊中最常见的抱怨之一。[7]

睡眠困扰包括入睡困难、夜间反复醒来、做噩梦，或者是三者的组合。在很多情况里，有睡眠困难的学步儿具有早期生理脆弱性的历史，比如他们是早产儿，或者有其他状况而需要特别照料，或者经受肠绞痛的困扰超过 3 个月。这些孩子通常从出生开始就没有睡好。也可能他们从来就没有习得一种规律的睡眠模式，因为缺乏一种可预期的夜间流程。

很多学步儿从生命第 2 年开始出现入睡问题。这可能是因为在夜间，当孩子独自被黑暗环绕的时候，白天的焦虑会表现得最为逼真。正是这个时期，孩子开始出现对"床底下的魔怪"的恐惧。把这些恐惧视为解决问题的一次机会，能够给孩子带来确认和控制的双重信息。父母可以和学步儿一起进行一次夜间"魔怪巡逻"，包括走过每一个孩子认为可能会有魔怪躲起来的地方，然后隆重地关上门窗，告诫任何潜伏的魔怪，让它们知道父母正在查看并会把它们赶走。在这里，孩子被主动地列入解决方案中，直到他的现实检验赶走了想象的恐惧，并且他长大到不再害怕魔怪。

睡眠不规律性

尽管很多孩子经常醒来,但他们还是能够获得所需的睡眠,而他们的父母就不行。学步儿和父母在睡眠需求上的不匹配,营造了一种紧张的家庭状况,这让父母感到非常疲惫、沮丧和无助。他们变得缺乏一致性和容易对孩子生气,学步儿的回应是,变得害怕、愤怒和叛逆。

在这些情况下,意识到学步儿几乎不能控制睡醒这件事,可能是有所帮助的。学步儿通常无法按照意志"去睡觉",所以解决这个问题的一个办法不是劝告他们"去睡觉",而是帮助他们理解,当他们醒来的时候可以做什么和不能做什么。

应该鼓励学步儿在夜间醒来的时候自己安抚自己。根据他们的年龄不同,他们可以抱着抱枕或泰迪熊,对自己轻声地吟唱,或者自言自语他们将在起床的时候做哪些事情。对很多年幼的学步儿来说,带有安抚曲的移动音乐发声器是很有帮助的。当父母下定决心坚持实行这些解决方案时,那么即使对于很小的学步儿,这些策略也是符合他们能力范围的。

父母和孩子之间的不匹配

如果孩子非常早就醒来而父母不是,那么父母和孩子之间就会出现睡眠需求不匹配。如果父母以一种轻松而且不带责怪的语气告知学步儿,让他们知道事情的样子,那么学步儿也许能学会从容对待这种差异和自娱自乐。

麦克,11个月大。妈妈在晚上会将一些非常有诱惑力的玩具放在自己的床边,借此她帮助麦克接受了她需要在清晨睡觉的事实。当麦克早上 6:00 醒来的时候,她把他抱起来,用鼻子爱抚并且跟他说话,然后把他带到她的卧室,放在她的床边,告诉他,妈妈要再睡一会儿,他可以玩这些玩具。有时候麦克会对妈妈说话,或者挪到床边。每当这个时候,妈妈给他一种让人安心的哼声,并且拍一下他的头,然后他又回去玩耍了。这是安全基地行为在不同寻常的环境下的一种早期呈现！

另一个妈妈为她的 2 岁孩子找到了针对这个基本问题的另一个版本的解决方案。她在电视机前摆起一张适合孩子的桌子和椅子。每晚她都在桌子上放一块香蕉和其他一些大小安全的手指食物，然后把电视调到适合儿童收看的频道。她教她的孩子洛根，在他醒来的时候，到父母的卧室，一边看儿童电视节目，一边吃早餐前的小点心。洛根现在 9 岁了，已经变成一个异乎寻常的自立少年，这部分是因为妈妈的信心，她相信孩子有能力协作地照顾他自己。

夜间醒来变成一个问题

睡眠不规则有一定的体质基础。对于父母和孩子来说，当父母携带强烈的情感去控诉夜间醒来时，就会导致孩子产生睡眠问题。在这种情境下，围绕醒来的焦虑通常会干扰人们寻找解决方案。

在学步儿期，和夜间醒来密切相关的最常见焦虑是分离焦虑。这种焦虑存在于父母和孩子双方。晚上的时间导致白天非常唾手可得的安全基地模式受到基础性阻断。轻松容易的日间亲近被取代，现在只有黑暗、卧室的墙、小床的围栏，成了父母和孩子之间的障碍物。

夜晚、黑暗和物理距离都是孩子恐惧和焦虑的典型导火线。这就是为什么在很多不像我们如此重视个人和婚姻隐私的文化里，妈妈和孩子，或者父母和孩子会在婴儿期和学步儿期一起睡觉。即使在科技发达的文化里，年幼孩子的夜间哭泣也会诱发父母心中的远古恐惧，他们担心孩子的安康或者生存受到了威胁。当下的冲动就是走到孩子那里，为其提供安抚和保护。这种冲动有悖于父母更加理性的知识，即孩子是健康的，家里是安全的，睡眠是可以继续的。

一些研究发现，学步儿的夜间醒来和妈妈自身的分离焦虑以及她的抑郁有关系。很多孩子有睡眠困难的妈妈报告说，她们在还是小孩的时候受到过惊吓或者没有被好好照顾。[8] 她们希望孩子免于遭受自己在成长过程中曾感受到的焦虑，并且她们对于夜间醒来的反应是，把孩子带回她们的床上，或者自己睡到孩子的床上。当然，每个父母都会偶尔这么做。当这变成常态时，这种反应可能会干扰成人的关系，并且传递给孩子一个信息，在没有父母的持续陪伴下，他们无法控制夜间焦虑，那么这就可能造成问题了。而如果每个人都在彼此附近酣然入睡，如果父母双方都在情感上认同这种安排，不会因此产生摩擦或者对于失去成人亲密关系怀有怨恨，那么这种一起睡觉的安排是最可行的。但是，如果这种安排是在学步儿夜间抗议之后，成人默认采取的妥协，而且父母觉得期待孩子自己睡觉是在伤害孩子，那么一起睡觉的安排就没有那么有效。

儿童心理学家克劳斯·明德（Klaus Minde）和他的同事报告了一个成功的项目，这个项目是专门帮助学步儿在夜间醒来的时候自我安抚，然后重新进入梦乡的。[9] 这个项目，以让人惊讶的常识为特点，帮助父母克服焦虑——关于没有保护好孩子，以及想要拯救孩子以免他们再受夜间醒来的焦虑困扰。这个项目涉及以下步骤。

1. 与父母一起回顾，睡眠问题主要包括什么。究竟是很难安顿下来入睡，还是反复地夜间醒来，还是两者都有？也要回顾日间的流程。

2. 如果学步儿没有一种可以预期的日常流程，那么帮助父母去理解：如果学步儿能够预期什么将会发生，那么他们就可以体验到一种抚慰人心的自我控制感。鼓励父母设置每日流程，使吃饭、洗澡、午睡和其他日常事件发生在大致相同的时间和地点。日间的小睡应该预留在午饭之后马上进行，这样孩子就有足够的时间在晚上上床之前变得疲劳。

3. 一旦日常流程建立起来以后，鼓励父母去关注起到安抚作用的睡前流程，比如亲子阅读、唱摇篮曲或者祈祷等安静的活动。创造一个可以预期的"安静时间"作为马上要睡觉的信号，这样可以帮助学步儿停下来，过渡到睡觉时间。

4. 接下来，解决睡眠问题。推荐两个主要技术。一是"检查"：父母在自己可以容忍的规律的时间间隔里（5分钟或者10分钟），检查正在哭泣的孩子，拍拍孩子，或者使用鼓励的语言，但是将孩子留在床上。这种"检查"可以持续到孩子入睡为止。如果父母被孩子的哭泣搞得过于忧烦，那么我们推荐另一个"塑造"技术，这包括一个循序渐进的过程。如果孩子睡在父母的床上，那么下一步可能是父母在第1晚睡在孩子的床上，第2晚坐在孩子的床上，第3晚坐在椅子上，等等。

尝试过这种方法的学步儿中，有85%改善了睡眠问题。有趣的是，明德和他的同事推荐，如果可能的话由爸爸执行这个项目，因为他们在坚持这个方案时态度比较坚决。另一方面，如果爸爸不愿意配合去重新构建父母对于孩子睡眠问题的反应，那么干预容易失败。这个项目的一个主要好处是，对睡眠问题的解决将同时帮助父母和孩子获得技能，他们可以在其他折磨人的领域里进行更加有效的谈判。

争取孩子参与解决问题

父母可以通过帮助孩子找到除了哭泣和叫唤父母之外的其他办法，来改进孩子的睡眠问题。对于年龄较大而且语言发展较完善的学步儿来说，这尤其有效。父母和孩子共同寻找睡眠问题解决方案的这个冒险，将让学步儿明白，他们的日程（感到安全和被保护）可以不违背父母的日程（继续睡觉）就能实现。

传达这种思路的一个可能方法是，对学步儿说："丹尼，你知道自己在夜里是怎么醒来并且叫醒妈妈的吗？"（等待回答。）

"是的，妈妈实在太困了，因此脾气变得很暴躁，大声吼着让你回去睡觉，对吗？"（等待回答，孩子的反应可能只是一个严肃的表情，或者一个意味深长的眼神。）

"你知道吗？妈妈不喜欢对你发脾气。但是夜里我实在太困了，当我太困时，我就会变得脾气暴躁，这就是为什么我对你叫嚷的原因。"（等待一个反应，这个反应不一定是言语回答。）

"妈妈和爸爸很难在半夜醒来。我一直在想，你在夜里醒来的时候可以做些什么让自己感受好些？"（和孩子一起讨论不同的可能性。）

"今晚我们可以尝试一下。当你醒来的时候，你可以对自己说'妈妈在睡觉，我准备抱着我的泰迪熊，并且跟它说话'。（或者任何其他你们达成协议的方法。）今晚，在你上床睡觉之前，我可以提醒你。那样的话，妈妈可以睡觉，而你可以通过跟小熊说话来照顾自己，我们都不会相互发脾气了。"

在白天进行这个对话是值得的，因为这时父母和孩子都休息充足，没有处于他们正在尝试解决的矛盾当中。这样的话，父母和孩子都可以在白天剩下的时间里仔细考虑这个计划，当时间到了的时候就能更加充分地执行这个计划。

对一些父母和学步儿来说，谈话就足以建立一次有意义的交流，但对于另一些父母和学步儿来说，把谈话放在游戏场景中进行可能会有帮助。成人可以设置一个卧室场景，让孩子在那里醒来并且呼喊父母，这样就可以在那里演绎每晚的实际场景。当孩子参与到游戏中时，父母可以等待一个自然的暂停，然后说："这就是我们在晚上会发生的事情，对吗？"这是开启一次对话的很好开端，或者也可以借此通过游戏的形式对可能的解决方案进行扮演。

在这里重申，态度比语言更加重要。孩子需要意识到，父母没有要求他们去睡觉；父母是在帮助孩子成长，去实现一些他们能够做到的事情。如果父母相信自己正在做正确的事情，那么他们的这种信念就是成功解决睡眠相关冲突的方案中的一个主要成分。

噩梦

孩子可能在半夜醒来并且很恐慌地尖叫。这需要父母立即关注。如果孩子会说话,那么他可能会气喘吁吁地一边哭一边讲述着"那个坏人""那个怪兽""那个巫婆",或者其他各种各样的可怕生物,这些生物成为孩子想象的主要部分。这是一种信号,说明孩子开始做梦了,并且获得了噩梦的特征。

安抚孩子的一种方法是,在白天告诉他有关梦的性质:梦就如同他脑子里的图片,是"假的",不会伤害他。大多数孩子会在一个短暂的阶段里做噩梦,尤其是处于不同寻常的压力时,比如开始上幼儿园、照料者的变更、去医院的不幸遭遇、遇见一只吓人的狗或其他动物,或者接触了一个过于刺激的故事或电影。如果噩梦持续发生,这通常预示着,孩子正在和一种无法表达的担忧或恐惧抗争,或者被要求表现得超出他可以舒适控制的范围而承受着过多的压力。探索那些恐惧通常可能是什么,这样可以打开通往解决方案的大门。

有证据证明,有些噩梦具有一定的生物成分,而且可能是可遗传的。[10] 在发作时,孩子的行为伴随着一种可以预测的模式,包括辗转反侧、过于急促的呼吸、非常快的心跳频率、出汗以及不安的声音,还可能逐渐恶化为不可安抚的哭泣。面对父母试图限制他的努力,孩子可能的反应是强烈的恐惧、困惑、不知所措以及尝试逃避。一些孩子会尖叫一段时间,从不到1分钟到20分钟不等。孩子似乎觉察不到父母的照料,而且通常在第2天就不记得这件事了。当这种模式过于频繁和强烈,以至于干扰了家庭生活时,最好和孩子的儿科医生讨论一下是否需要进行一次有关睡眠障碍的评估。

很多学步儿在一次应激事件或者不安的经历之后,开始出现包括噩梦在内的睡眠问题。父母可能不会把睡眠问题与这个事件联系上,因为他们不会像孩子那样对该事件赋予同样的情感强度。手足的出生、开始托管或者更换照料者,都可能唤起孩子的焦虑,并在夜间以不同的形式显现。吓人的事件,比如一次意外、家庭不和、身体被伤害,也具有激发睡眠问题的潜在可能性。

回顾最近的事件可以帮助父母，发现发生的事情和孩子反应之间的关联，并理解孩子睡眠困难的含义。反过来，这种新的理解能让父母帮助孩子给不安的事件赋予意义，并且去处理这个不安事件。

仪式的重要性

学步儿出现睡眠困难的原因很多：害怕被睡眠管制而失去控制；拒绝放弃自己能和其他亲人在一起的清醒状态；忧心只有自己一个人在孤独的房间里和孤独的床上；或者幻想在黑暗的房间里可能会发生的事情。

上床仪式对于帮助解决这些恐惧很重要，这点无论怎样强调都不为过。仪式提供了一个容器，可以承载不确定性和约束焦虑，并且提供了让人安抚的人际联系纽带。

把睡前的活动结构化，能够帮助孩子建立归属感，这种归属感将会伴随孩子进入梦乡。家庭仪式可以由下列活动交织而成，如不被打扰的家庭晚餐（没有干扰的电话或者其他干扰），或者一次洗澡，或者一段安静的游戏时光，然后是穿上睡衣，刷牙，回顾白天发生的事情，预测明天将会发生什么事情，读一个故事，唱一首摇篮曲，念一段祈祷等，让这种仪式和一种安全感及保护感相联系，让孩子在关灯之后可以继续维持着这种感觉。

如果上床仪式在安静而确定的氛围下完成，那么父母就不需要留在孩子身边直到他睡着。从客厅里传出一句让人安心的话，比如"我在这里，一切都很好"，就足以传达一个信息，他对于独自在床上所感受到的任何焦虑都是可以控制的，而且父母就在那里，期待他自己去处理。孩子可以通过成功经历这个阶段而变得更加强壮。

进食困难

在学步儿期,很多涉及进食的挣扎都围绕着"控制"这一问题。学步儿希望在自己想吃的时候吃想吃的东西,但是父母可能担心孩子的营养需求会得不到满足,除非由父母在喂养孩子的过程中担当主动的角色。父母可能希望孩子的进食过程变得更加整洁,但是很多学步儿不想受到干涉,他们希望自己控制手和勺子,希望通过捣碎、挤扁食物和把食物放到头发上来自由地探索食物的质地。被食物呛到的现实危险,可能导致父母试图控制孩子把什么放到嘴里,并且让学步儿吃得慢一点(虽然孩子不喜欢慢一点)。这些有分歧的计划所导致的后果是,当学步儿不喜欢父母正在做的事情时,他们就会反抗、退缩和紧闭嘴巴。

好消息是,一般来说,只要孩子能够接触到各种各样健康的食物,父母就不需要担心学步儿的营养问题。一个涉及 3000 个 4—24 月龄的婴幼儿的研究发现,即使是位于体重分布曲线最低 10% 的孩子,也满足了他们对所有营养成分的需求。[11] 尽管有了这些让人安心的研究发现,在样本中仍然有 50%

的父母认为他们的孩子是挑食的，这说明父母有一种倾向：即使没有客观原因存在，他们还是担心孩子的营养。[12] 还有一些研究说明，父母可能过快地给年幼孩子贴上了挑食的标签。一开始，学步儿可能会拒绝某种食物，但是如果父母坚持给他们提供 10 次，那么这些孩子最终还是会尝试这种食物的，但是大多数父母在尝试了 3 次或 4 次后就放弃了。[13]

那些担心孩子饮食的父母，通常会求助于欺骗、强迫或者把食物作为一种奖励。这些方法不但没有必要，而且可能会产生事与愿违的不良后果，因为他们把食物与负面情绪及亲子冲突进行了关联。有一致的证据证明，只有当孩子没有被控制或者被强迫进食的时候，孩子才能在食物摄入中建立有效的自我调整能力。[14] 反过来，自我调整能力可能是预防肥胖和进食障碍的关键因素。

食物作为营养的等价物，具有强烈的象征意义。学步儿会逐渐增加自主进食的动力，父母可以将此理解为是一种信号，即他们不再需要养育了，因为他们现在可以喂养自己了。提供食物可以成为提供爱的替代品，但悲伤的折磨也会被误解为是饥饿的痛苦。人们在治疗中帮助有进食障碍的成人区分生理和情感上的饥饿，因为他们在成长过程中把这两种体验等同起来了。当父母知道孩子拒绝食物并不等于拒绝爱时，学步儿就可以在最开始就学习这两者的差别。

当然，父母确实在教育孩子的进食上扮演着重要角色。示范如何吃以及吃什么对孩子有着重要影响。比如一项研究发现，当妈妈以身作则吃水果和蔬菜的时候，她们的女儿对这些水果和蔬菜也吃得较多。当妈妈强迫女儿吃水果和蔬菜时，女儿则对这些食品吃得较少。[15] 示范有双向作用，也就是说它可以产生负面作用，正如研究结果显示的，当父母节食或者表现得进食失控时，孩子在进食时有较差的自我调节能力。[16] 进食是一种社交活动，当餐桌上的其他每个人都在尝试一种新食物时，学步儿也更可能尝试这种新食物。家庭聚餐是一种重要的社交体验，帮助学步儿在多个水平上得到发展。当一家人一起进餐时，孩子变得更有能力让自己吃饱，而且能够长期从中获益，他们在青春期时会进食较少脂肪、苏打和油炸食物，并进食更多水果和蔬菜[17]。这些研究发现表明，当父母设定了在什么时候、在哪里及和谁进食的条件时，当父母提供和食用他们希望孩子进食的食物时，并且当他们使用这个框架给学步儿选择吃什么和吃多少的自由时，他们能够为孩子的良好进食习惯提供最好的支持，并预防孩子出现进食困难。

手足竞争

增加了一个弟弟或妹妹

对学步儿来说，即使他们热切地期待，但弟弟或者妹妹的出生，也可能是非常让人不安的。这并不是说它会造成心理损害。相反，它可以带来很多重要的学习体验，并且有机会与手足建立终身的情感联系。

很多学步儿对小宝宝非常有爱心，显示出温柔保护的能力，这种能力对于这么小的孩子来说是很卓越的。比如，一些学步儿不想出门，除非小宝宝也一起，或者他们担心宝宝在分离时的安康，他们会跑去告诉父母，宝宝正在哭泣并且需要帮助，或温柔地抚摸宝宝的额头、手或脚。但是，出现一个新生的弟弟或妹妹也可能让学步儿感到威胁，似乎自己在家庭关系中被冷落或者被赶出了原来的家庭角色。嫉妒——生气地害怕自己不够好或者害怕失去自己的地位或被他人取代——深深地根植于人类情感中，在5—6个月的婴儿身上就有这样的情感。[18] 从进化论的角度来讲，这是如同爱和性一样重要的情感。[19]

根据学步儿的年龄、气质类型和发展水平，他们可以通过不同的方式来表达自己的不安。

苏安娜，15个月龄，她尝试把小宝宝推出妈妈的大腿，并且要求妈妈给自己哺乳，虽然她已经断奶好多个月了。每当她有机会，她就会咬小宝宝。她制造了很多麻烦，满屋子乱冲乱撞，虽然她最近才学会走路。白天，她很喜欢攻击他人，并且反应过于激烈；但晚上，她就回归到自己的小婴儿身份，常常醒来，并要求妈妈给她哺乳或者替代品（即奶瓶）。她很依赖她的安抚奶嘴，如果她看不见安抚奶嘴，她会变得很不安。

本杰明，也是15个月龄，他的反应就很不一样。他变得退缩和顺从，而且他的脸上出现了一种悲伤和担忧的表情。面对最轻微的挫折，他都哭出眼泪来。他似乎失去了所有的笑容，而且他的活动缺乏热情和活力。他变得非常拒绝母亲，但是很黏爸爸。

南希，24个月龄，她在拥抱弟弟时太用力了，以至于弟弟的皮肤都变红了。在妈妈拯救他的时候，南希哭了。她想时刻抱着弟弟，但是最后总是把他弄哭。

丽贝卡，28个月龄，她拿着一个丝绸蝴蝶结和一个锤子走来走去。爸爸问她在做什么。"给她的头戴一个蝴蝶结。"丽贝卡说。她指着3个月大的妹妹那个几乎完全没有头发的脑袋。

彼特，30个月龄，他看着只有一周大的弟弟说："好吧，现在你可以回去了。"在另一个场合，他问："我们可以把他放在烤箱里吗？我们可以吃了他吗？他会很美味的！"

同一个彼特，现在3.5岁了，他看着弟弟试图在吹灭他第1次生日的蜡烛。他说："他很可爱，不是吗？我们不会杀了他的，对吧？"

亚瑟，3岁了，在妈妈给小宝宝喂奶的时候，他跳到妈妈身上，然后说："把他放下，把我抱起来！"

珍妮丝，4岁了，她有一个5个月大的弟弟。她向一个小闺蜜倾诉道："等你有一个弟弟吧。当你妈妈给他喂奶的时候，你就会很生气。"她转身背对着欣赏那个新生儿的客人们，然后生气地看着那些继而也来欣赏她的客人们。

这些片段显示了，幼儿在手足出生后所表达的愤怒和矛盾的演变过程。苏安娜和本杰明，15个月龄，通过自己的气质风格，简单而且直接地表达了他们的感受。苏安娜大打出手，而本杰明则是退缩。年长孩子的反应就更加复杂。他们辛苦地保持和控制自己的攻击冲动，并试图融入爱的感受。丽贝卡，她很喜欢在自己浓密的头发上戴上蝴蝶结，所以她执着地想和她的光头妹妹分享这种喜悦，但是又找不到更好的方式实现，于是只能拿着一把锤子和一个钉子过来，"让蝴蝶结能够固定在那里"。彼特，开始的时候在对立的愿望之间挣扎，他想把弟弟送回去，想要吃了他并让他成为自己的一部分。等他到了3.5岁，他喜爱弟弟的那一面战胜了他想要杀了弟弟的那一面。4岁的珍妮丝，可以反思自己的愤怒感受，它是一种内在感受，不会通过破坏行为来表达。

学步儿害怕失去父母的爱，随着另一个新生儿的出生，这种恐惧得到有力地推动。自己所拥有的妈妈竟然慈爱地抱着并且侍候另一个孩子，这种景象对学步儿来说是非常有说服力的证据，证明他们的恐惧已经变成真的了。似乎这还不够，爸爸也被这个新生儿的到来所着迷，每个客人都先对这个宝宝感兴趣。害怕被另一个人所取代——这种焦虑也威胁着很多大人——的一个早期根源，就在这种家庭体验中。

新生儿给学步儿每时每刻的体验带来了很多具体的变化。比起以前，他现在需要更经常地等待更长的时间才能获得他想要或需要的东西。他花更长的时间独处。他更经常地受到责备或者批评，因为父母试图教会他什么能够而什么不能够对小宝宝做。一些喜爱的活动——游泳、去游乐场、玩最喜爱的游戏——经常因为小宝宝的需求而要被缩减或被推迟。事情不再能够那么自发地进行，因为需要考虑宝宝的日程，而准备婴儿包所需要的时间似乎是没完没了。

对学步儿来说，这些都是重要的丧失。下面这个例子显示了，学步儿对于失去东西的感受是如此强烈。

> 萨米，28个月，在新宝宝出生之后，他开始把脸埋在手里，并且深深地叹息。爸爸问他："你为什么那么做？"萨米回答说："我很伤心。"爸爸就问为什么。萨米悲伤地看着他说："我想要回我的妈妈。"

即使父母很有耐心，并且很及时地帮助学步儿度过这个阶段的强烈情感，学步儿的这些感受仍然存在。与新生儿的竞争，会引发学步儿对于嫉妒、羡慕、羞愧和自责的最初持续体验。

即使没有新生的手足，学步儿有时候也会觉得比自己的实际年龄更小或更大。正如琳达所说的："我是一个宝宝，我也是一个大女孩。"需要每天去容忍一个小宝宝，可能又再次严重强化了学步儿希望做个宝宝的愿望。学步儿可能表现为，想要一个奶瓶，在如厕训练中倒退，或者回归到婴儿的说话方式。另一方面，当他们意识到自己可以做很多小宝宝无法完成的事情时，他们也能体验到骄傲和优越感。

学步儿的做事能力比小宝宝强，这可能是消除嫉妒感的一味好解药。当父母欣赏地评论学步儿做某件事的技能，或者指出小宝宝还不能完成如此不可思议的成绩时，学步儿获得一种安慰感，即他仍然是独特的和被欣赏的。

也许最重要的是传递给孩子信息，妈妈或爸爸的大腿有足够的位置同时容纳学步儿和小宝宝。当学步儿因为小宝宝需要喂奶而从妈妈的大腿上被推下来时，他的体验可能就像是心里被戳了一刀。当爸爸习惯性地下班一回家就先问候小宝宝时，学步儿可能会感到很无助，觉得没有任何人还会最关心他。在冒险失去一定自发性的同时，父母应该帮助学步儿，他们应该设身处地想一想，当学步儿看到父母和小宝宝互动时，他可能如何感受。在刚开始最困难的适应阶段，应该尽可能地带上学步儿，甚至给他优先权，这都能帮助他忍受新宝宝，帮助他开始喜欢上这个新生的手足。

当学步儿是家庭里的小婴儿时

莎拉，4岁，她在房间里玩扮装游戏。她身边的地板上放着一个箱子，里面装了她收集的宝贝发饰。妹妹罗宾，15个月龄，她进来了，直接走到那个箱子跟前，把莎拉的一个蝴蝶结放进了嘴里，使它沾满口水。莎拉尖叫起来，并且打了罗宾。罗宾哭了。

马里奥，6岁，在和一个朋友玩球。罗尼，24个月龄，想要加入。"我也要，我也要！"他大喊。

阿雅娜，3.5岁，在等妈妈给她读故事，已经等了很久。当她和妈妈舒服地坐下来想要开始读故事时，18个月龄的欧玛哭着说他饿了。这次的亲子阅读还没开始就要结束了。

4岁的雷切尔和2.5岁的阿尔门，在生气地争夺究竟谁能够坐在爸爸旁边看电视。

这些非常普通的场景，阐述了学步儿破坏哥哥或姐姐的生活的能力。他们还很小，大多数时候不知道还有什么比这更好。而且，他们通常在挫折面前哭泣，当他们表现得非常伤心和无助时，几乎不可能不站在他们那边。

在处理手足关系时，父母最常犯的错误也许就是对年幼的孩子太偏心。父母这么做通常是因为，年幼的孩子似乎那么脆弱和需要帮助。另一个常见错误是，父母在了解事情的来龙去脉之前，就惩罚了其中一个孩子或者两个孩子。

在手足关系上，父母可以允许自己有一定程度的善意忽视。让孩子们自己去解决他们的矛盾，这对于所有年龄的孩子来说都是一个宝贵的经历。谈判并不总是顺利的。比起严格的正义标准，较强壮的孩子可能更加经常获胜。问题是，父母的干预也无法保证公平。它只会在矛盾中带来一个更强壮的参与者，而他或她的话就是最后的判决，无须考虑事实。最后导致我们可能处于一种境地，即父母使年长的孩子承受武断的权力，正如年长的孩子让年幼的孩子承受武断的权力一样。如果父母限制比较强壮的孩子的权力，就等于发出了这样的信号："按我说的去做，不是按我的做法去做。"

孩子们需要想办法自己处理他们的关系。父母可能会帮助或者阻碍这种发展。父母的一个作用就是，确保每个孩子都获得了足够关注和照料，使他们不需要和手足争夺。在第6章描述的托比亚斯案例里，他表现出一些情感反弹，可能是过度表达或偏心的父母所进行的干预导致的。比较受偏爱的孩子可能会变成一个自以为是的欺凌者，他有信心父母会保护他；而不受偏爱的孩子可能变得偷偷欺凌别人（在父母不在的时候，试图通过攻击行为来逃脱），或者压抑愤怒和不满的感受，从而干扰了情感自发性和表达的自由。

当然，有些时候父母必须干预。在第1个例子中，莎拉打了罗宾，他们的爸爸做得很对，他用坚定的语气告诉莎拉：她可以生气和责怪罗宾，但是她不能够打她。然后他告诉罗宾，她需要让莎拉自己玩，并且把她从莎拉的房间里带出来。这种干预方法简洁到位，以适合两个孩子各自发展水平的方式解决了问题。两个孩子各自都从中学到了一些。

父母的干预最好保留到，当争吵演变成重大爆发，以至于可能出现不可控制的尖叫或者身体打斗时。父母通过克制和简洁的干预方式，示范了在处理矛盾冲突时的重要价值观。孩子们学会，他们可以控制比较负面的情绪，寻找一种公平而且对所有人都平等的解决方式。刚开始，父母需要扮演调解员的角色。逐渐地，孩子会内化这种角色，然后学会自己调解矛盾。

婚姻矛盾

当父母在学步儿面前争吵时，学步儿会变得很焦虑。这是否意味着夫妻应该把争吵留在他们单独相处的时候呢？父母是否应该尽量不让孩子看到自己吵架以免他们不安呢？

有时候，在怎么做才对孩子有好处的问题上，孩子才是最好的裁判。我曾问过一个5岁的女孩她是怎么看的。碰巧，她的父母刚刚经历了彼此都很暴躁的一天，所以莉迪亚对这个话题记忆犹新。她严肃地考虑了这个问题长达1分钟，然后非常确信地说："我宁愿他们在我面前吵架。那样我就不会那么害怕，因为我们可以谈论这件事。"

莉迪亚的回答显示出，她相信对不好的事情进行谈论的力量。她认为谈论能带来安心。即使在脾气失控的时候，如果事后，父母能够以孩子可以理解的方式告诉他，他们争吵的内容是什么，那么当争执过去之后，父母还能做出弥补。

年纪更小的学步儿，会跟莉迪亚的反应一样吗？学步儿虽然难以说清楚，但是他们可能基本同意她的说法。学步儿能够敏锐地感知父母之间冰冷的沉默、讽刺的语调和心照不宣的紧张。他们能感到事情不对劲，但是他们不知道是什么事情。当父母对彼此生气，但又试图不表现出来的时候，学步儿有时会变得烦躁不安并过于苛求。学步儿可以把他们感受到的压力演绎出来，但是他们还不能理解。

当婚姻中的分歧没有变得一发不可收拾时，对于学步儿来说，能够看着父母相互争吵然后又和解，是非常有教育意义的，因为随着他们生活中的两个最重要的成人经历这个过程，学步儿学会愤怒与和解的周期。这种体验帮助他们正确地看待自己与父母生气然后和解的过程。

然而，一些婚姻争执十分尖锐并且拖沓，以至于学步儿在目睹了父母争吵后，难以不动摇自己对父母的信任。这种争吵让学步儿感到恐惧。

他们不但害怕父母不再相互关爱，而且看到了父母最糟糕的一面，父母沉浸在自己的愤怒中，忘却了孩子，不管孩子的需求。父母失控尖叫或更糟糕的画面唤起了孩子害怕被抛弃和失去爱的最深层的恐惧。很多孩子长大后还记得父母曾失控地大声争吵，这是他们童年最吓人的事件。

孩子的存在要求父母承诺，要建设性地而不是破坏性地解决夫妻之间的差异。就本质而言，导致分裂的争吵质疑了这种承诺。负责任的育儿包括，意识到父母彼此的互动行为将影响到孩子，以及努力为了孩子而调节激烈的情绪。

当这种努力失败时，正如有时候确实如此，父母就需要关注争吵之后的处理。承认孩子的这种恐惧，为他提供安抚，也许甚至可以对他说"对不起"，然后来一个家庭拥抱，并试图在下一次做得更好。所有这些步骤都可以帮助我们把对孩子的影响控制在一定范围内，而不致恶化到我们无法挽回的程度。

当创伤性事件发生时

虽然难以承认，但是年幼孩子比起年长孩子有更大的风险暴露于，威胁生命及身体与情感完整性的创伤性事件中。伤害学步儿身体和情感的恐怖事件包括：意外（摔跤、烫伤、交通意外、狗咬、差点溺水、吞入有害物质）；目睹发生在家庭成人之间，或者在社区里的暴力事件，或者针对其他儿童的暴力行为；被家庭成员或者其他人进行言语的、身体的或者性方面的侵犯；失去他们最爱的人，看到他们的死前挣扎。这些情境在学步儿及其家人的生活中是如此普遍，它们潜在地伤害了孩子的身体和情感健康，所以美国儿科学会建议儿科医生在筛查儿童的身体健康状况的同时，会例行地筛查发生在他们身边的事件。

根据美国国家儿童创伤性应激网络，创伤事件包含：（1）体验一种严重的伤害或者目睹某个人严重地受伤或死亡；（2）面对即将到来的威胁，这种威胁可能导致自己或其他人严重受伤或死亡；（3）体验到个人的身体完整性受侵害。所有这些体验都可能造成儿童过度恐惧、害怕或无助。当创伤性事件只发生了一次，并且是短暂的，它就是急性的，比如自然灾害、屠杀、枪击，或者某人突然的或者激烈的死亡。创伤事件也可能是长期的，在一个较长时间里反复出现。[20]

在创伤事件发生的时刻，个人感到被强烈的感受淹没：令人恐惧的情境、声音、气味和运动，这些都无法躲避。创伤事件可能发生在瞬间，但是可以在一段非常长的时间里产生影响，影响受创伤个体各个方面的功能，包括个人安全感、对他人的信任感、关注的能力、集中注意和学习能力。这些反应开始于生命初期，可以在一个人的任何年龄段出现。

如果儿童暴露于一个创伤事件，而且这超出了他的应对能力，使他无法处理所经历的事件，那么就发生了儿童创伤性应激。根据他们年龄、气质以及他们能够获得的情感支持，儿童对创伤应激的反应各有不同，但是一个一致的特征就是，他们会努力地保护自己，通过对提醒他们创伤事件的情境或事物表达不安、退缩或者其他强烈的情感反应。这些提醒物被称为"创伤扳机（traumatic trigger）"[21]。

对于学步儿，儿童创伤性应激的具体表现形式与他们的发展阶段相关，并可以分为以下几个行为类别：重新体验、回避、积极情绪减弱，以及唤醒增强。根据不同学步儿的气质以及其他还没有完全研究清楚的因素，他们可能呈现这些反应的不同组合。

- 重新体验，包括：在游戏里或行为上重演创伤事件的某些方面；反复做噩梦；在想起那个事件时表现出明显的不安或者生理反应（改变脸色、快速呼吸）；被这个事件占据以至于孩子反复地提问或者谈论它；以及在想起这个创伤事件时，以僵硬或"发呆"来回应。
- 回避，包括：努力回避让其想起创伤事件的人物、地点、活动或者对话。
- 积极情绪减弱，包括：社会退缩，减少的喜悦、兴趣和兴奋表达；以及增强的恐惧感和悲伤感。
- 唤醒增强，包括：入睡困难（抗议上床睡觉、不入睡、走来走去）；难以集中注意力去关注；对环境的警觉性提高，似乎在扫描危险信号（过度警觉）；夸张的惊吓反应；以及恶化的脾气、愤怒、毛躁和易怒。

当年幼的孩子经历了一个创伤性事件时，父母收到的一个最常被误解的建议就是，"如果你不去谈论它，他们会忘记它"。从很多优秀的研究中获得的科学证据表明，这远不是事实真相。[22] 一个创伤事件可以把一个孩子的世界颠倒。他原本预期父母和照料者会保护他的安全，现在这个预期将不再被视为理所当然，并且受创伤的孩子必须随之重新组织他们应对世界的方式。婴儿、学步儿和学前儿童会记住过度吓人的事件，这是因为从进化角度来说，记住并且对危险做出反应对生存有意义。他们可能无法准确地记得细节（比如，他们可能不理解谁让什么事情发生了），但是他们却记得那种恐惧和痛苦，并且试图采取行动去保护自己，让事情不再发生。

上面描述的一些反应代表了孩子想要阻止另一个创伤体验的努力，他们会扫描环境中的危险信号，甚至在睡梦中。这些反应表示，大脑中负责觉察外部环境和对危险信号做出自动反应的脑区被激活了。在创伤事件之后，这些脑区变得长期激活，导致唤醒增强，并在情感上对即使轻微的压力源也会过度反应。另一些反应表明，孩子在努力地解释事件，通过把它演绎出来或者反复的询问，来理解它如何发生和为什么会发生，或者借此惩罚他们认为是罪魁祸首的那个人，或者给那个事件安上一个令人安心的"快乐结局"。

很多学步儿在暴露于创伤事件之后，太平无事地恢复了，尤其当成人承认发生的事情是吓人的，他们安抚孩子，并且采取措施保证孩子安全的时候。当创伤事件是短暂的，伤害性行动不涉及父母或照料者，并且很快就恢复了安全时，这种情况更容易出现。当创伤事件反复出现，父母或其他亲密照料者涉及造成创伤，并且危险持续的时候，孩子更有可能体验到严重并且长期的后果，通过前面提到的症状恶化表现出来。

孩子需要父母和其他照料者承认并且说出自己所体验到的创伤事件，让自己确信自己的恐惧是合理的，自己的安全对成人来说是重要的。有时候，成人沉浸在自欺欺人的思维中，希望孩子还很小，不会注意到或者记住创伤事件。另一些时候，父母也因为所发生的事件而受到创伤，他们没有情感能力帮助孩子加工这个创伤事件。幸运的是，已证明存在有效的治疗可以帮助年幼儿童和他们的父母在创伤事件之后恢复并且健康地生活。比如，亲子心理治疗（child-parent psychotherapy, CPP）利用儿童的游戏和亲子的自发互动，为受创伤的年幼儿童创造了一定的情感空间表达他们对创伤的体验，纠正他们对所发生事情的错误解读，并帮助父母在回应孩子的时候保护孩子，引导孩子和父母重新建立安全感和信任感。[23, 24] 儿童需要学会，记住创伤事件并不意味着它再次发生。当孩子遇到一个创伤提醒物，并且变得情绪上过度紧张时，可以平静地解释，虽然孩子记得发生了什么，但是现在是安全的，这样做可以让人非常安心。学会把难以言说的说出来，把原来势不可当的事件转变为即使困难也还可以控制的人生体验，这样孩子和父母都能得到缓解。

管教：它是否真的需要

这是学步儿父母最常问到的问题。通常，这个问题的触发是由于一种秘密的愿望，父母希望听到，如果孩子被爱、被理解、被及时照料，那么孩子就不需要被管教，因为他们天生就充满爱并可以对父母的愿望及时回应。

不幸的是，做人并不是那么简单的。学步儿并不是父母的复制品。他们有自己的愿望、需要和计划。有时候，这些并不会和家庭的更大利益相冲突；但很多其他时候，却有冲突。当一个特定行为不被接受并且不能被允许时，学步儿需要从父母的反应中学会这点。

在最佳状况下，管教（discipline）是教育内在控制的一种形式。实现管教的技术随着学步儿发展出的技巧而变化。对于还不会说话或者刚刚开始说话的学步儿，虽然他们可以理解语言，但是父母最好能够同时借助行动制止或重新引导孩子行为。年长并且会说话的学步儿已经发展出更多的内在控制，父母可以言语告知他们什么可以做，什么不可以做。但是，即使较大的学步儿（还有更大的孩子）也可能会试探边界，直到有必要用直接和决定性的行动教育他们，让他们知道自己已经做得太过了。

下面的片段阐述了不同管教形式的演化过程，以符合14—40个月大的孩子的发展需求。

格里格，14个月，是一个活跃的学步儿，想要探索在他视线范围内的所有东西。他从客厅的植物那里挖泥土吃；把手指插入插座的孔里；打开厨房洗手池的橱柜门，翻寻垃圾；从地上捡起每块小碎纱布或者其他碎屑，好奇地看着它，然后把它放进嘴里。

格里格所做的事情并没有什么道德错误，但是他的行为是邋遢、危险和有破坏力的。他的父母已经竭尽所能地让房子变得对孩子安全，但是格里格总是能找到父母没有考虑到的漏洞。对大多数父母来说，这段时期的孩子是非常让人疲惫的。父母需要一次又一次地对他们说"不"，将孩子的注意力转移到一些可以接受的事情上。

有时候看起来，似乎孩子什么都没学，但是每一点都是有帮助的。很快，格里格在接近被禁止的目标之前开始犹豫。然后他开始在继续之前，先检查父母的脸色。这些行为说明，他记得父母的禁令和使他转移注意的做法，这些记忆正开始跟他不可抗拒地想做某些事情的冲动发生竞争。

虽然这个过程持续很长一段时间，但是格里格开始收获一些东西，最终将成为良知的基本成分。通过学习遵从有关对错的外部指令来指导自己的行为，他开始这个过程。

> 乔尔，2岁，当他对父母和朋友生气时，他就咬他们。这造成了乔尔的父母和其他父母之间的矛盾，其他父母不高兴在自己孩子的脸上和手上看到乔尔的牙齿印。即使乔尔不生气，那些孩子现在也犹豫着不敢和他一起玩。乔尔的父母有时也不轻易接近他，因为担心他咬人。

乔尔是一个小男孩，总是喜欢吸吮，他非常不情愿地放弃了妈妈的奶头和奶瓶。他对于放弃那些快乐感到很生气，当他的感受变得难以控制的时候，就表现为咬人的冲动。嘴巴，原来快乐的容器，现在已经变成一个随手报复的工具了。

理解乔尔并不等于原谅他所做的事情。父母坚定地告诉他，他不能咬人，并且当他再咬人的时候就把他带走。作为回应，乔尔开始咬自己。他的行为告诉我们，他明白父母不同意自己的行为，而且他试图去遵从，但是对于他正在发展的自我控制能力来说，他的冲动太强大了。

对于一个几乎不会说话但被情感淹没的学步儿，我们可以通过向他们提供另外的方法，帮助他们释放咬人或攻击人的冲动。父母给乔尔提供了一个磨牙棒，告诉他可以咬磨牙棒。乔尔花了一段时间才成功过渡，不过大约1个星期以后，他就饶有兴趣地咬他的磨牙棒了。

自我控制的持续演变在一年之后变得清晰。乔尔36个月的时候就很会说话了，他看着自己新生的弟弟，然后说："妈妈，没错，我可以想咬他，但是我不能咬，对吗？"他想要咬的愿望，仍然会重新浮现，但是他现在可以制止自己不去做他知道是错的事情。他开始拥有一种内在的是非观，也就是我们所说的良知。

桑亚，2.5岁，她正在和父母以及4位客人共进晚餐。她开始大声唱歌，使大人们难以进行谈话。妈妈迁就了她，把她的注意力从客人那里转移了过来，并且跟着她唱了2分钟歌。当妈妈回去继续和大人谈话时，桑亚尖叫："和我一起唱歌！"妈妈大吃一惊，转回去唱歌。爸爸说："不要唱那么大声"。但是爸爸还在听。每个人的注意力都在桑亚身上。这在接下来的30分钟里，这种情况一直持续着。每当父母试图继续和其他大人谈话时，桑亚就大声抗议。每次孩子抗议时，妈妈就恢复跟她唱歌。那些客人勉强地笑着，被迫受着折磨，他们想要进行成人的谈话，他们不确定是否应该迎合这么小的桑亚。

我们应该如何思考这个场景呢？成人应该屈服于想要博得关注的孩子吗？学步儿在场的时候，晚宴客人是否不应该希望进行成人之间的谈话？

不同的人可能有不同的回答，但是30个月龄的孩子是能够学会"每个人都要轮到"这个道理的。如果父母在桑亚第1次大声打扰别人的时候，就告诉她，她需要把声音放低，因为她伤害了别人的耳朵，并且如果父母只和她一起唱几分钟，就转而招待客人，那么父母可能已经让她明白，她是社会情境中的一个参与者，但不是唯一一个。

当然，大多数父母知道，他们不得不在大多数社交情境中分散自己的注意力，一只耳朵和眼睛用于回应学步儿，另外的耳朵和眼睛留给社交情境。这是养育学步儿时遇到的最困难的方面。尽管分散注意力让父母很疲惫，但这是有必要的，因为要教育学步儿逐渐成为社交场合中的参与者。

> 辛西娅，40个月龄，下午过得很不爽。她刚刚知道，晚上父母要出门。虽然她将和一个她认识并且喜欢的青少年待在一起，但她还是把父母出门这件事看作是对她的冒犯。她没有利用妈妈的提前告知让自己准备好进行告别，反而投入一场全方位的游击战中，以确信妈妈不会离开。每隔20分钟左右的时间，她就哭起来喊："我不想你离开。"她有天赋通过不同寻常的能力把感受表达为语言，她将自己的内在体验清晰地表达出来，"我会太想你的""为什么你要离我而去""我将会非常悲伤"。

辛西娅的妈妈因为女儿的体验而感到悲伤，而且那个孩子有出色的能力，可以通过详细描述她感到多么糟糕来让妈妈产生自责感，由此妈妈被她操纵了。妈妈受上述两种感情的困扰，她一边高兴地安抚辛西娅会没事的，一边告诫孩子应该振作起来停止哭泣，一边威胁她如果她继续抱怨，就送她回自己的房间。辛西娅的行为丝毫没有减弱，并且在保姆到来而父母准备离开的时候恶化了。她黏着妈妈，尖叫说："不要离开！"

辛西娅的妈妈不知不觉地被女儿的困难，包括她的焦虑控制了。在回应女儿的抱怨时，她的优柔寡断被孩子理解为是一种默认，也就是妈妈也认为父母在今天晚上离开她确实是有问题的。

也许一种比较不被接受的反应方式可以帮助辛西娅。辛西娅需要妈妈更加自信地确定，她相信辛西娅可以处理分离，而且父母是可以离开的。这是一种可以通过社会化方式来处理的情境，能够帮助孩子学会控制自己。

有人可能会问，如果告知辛西娅，妈妈不同意她的行为，那么辛西娅是否会感到内疚？如果她会，那么她在 40 个月龄能感受到自责的能力，实际对她的情感发展是有利的。随着孩子长大，当孩子做了一些不被其他人接受的事情时，他们（就像成人）需要体验懊悔。在回应特定的破坏行为时，人们会感到自责，这时自责是一种有用的情感。只有当自责过于强烈，就像在那些持续担心做错了事情的孩子身上出现的那样，这时自责才是不健康的，它会抑制孩子维护自己的能力。

从这个方面来看，比起父母，同伴和哥哥姐姐有时是更好的老师。同伴们以毫不含糊的方式表达他们不喜欢孩子正在做的事情，孩子则可以从这些反应中学习。父母通常过于担心，如果自己表达不满或者收回情感，就会导致孩子产生内疚情感或者让孩子觉得不被关爱。父母无法表现得，好像无论孩子的行为如何，他们都能同样地爱孩子。这也不可能是真的，无论父母还是孩子都不会真的相信。事实上，在面对需要反对的行为时，如果父母假装继续仁慈和热情，那么这是非常有害的，因为这不是真实的，学步儿看得出来。真实的感情在帮助孩子理解他们的行动如何影响他人，并且建立他们的内在控制上，是一个重要元素。

总之，如果没有父母帮助孩子调节、控制和寻找替代方式释放他们的负面情绪，那么学步儿就很难变成社交灵活并且情感健康的人。对于还不会说话的学步儿，需要引导他们将想要打人和咬人的冲动，转变为不会伤害他人的活动，比如，对着玩具板凳而不是婴儿锤锤子，咬磨牙棒而不是同伴。随着孩子变得更加会说话，父母对于恰当行为的期望也在逐渐增高。父母可以期待孩子用语言而不是动作来表达他们的感受。如果孩子没有这么做，父母可以表达不满。但是，即使会说话的孩子也需要一些充满能量的活动，以减少不被认可的行为。正如辛西娅的案例所展示的，一个非常能说会道的孩子可以以一种纠缠不止的形式来谈论感受。当父母感到被孩子的语言打败时，正好适合去制止孩子不恰当的言语行为，正如去制止有害的肢体行为那样。

清晰的指引远不会威胁到亲子关系，实际上还会强化亲子关系。伙伴关系的基础是，能够包容全部的感受，并且承认一次友好的打架不会破坏和谐。

应付社会变化：屏幕时间的示例

每一代的父母和孩子都要找到方法，适应新的社会潮流和生活中的新产品所造成的影响。屏幕时间和社交媒体是新来者，它们引发了激烈的讨论，大家争论着让非常年幼的孩子接触它们的风险和收益。在多个不同渠道的建议中，都有一个主要的主题，人们担心它们会对年幼孩子的健康、人际关系和认知造成不良影响，但是还缺乏研究方法过硬的纵向研究去支持这些忧虑。这些建议也通常和父母如何在自己的生活中使用屏幕时间相冲突。屏幕已经变得如此普遍，它们是环境中不可或缺的存在，不管是在家庭，还是在年幼孩子会花大多数时间待着的其他场所里。通过涉及屏幕的活动，学步儿和父母频繁地加入愉快的互动中。屏幕时间已经变成学步儿和父母共度时光的一种方式，另外还有读书、玩积木或拼图。

屏幕似乎有点催眠作用，即使是婴儿也会昏昏欲睡。在最近一次跨国航班中，一个8个月龄的宝宝先是坐在妈妈的腿上，然后坐在奶奶的腿上，玩着各种各样的玩具，翻翻书，并且在妈妈和奶奶轮流给他朗读书本时，他会看看书上的插图。长时间的航班开始变得单调乏味，在吃完饭和小睡过后，那个宝宝受够了被限制，他开始变得不安和各种扭动，使劲地想要获得娱乐。然后，妈妈伸手从自己的手袋里拿出手机，让他看屏幕。效果是立竿见影的：在宝宝和妈妈一起看屏幕的时候，宝宝开始拍打屏幕。一会儿之后，他就准备好再去读一本书了。相似的情境，带着细小的差别，出现在全世界的餐厅和其他公共场所里，发生在婴儿、学步儿以及学前儿童身上。

有时候需要区分孩子在屏幕时间里能做和学的东西，以及他们在"真实

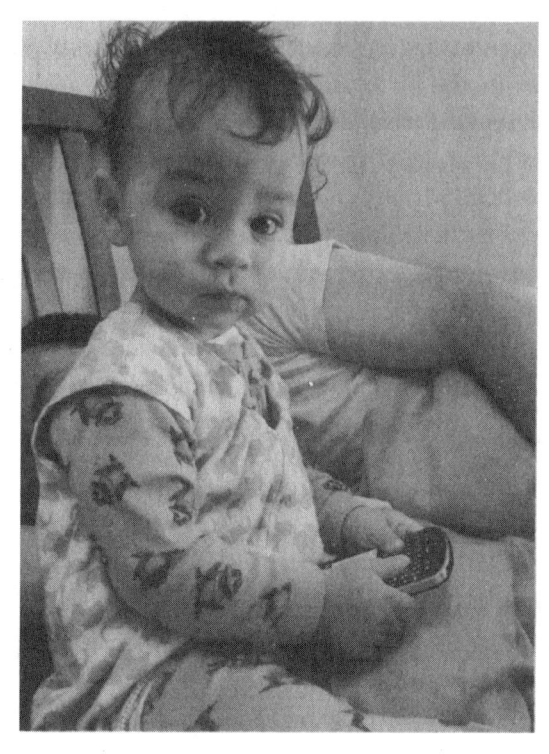

时间"里能做和学的东西。那可能是一种没有差别的区分。所有时间都是真实时间。孩子在不同渠道所学的东西,不管可以或不可以迁移到其他渠道,总能教会他们一些关于世界的内容。一块屏幕如同一个玩具或一本书,有不同的属性可以让孩子去探索和学习操作。父母让学步儿接触屏幕,通常也说明,父母希望孩子能够为周围这个电子世界做好准备,并且他们需要在长大以后变得非常娴熟。这是一个很重要的观点。按常规,一般会建议父母在宝宝生命的最初几个月引入书本,将其作为社交、建立关系和早期学习的工具。对很多父母来说,这个建议和早期引入电子工具是并行的。

应该如何使用屏幕也是一个被大家讨论的话题。它是为了娱乐吗?为了学习吗?为了让父母喘口气吗?大多数父母给出的答案可能是"以上都是,在不同的时间。"屏幕不需要在孩子的所有活动中都处于一个独特的位置。事实上,父母的价值观和常识可能是最合理的指南,用于决定让学步儿何时、如何以及和谁一起接触屏幕。

父母积极地参与学习，和孩子一起通过博客和其他沟通形式，彼此学习如何使用电子工具。伦敦经济学院已经发布了一份报告，题为"家庭和屏幕时间：当前的建议和正在不断出现的研究"。里面包含了一个综述，总结了不同组织当前推荐的意见，以及从父母的访谈中获得有关他们的想法和实践的研究结果。一些关键的观点列举如下。[25]

- 在给父母有关屏幕时间的建议中，主要关注的是风险和危害，只有很少的建议谈论到电子媒体作为一种学习、创造和链接的媒介所具有的潜力。
- 父母如何使用媒体存在广泛的差异。一些父母限制孩子使用，而另一些父母和孩子一起使用媒体，并和他们一起讨论媒体。
- 与其关注接触屏幕的时间长短，更有用的是思考使用屏幕的场景（何地、何时、如何以及和谁一起接触电子媒体），内容（在看什么或用什么），以及联结（关系是否通过使用媒体而被促进或被破坏）。
- 给父母的建议通常是面向普遍类别的，不会考虑到父母必须做出决定时孩子的具体年龄、兴趣、可获得资源（包括时间）、财力以及其他因素。
- 公共政策制定者和业界在帮助父母做决定时起到了一定作用，包括：给予和孩子一起工作的专业人士（比如，教师、健康工作者）提供培训，让他们能够为父母提出有用的建议；努力使不恰当的内容不被儿童接触；以及对产品市场进行独立评价，确保被评为"教育类的"产品符合该标签的要求。

这份报告给父母提供了以下 5 条关键性建议。

1. 父母可以将他们的经验、价值观和专业知识——包括电子的和非电子的——作为一种资源，学习新技术而不是被新技术吓倒，并且以此作为基础为孩子示范有建设性并且平衡的数字化实践和习惯。

2. 父母应该调整自己的策略，以适应孩子的年龄、兴趣和需求，在从婴儿期到青春期的整个年龄段都为他们提供支持。
3. 父母应该理解，限制屏幕时间可能避免了风险，但是同时也可能限制了学习机会。这种觉醒将使他们相应地调整决策。
4. 父母应该自由地发展自己的方法，而不是"跟随"其他父母的做法，因为每个家庭在如何使用电子媒体上都是独特的。
5. 没有理由假设孩子使用电子媒体就自然而然地有问题。与其使用一个武断的时间限制，还不如在使用屏幕时的场景、内容和联结方面，考虑使用以下指南：（1）孩子身体健康并睡眠充足吗？（2）孩子与家人和朋友在社交上形成联结吗？（3）孩子能很好地投入学校或者托管机构中吗？（4）孩子拥有广泛的兴趣和活动吗？（4）孩子在使用电子媒体的时候享受并且学到东西吗？

"从零到三"网站提供了特别适合婴儿和学步儿的建议，并涉及了让父母平衡使用屏幕。建议包括：父母要"全身心"地参与到年幼孩子的活动中；"三维"地使用媒体，包括一起看；谈论他们在看什么内容；问孩子问题；演绎所看到的情境；唱歌、跳舞，以及和喜欢的角色一起动起来；一起玩屏幕游戏；可使用游戏和应用软件来示范耐心和坚持，并且从错误中学习。[26]

面向儿童的媒体内容需要经过父母的检查和同意，才能给孩子看。父母通常试图下载免费的应用软件，然后才发现它们内含广告，应用中嵌套着孩子可以点击购买的产品，或者内含父母觉得不适合孩子的材料。"常识媒体（Common Sense Media）"之类的指南，可以帮助我们在众多可能选项中选定方向，因为它们检查和评选了适合所有年龄段的内容。当电子媒体涉及和孩子、家庭相关的问题时，它们可以用于促进学习和发展，比如以上幼儿园或者告别为主题的歌曲或者应用软件。

当父母在制定年幼孩子使用媒体的决策时，父母自己如何使用媒体是一个重要决定因素。很多新父母，为了工作和社交生活，依赖于手机、平板电脑，并借助应用软件获得其他父母的建议和支持。电子媒体在父母生活中的重要性对于他们养育孩子的方式是有影响的，因为没有什么比父母做的事情更有吸引力。模仿是最高形式的崇拜，而且如果他们看到父母沉浸在屏幕里，他们会感到迫切需要做同样的事情，因为他们希望像父母那样。正如父母需要反思如何社会化孩子的屏幕使用情况，他们也需要考虑自己如何使用屏幕，这一点将影响决策的背景。

值得留意一下，在历史演化的过程中，存在3个其他社会过程，它们与电子媒体类似，在家庭生活中引起了巨大变化。它们是：上班妈妈的数量、面向年幼儿童的日间托管中心以及父母离异现象的增加。最初的研究反应似乎都将社会变化假定为是有风险的：在这3个例子中，第一波研究使用的都是缺陷模型。有关这些话题的研究，在最初几年所检验的假设指出：从整体来看，上班妈妈的孩子没有全职在家妈妈的孩子那么好；在托管中心的年幼孩子比起在家养育的孩子出现更多的问题行为；以及离异父母的孩子会比父母婚姻正常的孩子表现差一些。研究结果无法证明这些期待。研究发现，孩子的反应有巨大的变化，而不是缺陷。当假定的负面效应无法成为现实时，研究者采用了一种更加复杂的研究方法，考虑了可能影响到孩子如何反应的很多因素（比如孩子、父母和家庭环境的个体差异），来预测孩子发展的不同方面。当前的统一意见是，没有单一变量（如上班妈妈、上托管中心和离婚）和孩子功能之间存在简单的因果联系。跨越这些条件，有一些变量，比如亲子关系质量、父母的社交和心理健康、家庭的情感氛围，才与孩子的功能有最大联系。家庭用不同的方式适应新环境，预测孩子健康幸福的最好指标是适应的质量，以及父母在给自己和家庭做决定时有多大程度考虑了孩子的发展需求及个性特点。屏幕时间并不是例外，只是最近的例子，它说明，父母作为带路人教给研究者和儿童研究者一个道理，父母可以做出智慧的决定，平衡自己的需求，并且实践着他们认为什么是对孩子好的事情。

第9章

当父母离婚

学步儿会深深地受到家庭冲突和父母离异的影响。我记得一个 18 个月大的孩子站在正在打架的父母之间,大喊着让他们停下来。在父母分开之后,无论当时哪一个不在他身边,他都会泪流满面地呼喊。当爸爸把他带回妈妈的房子里时,那个孩子紧紧抱着他,拒绝让他走开。在爸爸成功离开之后,这个小男孩打他的妈妈,摔坐在地上,大声痛哭,并生气地拒绝试图要安慰他的妈妈。这持续了很多个星期。只有在父母二人都反复确认他们会继续爱他并且会经常来看他之后,他的气愤情绪才消退了。

不是所有的学步儿都会同样明显地表达自己的不安。个体气质以及父母对于允许孩子表达负面情绪的舒适度,都强烈地影响着每个孩子在表达痛苦、生气和恐惧上的独特方式。有时候,成人需要从最细微的线索中搜集有关学步儿最内在的感受。

不管学步儿多么善于表达不安,我们都可以比较保险地假设:在父母分开时,所有学步儿都会一定程度上地担心将发生在他们身上的事情。他们知道,代表着世界的家庭结构现在破碎了,他们思念不在场的那方父母,也怀念日常生活的可预测性。他们害怕自己也会马上被遗弃。他们因为不同的原因生气,既气留下来的父母,也气离开的父母。

孩子的不安,不一定要成为离异父母严重内疚的一个来源,虽然一定程度的悔恨和后悔很可能是不可避免的。从长期来看，当孩子能够幸免于在日常生活中目击父母双方的愤怒、压力或冷漠时，他们可能可以更好地长大。追踪研究发现，如果离异父母能够关注到孩子的反应，并且尽管自己也有不安，但仍能向孩子提供情感支持，那么离异父母的孩子大多数能以健康的方式发展。梅维斯·赫瑟林顿（Mavis Hetherington）是离异家庭领域一位领先的研究者，她开展了3个纵向研究，涉及1400个家庭的2500个孩子，其中一些家庭参与研究长达32年时间，她总结了自己几十年的体验，强调孩子对于父母离异的反应具有巨大的可塑性。她写道：

> 当我开始研究离婚，我像大多数研究者那样，对离婚有一个病理模型。我关注离婚对家庭以及特别是孩子所产生的恶性后果。现在，在研究离异家庭35年之后，让我印象最深刻的，不是那些不利结果的必然性，而是父母和孩子在面对婚姻瓦解时，其适应能力的多样性。离婚给家庭成员带来充满压力的生活变化和挑战。但它可能也让他们逃离了不开心、矛盾或者有虐待的家庭状况，这是一次可以重新建造更加愉悦的关系的机会，也是个人成长和自我发展的机会。[1]

这一章主要关注孩子的反应所存在的个体差异的来源，目的是为了提供工具帮助孩子和父母应对父母离异的困难。一些学步儿对离婚的反应，源于年幼孩子倾向于把自己直截了当地放在周围发生的事件的中心。一个快乐的、适应力强的小女孩，看到公园里的狮子在咆哮，就反思道："它在咆哮，是因为它想把我当早餐吃掉。"她无法想象狮子有它自己的原因要咆哮。在她的心里，狮子这让人印象深刻的展示一定跟她有些关系。瑞士的临床心理学家让·皮亚杰把这种早期思维特征称为"以自我为中心"，这不是因为孩子自私，而是因为他们对事件的理解是主观的，他们通过自己对它的反应来理解。他们对因果关系的理解围绕着自己让事情发生的能力展开。所以，他们对一个事件的反应是基于它如何影响了自己。换言之，他们通过把真实或者想象的事件结果应用于自身，从而进行推理。基于这种粗糙的逻辑形式，对于父母离婚这件事，学步儿没有说出来的（以及难以表达的）一系列联想大致如下。

- "如果爸爸离开，那么人们都可以离开，如果是这样，可能妈妈也会离开我。"
- "如果妈妈不再爱爸爸，那么可能她也不再爱我了。"
- "如果妈妈和爸爸生气了，而且不想继续和他住在一起，那么当他们对我生气的时候，他们可能也不想和我一起生活。"

这些推理当然是不准确的，但是它们确实具有情感上的吸引力。父母正在离婚的学步儿，过于早熟地发现了苦涩的真相：人类关系可能是很脆弱的，而且情感和忠诚的纽带不是永远都能维持的。

一旦学步儿对于爸爸妈妈或者同性父母会一直在那里的基本信念产生动摇，其他焦虑就会接踵而来。学步儿逐步出现的幻想能力使他们能够想象一些情境，这可能比正在经历的现实更加让他们感到恐惧。一个被父母的争吵吓坏了的小女孩，可能会幻想野生动物会袭击她；另外一个孩子，被困在争夺监护权的斗争中，他可能开始害怕会被一个陌生人劫持。离异父母在他们的个人动荡中，面对着两种关键挑战。第 1 个挑战是，把对孩子有利的东西，优先于自己的偏好，并且不混淆二者。第 2 个挑战是，通过行动和语言共同向孩子展示，他们会继续关爱和照顾他，因为虽然父母可能彼此分开，但是在他们心里，他们永远不会离开孩子。在任何年龄，离异父母的孩子都必须感到可以自由地关爱两个父母。学步儿对依恋关系的信任很容易因为害怕失去与反对而受到影响，他们需要父母双方清楚和真诚的保证，他对另一个父母的关爱是被接受的。

最好是从一次解释开始，平静但是充满感情地说，爸爸妈妈将不再生活在一起，接着简单地描述孩子将会在哪里以及和谁一起生活。一些学步儿在获悉这些基本信息后还会问很多问题。另一些孩子则因为太小或受惊过度而不去提问。父母对孩子说出来或没有说出来的问题（包括当时的问题，或者在进展过程中产生的新问题）的接纳，将传递给孩子一个信息，这不是一个禁忌的话题，他可以去理解它，而且他有这个能力。

离婚造成安全基地的破坏

可以将离婚视为，学步儿失去了以家庭系统为代表的安全基地。因为学步儿不但将父母双方作为安全感的来源，还获得了一种意识，把家庭看作是照顾的整体，并且和每一个家庭成员建立了同等热烈但是在性质上有所差别的关系。

这意味着，在事件的正常发生过程中，学步儿学会同时和不同的家庭成员产生联系，将注意力放在不同的人身上，以及在家庭互动中放弃了专有性。他们不但是家庭动态关系的主动参与者，而且在家庭成员互动的时候，他们会有意识地从旁观看。在这个过程中，他们学会很多有关父母和手足的事情，开始对人类关系进行泛化。在父母的婚姻瓦解之后，家庭成员之间的复杂关系和互动会被急剧地调整且通常是削减，学步儿和父母都面临着重新创造出一个安全基地的任务，适应改变了的家庭环境。

正如所有的变化，这个丧失和重建安全基地的过程很少是太平无事地进行。悲伤和生气是家庭瓦解时不可分割的成分，正如它们在其他任何一种丧失发生时都是不可分解的成分一样。学步儿不可避免地会见证父母的强烈情绪和自己的感同身受。但是，如果父母能在情绪上持续支持孩子，那么尽管他们也很痛苦，他们还是可以帮助孩子度过困难情境，而不对孩子造成太大的情感伤害。

身体活动通常携带着强烈的心理意义。尤其对于年幼的孩子，运动传递了比词语更加强大的情绪。在生命的第 2 年，运动的核心是有关平衡的成就，而失去平衡的风险成为一个重要关注点。身体平衡是情感平衡的一个象征符号，同时表现在儿童游戏和成人想象上。正如学步儿会花无数个小时尝试控制对跌倒的恐惧，他们通常会设置一些情境，让平衡显得不稳固，以此来表达不确定性和对随之而来的焦虑感的控制。两个在父母离婚时被带去寻求帮助的孩子，都使用了这种形象的表达渠道。

芭芭拉和妈妈一起在治疗师的办公室，她正在玩一些玩具。他们的对话转向了父母对于芭芭拉的监护权的矛盾愿望。芭芭拉停止了游戏，并且要求妈妈把她抱起来，放在壁炉横板上。她的妈妈顺从了，然后站在她旁边。在那次治疗的剩余时间里，那个孩子都待在壁炉横板上，她明显害怕掉下来，但是又拒绝下来。

泰利的爸爸希望和儿子建立更好的关系，他希望治疗师能够帮助他实现这个目标。但是，他对于妻子离开他感到非常生气，以至于即使儿子在场时，他也无法控制自己停下来不骂她。在听了几分钟之后，泰利悄悄地走向游戏台阶，他爬上去，不太稳当地待在台阶顶上。他似乎既害怕掉下来，又下决心要留在他所在的地方。当他最终下来的时候，他把娃娃屋里的所有东西（包括娃娃屋本身）都转过去，并把玩偶妈妈、玩偶爸爸和玩偶宝宝扔得满屋子都是。

这两个孩子显示出他们正在失去平衡，几乎不能控制。他们无声地要求父母留在他们身边，去帮助他们感到安全。

有时候孩子因为需要保持自己的平衡而感到负荷过重，他们渴望更快乐、更简单的生活。在一次情绪强烈的治疗中，泰利和爸爸一起，快结束时，泰利把头埋在自己的大腿里，然后说："我只是一个宝宝。"

学步儿能理解什么

离异的父母通常希望孩子不要觉察到他们周围发生的事情，也希望他们没有注意到争吵和纠纷，以及餐桌或父母卧室里让人困惑的空缺。但是学步儿会注意到的，而且他们早在能够说话之前就可以对周围发生的事情形成观点了。下面的摘录来自一个基于家庭的治疗会谈，它清晰地展示了，一位妈妈为了保护女儿而希望她不知道爸爸的离开，但是孩子对这件事有非常清楚的感受。

这引起了一次有关莫伊拉的噩梦的讨论，治疗师询问莫伊拉是否已经睡得好些。妈妈回答说，莫伊拉仍然在她的睡梦中醒来并且常常哭泣。然后，她开始谈论她的丈夫。治疗师询问，莫伊拉被告知了有关离婚的什么信息。妈妈回答说，她从来没有跟莫伊拉提及这件事，因为那时候孩子只有18个月，还不能理解。莫伊拉现在26个月了，在这次谈话中，她正坐在妈妈旁边。那个治疗师转向她说："妈妈和我正在讨论你的爸爸，莫伊拉。"在那一刻，莫伊拉盯着治疗师，然后看着她的妈妈，接着她从椅子上跳起来，开始狂野地从客厅快速地跑到相邻的厨房，然后回来。治疗师问莫伊拉的妈妈，她是如何理解女儿的行为的。妈妈回答，她从来没有见过莫伊拉如此激动不安。治疗师问她，有没有可能是因为莫伊拉感到害怕，她需要感到安全。那时，莫伊拉正跑去厕所而且摔倒了。妈妈把她扶起来，抱着她，过了一会儿她问："你是因为我们在讨论爸爸，所以感到害怕吗？"莫伊拉直视着妈妈，然后说："是的。"妈妈继续说："你是不是因为爸爸走了而感到伤心？"莫伊拉低下头，但是又一次说："是的。"妈妈又一次问道："是不是因为爸爸走了所以让你很生气？"莫伊拉又一次直视妈妈，然后说："是的。"她那时候起来，然后跑去厕所。妈妈转向治疗师，评论道："我不认为她会这么想。一个18

个月大的孩子怎么可能理解这些？他基本不在这里，他很少关注她。"当莫伊拉回来，她开始爬到妈妈身上，这时妈妈继续谈论着她的丈夫。妈妈问："你希望我停下来不再讨论爸爸吗？"莫伊拉点点头，作为一个沉默的认可。她的妈妈说："莫伊拉，听我说。我想要你知道，我爱你，我永远都不会离开你。明白吗？"莫伊拉摇摇头，她把头深深地埋在妈妈的肩膀里。她们默默地相互摇晃了好一会儿。

这一连串事件清楚地显示了，即使非常小的学步儿也能注意到父母中的一方已经离开了家庭，他们可能对此没有说一句话，但是他们却很悲伤。很多孩子从很小的年纪就开始心怀秘密地担忧，正如莫伊拉那样。当这些担忧无法被一个善解人意的成人认同和缓解时，它们会重新出现在一个伪装的形式里，比如噩梦、分离恐惧、莫名其妙的恐惧、频繁而强烈的脾气、负面情绪、重新出现的尿床或者其他症状的混合，这些信号都可以被理解为，孩子在呼喊求救。这些症状实际上是在说"注意了，妈妈和爸爸。我感觉一点都不好。"

症状可能会改变他们的外观。一个充满恐惧的孩子可能会变得过度攻击他人，他们的噩梦可能消失了，但取而代之的是咬人行为。症状可能会变换，但是它们不会消失，直到背后的问题被缓解。正如儿科医生和儿童心理分析师雷金·纳德卢里（Reginald Lourie）曾经写道的："宝宝是非常有耐心的。他们持续一次又一次地向我们展示他们的问题，直至我们理解。我们对孩子需要的东西理解得越多，我们就能越好地帮助他们。"

值得注意的是，当莫伊拉的妈妈开始和她谈论爸爸，对她因为失去爸爸而产生的生气和悲伤表示共情，并且使她确信妈妈不会离开时，莫伊拉的噩梦确实消失了。刚开始，她对于谈论这些困难话题感到奇怪和笨拙，但是随着孩子的正面反应帮助她意识到这些问题需要被解决时，她逐渐变得更加自信。看似矛盾的是，妈妈也发现，谈论爸爸已经离开了是很困难的，但实际上对这种困难的讨论让他的缺席变得更加可以忍受，对于她和孩子都是如此。

渴望事情原来的样子

婴儿和学步儿都发展出了完善的记忆。他们记得人物、事件和体验，即使他们还不能用语言描述它们。事实上，最早的记忆是基于知觉而不是语言事件。新生儿能够记住妈妈的奶水的味道，以及她说话的声音。[3,4] 到了5—7月大时，婴儿可以储存视觉记忆，并且通过线索提取这些记忆。比如，宝宝看一张陌生人面孔的照片不到1分钟，就能够在一周之后再次认出同样的面孔。[5] 而且，在这个年龄，宝宝已经可以回忆出与事情相联系的特定情感体验。在一个研究里，一个无声的玩偶曾经积极地和宝宝"游戏"，并让宝宝大笑。1个星期之后，宝宝仅仅是看到那个无声玩偶就会微笑。[6]

如果婴儿可以在生命的前6个月做到所有这些，那么对于学步儿，我们可以有什么样的预期呢？有很多观察证据发现，他们在很多个月之后还能记得触及了微小情绪的事件。拉菲18个月，妈妈跟他说他们要看医生，拉菲用肢体语言表现了上次体检的准确序列，那是6个月前的事了。他不能流畅地说话，但是他在妈妈的大腿上躺下，拉着他的耳朵，带着喘息的声音张开他的嘴巴，他动着他的手就好像有人在看他的喉咙，并且说："不要，不要。"很明显，他记得发生了什么，而且不愿意再次发生。

"视觉上看不见"对学步儿来说不等于"心理上看不见"了，他们记得很清楚，很认真。父母离异的时候，也存在着这种连续性体验。孩子在记忆中储存着当一家人还住在一起时的家庭日常流程，而且他们可能强烈地渴望着让事情恢复原来的样子。

当妈妈和萨米来到他们最喜欢的餐厅时，萨米拒绝离开汽车。妈妈试图哄骗他出来，他进行抵抗。妈妈突然想起来，这里曾是大家珍视的家庭外出场所，当时她和丈夫还住在一起。她问："我们来这里，是不是让你想念爸爸?"萨米哭着说:"是的。"

唐雅紧紧地抓住一个填充动物玩偶,这是爸爸给她的。她在睡觉的时候也紧紧地抱住它。

西维亚拒绝听妈妈的摇篮曲。她说:"那是爸爸的歌!"西维亚缺席的爸爸在她上床的时候曾经给她唱过这首摇篮曲。

当前来吃晚餐的一位客人坐在了餐桌旁"爸爸的位置"上时,卡梅伦哭闹起来。他还希望谁都不要坐在客厅里"爸爸的椅子"上。

盖布里尔把玩偶妈妈和玩偶爸爸一起放在床上。他说:"现在好了。"

玛丽娜和妈妈一起去了一个避暑胜地,一年前她曾在那里观看过爸爸捕猎鸭子。玛丽娜说:"爸爸,鸭子,砰,砰。"

这些是对孩子的内心生活、记忆以及渴望的匆匆窥探,虽然这些常常被忽视,或者更加可悲的是,被驳回,因为大人总以为学步儿不能够如成人那样热情、真实地去记忆或感受。然而,这些片段却最有力地概括了孩子的体验。学步儿不会对他们的内心生活(或对任何其他事情)发表言论。他们依赖于符号、游戏、面部表情、突然的沉默、身体语言以及只言片语去传递他们记得的和他们感受到的东西。他们也依赖于成人去解码这些信息,并且对他们做出回应。

这需要"共同感受"以下这层意义,也就是确信地和孩子谈论过去的体验是有帮助的。这可以应用在新的家庭组成里,因为之前弥足珍贵的日常流程不再可行；也可以应用在离婚之前没有那么惬意的情境中，比如争吵、眼泪，甚至身体的打斗。

学步儿因父母的分离而感到情感上被撕裂。一方面，他们可能体验到解脱，因为家里平静多了，那些困难的碰撞终于停止了。另一方面，他们怀念拥有过的相聚时光，更多的是，他们怀念离开的那方父母，但是又担心这种怀念会以某种隐蔽的方式背叛留下来的那方父母，因而感到内疚。他们担心关爱父母中的一方会让另一方对他们生气。

同时拥有所有这些矛盾的感受会让人困惑，然而这正是情感生活的样子。在孩子产生这些感受的时候，你需要和他一起讨论，有关他对那位缺席的父（母）的想念，有关他变得生气，或者有关他变得害怕，讨论让孩子能够应对这些感受，而不会被它们淹没。你可以和他共同回忆一些美好的时光（"记得爸爸和你一起在公园里玩小马的时候吗？我们一直笑个不停。"），并且向他解释一些不好的时光（"爸爸和我互相吼叫。有时候，在我生气的时候，我没法停止吼叫，但是我不喜欢那样。我仍然爱你，即使我生气的时候我也不会离开你的。"）。这有助于孩子整合过去和现在，而不是把它驱逐到想象的地牢里。在那里，不能言说的记忆会溃烂，变得越来越无法触及，但会持续对孩子的内在生活产生不良影响。

虽然提出这些话题对孩子有帮助，但是对父母来说，可能是伤脑筋的。他们不得不为了保护孩子与其另一方父母的关系，而让自己放下对前配偶的愤怒和不满。这是困难的——甚至是折磨人的。这需要一种有意识的努力，在自己的前配偶和孩子的父（母）之间做出区别，虽然两个角色是由同一个人担当。这还需要父母努力地记住前配偶的优点，并记住这些优点即使在婚姻崩溃时也可以帮助孩子。

在下面的内容中，我们将探讨一些因素，这些因素干扰了父母保护孩子的能力，无法让孩子免受他们对前配偶的愤怒和怨恨的影响。这里使用的语言是以离异的异性恋家庭中的孩子所观察到的体验为基础，他们被研究得更深入而且被研究的时间更长。最新出现的证据表明，离异或分居的同性恋父母的孩子在适应父母分离后的家庭混乱时，具有同等的情绪体验。

离婚妈妈的状况

虽然每个女性的状况都不同，而且是独具一格的，但是大多数女性的经历都在一定程度上受到了离婚人口统计学的影响。数字是令人警醒的。

- 离婚对女性的经济有负面作用。根据美国人口普查局的数据，在离婚后一年的时间内，相比男性，有更多女性生活在贫困中和接受社会福利支持。[7]澳大利亚和英国的数据也表明，离婚后，相比男人的收入，女性的收入下降了。
- 在2009年离婚的有孩夫妻中，他们的孩子有75%与妈妈一起生活。[8]
- 离异的爸爸通常会和孩子失去联系，这种情况使抚养孩子的全部责任都落在妈妈身上。一项针对1423个来自离异家庭的孩子进行的研究（由美国国立心理卫生研究所的基金资助）发现，有52%的孩子在过去1年里没有听到爸爸的消息，35%的孩子在5年里都没有和爸爸联系过。[9]

这些交织在一起的事实，对离异妈妈的日常生活和情感体验造成深重的影响，不管孩子的年龄多大。经济上的担忧，经济来源减少导致的生活风格的重大改变，以及对孩子的主要责任，都给离异妈妈的生活带来严重的压力。

带着婴儿和学步儿的女士可能面临更多的困难，因为育儿习惯和日常流程还没有完全建立起来，托管服务比较稀缺和昂贵，而且非常小的孩子对妈妈的精力和情感资源需求很高。尽管存在这些困难，大多数女性都能够成功地面对这个挑战，胜任学步儿之单亲妈妈的角色。

离婚爸爸的状况

对于自己的离异,爸爸的感受倾向于围绕两个主要问题:赡养费带来的经济压力,以及有限制地接触孩子所产生的心理压力。这些问题在矛盾情境中通常纠缠在一起。很多爸爸相信,妈妈握着孩子的探视权是为了强制执行赡养费,她们为了满足财政上的目的,利用孩子索要"赎金"。一个普遍的抱怨是,爸爸不得不每天工作很长时间,或者做另一份兼职以满足法院指定的赡养孩子和配偶的义务。一些男人争论说,增加的经济负担让他们更没有时间和精力在孩子的生活中保持活跃的角色。

普查数据并不支持有关离婚对男性群体的影响的这些认知。但是,肯定有一部分离婚爸爸面临着这些困难。他们可能发现,自己不得不用一份收入来支持两个家庭。他们接触孩子的机会可能受到限制,或者被孩子的妈妈严密调控,这可能被作为压力的一种形式,或者是两人的育儿风格不一致所致。爸爸可能因为无法完成经济或育儿上的责任,而被妈妈在孩子面前指责或者批评。

不管相互抱怨的合理性如何,父母之间的尖刻建立了反复无常的情境,矛盾通常没有预警地升级。这并不是很难理解。离婚触碰到了父母的核心地带,他们感到孤单、脆弱,以及不受保护。正是这些情况引发了学步儿发脾气,也是同样的情况导致成人之间发生争执。

离婚可以而且通常都会带出父母最坏的一面。愤怒、受伤和生气的感受通常占上风,导致想要报复,并且努力算旧账。这些冲动轻易摧毁了父母想要保持自我控制的最大努力。有时候,控制住惩罚性行为的唯一希望就是,记住孩子是最先受到父母争斗的伤害的,这在婚姻中或离婚后都是成立的。

"分为两半的孩子"

> 王说,将这个活着的孩子分成两半,一半给这个人,一半给另一个人。
>
> ——《列王纪》(Kings, 3:24)

所罗门王在决定一个被争夺的孩子的命运时面临了巨大的困局,他能预见,有一天当父母为了争夺孩子的抚养权而控告对方时,他的这种困境会变成一个常见事件吗?我们永远都不会知道,但令人警醒的是,考虑一下我们是否常常穿着现代的衣服却面临和典籍里的人物相似的两难情境。

事实上,我们可能认为,相比当今的法律冲突,那位伟大君王的困境是琐碎的。所罗门可以指望那位假母亲的贪婪自私,这位母亲被自己的欲望所蒙蔽,以至于她默许了一个可能会毁坏孩子的裁决。今天,抚养权的争夺通常没有那么明确,因为双方都真诚地相信自己正在保护孩子的最好利益。

可能把所罗门的智慧应用于当代环境的最有用方法是,使用心理学概念来思考典籍中的戏剧情节。每个父母在争夺孩子的抚养权时,都同时把故事中的三个人物集于一身了。每个父母都有成为"假母亲"的潜力,无法区分孩子的福利和自己的需求,并且宁愿看着孩子被毁,也不愿意宣布放弃自己的要求。相似地,每个父母都可能成为"真母亲",把保护孩子的利益看得胜过自己获得利益。

每个父母的身上也都具备了所罗门的智慧。所罗门代表了两个极端之间的平衡点:一方面是时刻准备着牺牲孩子以谋取自己的需要,另一方面是愿意为了孩子的利益而宣布放弃合理的个人要求。通过把个人愿望的冲突转换成对母亲深层动机的考验,所罗门发现了一个解决方案,这个方案不是基于拥有,而是基于保护和关爱的意愿。

如果父母双方能够把个人的悲痛放在一边,能够为了孩子的利益而一起努力，那么这时候，孩子就能有最佳表现。这不必意味着，父母要成为好朋友或者保持爱人状态。这也不意味着，要把合法诉求置之不理。这牵涉到认同一点，父母双方都在孩子的生命中发挥着独特的作用，父母中的任何一方都不能填补另一方在孩子发展中的角色，父母中也没有哪一方能够在孩子的感情上代替另一方。

孩子和父（母）之间的关系，需要独立于前配偶彼此之间的关系。学步儿不应该成为父母其中一方的盟友，用以对抗另一方；也不应该目睹父母之间的抱怨和指责。

尽管如此，在孩子面前相互贬低是离异父母最常犯的错误。对于前配偶的每一个育儿细节，他们通常都要找碴，并且斥责彼此，如给孩子吃垃圾食品、没有保持孩子的卫生、过度刺激孩子、没有坚持可预期的生活规律、过于悲观或严苛的限制。他们也抱怨另一方没有详尽描述孩子在其照料下的情况：他们干了什么、见了谁和去了哪里。

这些问题通常导致父（母）积极地压缩或限制另一方的探视。在大多数例子中，这是一个严重的错误。从长期来说，多吃1块或甚至4块曲奇饼干，或者错过一次午睡，对于学步儿的利益而言并没有那么重要；而允许双亲都和孩子建立提供安抚的关系则要重要得多。

那些彼此批判的父母很少为了孩子的饮食或日常规律而进行具体的争吵，实际上，他们是为了争夺对孩子生活的唯一控制权。每个人都在无意识地想把自己设立为理想的父（母），成为孩子最爱的那一个。

在父母接受了孩子和其前配偶之间保持独立关系的重要性之后，父母必须清楚意识到一个悲伤的事实：他们将对学步儿生活中的很大一部分无从知晓。在孩子和父母中的另一方及其朋友圈建立关系时，他们将无法参与。他们也无法和一个同样对孩子热情投入的伴侣分享孩子的发展里程碑和日常的快乐与烦恼。对于孩子体验中的很大一方面，他们将既无法了解也无法监督。

这是离婚带来的一些持续的痛苦后果。为了努力避免这些，很多父（母）

尝试让自己成为孩子生活中唯一的中心，并把孩子的另一方父（母）逼到边缘角色。当他们这么做的时候，他们不明智地让孩子的情感发展变得贫乏，而且剥夺了自己的一个有价值的支持来源，即前配偶对孩子的情感投入。

当学步儿看见父母为了他们而共同出力的时候，他们感到无比释怀。妈妈向刚回来的孩子问好，她说："天啊，你的靴子上全是泥巴！你和爸爸一定完成了一次探险！"这个问候对孩子获得平静的心灵非常有益。反面教材是，妈妈和孩子问候时，生气地抱怨爸爸考虑不周，把清洗靴子的工作留给她（这正是她觉得烦恼的事情）。类似地，如果一个爸爸可以同情地对女儿说："妈妈花了很长时间和你说再见，因为她非常爱你。"而另一个爸爸面对同样的情境时却对孩子妈妈咆哮说："不要再黏着她了。"那么，前者能更加全面地保护孩子的心理健康。

即使当父母中的一方激怒了另一方，也可以把这个情境描述得能够促进孩子的自尊。比如，孩子爸爸在周末延迟了接孩子的时间，这严重地造成孩子妈妈的不便。但是面对孩子明显的担忧和不安，妈妈说："不用担心，亲爱的。有时候爸爸不得不工作得晚一点。我可以确信他正在努力地快速赶来这里，因为他想要见你。"（后来，她避开孩子，和孩子的爸爸讨论了这个情况。）另一个妈妈在面对相似的情况时，用了不那么有建设性的方式进行回应。她脱口而出："他只关心自己。他不在乎你和我正在等待！"

前一个妈妈让自己专注在孩子的需求上，孩子希望确认爸爸持续地（倘若不是完美地）爱他。后一个妈妈不能控制自己的愤怒，她感到被孩子的爸爸抛弃和剥削。她不允许女儿与爸爸发展出一种不同的、更加积极的关系，并且引导孩子像她那样，感觉被他剥削和不被爱。

学步儿需要父母帮助他们恢复一些信心，尽管父母离婚了，父母中的任何一方都可以在另一方不在场的时候继续充当安全基地的作用。如果父母能够互相支持，那么孩子就能够整合他们各自的付出，形成牢固的自我意识，知道自己被两个很重要的人珍爱和保护着。

相反地，如果父母互相妨碍，那么孩子将会内化父母彼此之间的不信任，并且尽管受到他们的照顾，孩子还是会对自己的幸福感到担忧。当他和父母中的一方过得很愉快的时候，她会担心背叛了另一方。

对于年幼的孩子来说，这些焦虑太沉重了。父母双方都需要言行一致地让孩子确信，他可以关爱父母中的一方，并享受他们在一起的时光，他的妈妈和爸爸都爱他，而且会相互帮助来照顾他。

孩子与父母在知觉和愿望上的不匹配

在学步儿期，亲子之间的伙伴关系，可以通过彼此为了理解对方的想法所做出的努力来预测。离婚的体验代表那些努力的瓦解，因为不同家庭成员的强烈情绪会干扰清醒的头脑，使人难以考虑他人的观点。

有一项研究是针对学前儿童进行的，这些学前儿童的父母在他们还是学步儿的时候就离婚了。这项研究让我们可以洞察到，父母离婚两年后，学前儿童和拥有监护权的妈妈有着不同的体验。[10] 研究者要求妈妈们描述她们的个人经历和社会网络，包括她们和孩子爸爸的关系，也就是作为共同抚养人和前配偶的关系；研究者要求儿童讲述有关玩偶妈妈、玩偶爸爸和玩偶宝宝的故事。在要求他们讲故事的时候，研究者把玩偶妈妈和玩偶爸爸放在不同的玩具屋里，但是没有明确提到离异。

结果显示，对于孩子的爸爸，孩子和妈妈倾向于持有不同的认知和态度。在谈论孩子爸爸时，妈妈倾向于将他作为一个压力来源，而不是作为社会支持系统中的一员。超过 3/4 的妈妈觉得，孩子爸爸没有提供足够的支持，或者没有足够地关注孩子。她们在描述孩子爸爸时，通常使用类似于"不可靠的""自私的"和"漠不关心的"这样的词语。她们还担心孩子的安全，担心孩子在爸爸家里会接触到不合宜的体验，包括目睹酒精使用、吸毒、性行为，以及孩子爸爸可能无法照顾到孩子的健康需求。接近一半的妈妈不同意爸爸的育儿做法，并且当孩子传达爸爸说妈妈的坏话时，妈妈感到很生气。很多妈妈也提到，对她们来说，很难在孩子面前说孩子爸爸的好话。

孩子在玩玩偶时讲的故事，代表了他们对爸爸持有不同观点（相比他们妈妈的描述）。女孩和男孩都倾向于表演相互扶持的亲子关系主题，而且比起敌对、攻击或者暴力的主题，积极的主题更加普遍。孩子倾向于把玩偶爸爸作为一个照料者、权威人物或陪伴者来融入他们的故事中。孩子通常上演家庭团聚的场景。他们把玩偶妈妈、玩偶爸爸和玩偶宝宝放得非常亲密，显示了三个角色之间的正面互动；他们还把两个房子推到一起，或者把一个房子放在另一个房子上面，或者说不需要两个房子，并且要求把其中一个房子移除；在两个父母玩偶之间上演关爱；让两个父母玩偶一起睡觉、跳舞、旅行或者做其他活动。虽然也会出现有关矛盾、丧失和冲突的忠诚度的主题，但是将两位父母作为有效照料者的主题更加普遍。

不幸的是，这个研究并没有涉及爸爸，所以没有有关他们如何看待自己和如何感知前妻的信息。尽管存在这些不足，这个研究还是提供了一个窗口，让我们看到，尽管父母离异了，年幼孩子仍然渴望家庭和睦，以及他们倾向于正面感受双亲。在接下来的内容中，我们将会展开这些主题，更加细致地探讨孩子的体验的不同侧面。

想念爸爸

大多数的离婚家庭孩子都和妈妈一起生活，而与爸爸保持不同程度的接触。[11] 因为这一点，想念爸爸并且等待爸爸的电话或者来访，成为他们对于父母离异的主要体验。

虽然按照理想模式，所有年龄的孩子都会受益于规律地和频繁地接触爸爸，但是由于学步儿的独特认知和情感需求，他们尤其需要一种可靠的探视模式。

学步儿的依恋关系仍然在形成中，并且这些关系的情感质量很大程度上受到外部环境的影响，比如父母在为孩子提供身体和情绪支持时的变化。如果父母中的一方从孩子的生活中退出，那么原本是安全型的依恋关系则可能受到焦虑的轻微影响。相反地，如果父母变得更加在情感上关注孩子，那么原本是紧张型的依恋关系则可以得到显著改善。[12, 13]

相比较年长的孩子，可能对于学步儿来说，和父母中的一方多天没有接触更加让人感到不安。因为较年长的孩子已经对那一方有更好的内化表征，而且有更加复杂的应对策略（包括语言、象征式游戏、延迟满足的能力），以及有更加宽泛的关系和活动网络来帮助他们忍受分离。学步儿对于无法兑现承诺和无法探视会表现出更加强烈的反应。在泰瑞和爸爸一起参加预约好的治疗会谈的前一天，爸爸无法去探视那个男孩。在会谈期间，泰瑞表达了他的失望感受。以下是治疗师报告的内容。

> 泰瑞和爸爸（F先生）晚来了几分钟。立刻可以明显地看出，他们之间的关系很紧张。泰瑞不看他的爸爸，而且F先生似乎对他的儿子很生气。F先生在治疗一开始时就抱怨泰瑞，在他去接孩子来参加治疗的时候，泰瑞发了脾气。（治疗师）问是什么让泰瑞发起脾气。在很多题外话之后，治疗师才发现，原来F先生在前一天错过了他探视泰瑞的时间。当F先生对（治疗师）而不是他的孩子讲述他错过探视的原因时，泰瑞在过去转动房间里的每张椅子，然后开始轻轻地踢每张椅子。随着爸爸继续说话但没有关注他，泰瑞轻声低语，似乎是自言自语地说"浑蛋！"。

大多数学步儿没有泰瑞那样的机会，可以在一个安全的治疗时间里，表达自己是如何感受的。在治疗师那里，他们的行为可以被观察并且被理解，他们也能得到帮助去体验和应对他们的感受。甚至在这些讨人喜欢的环境中，最终也是泰瑞的爸爸能够最好地帮助他的儿子。爸爸可以意识到自己对于孩子的重要性，并且通过安排自己的日常计划，使得探视孩子的时间能够得到应有的优先权。

那些想念爸爸但是无法稳定地接触到爸爸的学步儿，可能发展出对爸爸的渴望，并在睡眠困难和其他症状中表现出这种渴望。儿童心理学家詹姆斯·赫尔佐格（James Herzog）报告，在6个月时间里，他观察了12个小男孩，从18—28个月龄，他们因为噩梦而被带到诊所。这些男孩会在夜里醒来，尖叫地喊着爸爸。在每个案例中，孩子的父母都已经在之前的4个月里分居或者离婚。赫尔佐格发现，仅靠妈妈一个人是无法帮助孩子的，但在爸爸或者另一个男性人物的协助下，可以减轻孩子的恐惧。他得出结论，男孩为了满足对于父亲角色的发展需求，需要一位担当父亲角色的人物，在孩子从以妈妈为导向的婴儿世界走出来并以男孩的身份去寻找性别特定的认同感时，这个人可以让孩子认同并且作为一个榜样。[14]

女孩也是如此，在她们学习女性化和练习如何和异性相处时，她们需要一位爸爸。比起赫尔佐格研究的那些男孩，她们通过不那么戏剧化的方式来表达对爸爸的渴望。这常常容易被忽视，因为从整体上，女孩比男孩更可能内化负面情绪，也更容易做出超人的努力试图表现"优秀"（她们常常认为这等同于不提出要求）。她们通过对想象中的爸爸发展出理想化的幻想——这个爸爸是完美的和永远慈爱的，以此来控制自己对爸爸的渴望。她们也可能坚持，生命中的另一个男性人物是她们真正的爸爸。

安东尼娅，一个30个月龄的聪明女孩，已经2个月没有看到也没有听到爸爸的消息了。她知道他住得很远，她常常亲吻他的照片，这张照片被她小心翼翼地放在床边。同时，她和想象中的爸爸发展出持续的对话，这位爸爸住在她卧室外面的花园里，而且知道她所有的秘密。她也坚持，慈爱的外公或者舅舅就是她真正的爸爸。她能够同时保持所有这些自相矛盾的信念。她努力寻找另一位爸爸的努力，似乎可以帮助她弥补亲爸爸的丧失，因为当她的妈妈对她说起"你爸爸"时，那个孩子准确地知道妈妈在谈论谁。当爸爸终于打电话给安东尼娅时，她拒绝跟他说话，但是后来她又要求给爸爸寄一张情人节卡片。她需要对爸爸的行踪获得一点控制。通过主动地拒绝或者接受和爸爸的接触，她能够实现这一点。

安东尼娅对于爸爸在她生活中难以捉摸的角色感到悲伤，这种悲伤在其他领域也是显而易见的。在托儿所，她会因为很微小的事情就不可安抚地大哭，当她无法马上找到她正在找的物体时，她就会变得特别焦虑。她的悲伤伴随着愤怒，并表现在她倔强地不顺从妈妈，也表现在她幸灾乐祸地杀死花园里的大量蚂蚁。像赫尔佐格描述的那些小男孩那样，安东尼娅在夜里醒来大哭，控诉威胁想要袭击她的怪兽。

责怪妈妈

安东尼娅对妈妈的不顺从，阐明了一个在学步儿中常见的现象：他们自动地将自己体验到的一切不顺利都归咎于妈妈。

这种令人不快的倾向，是妈妈作为年幼儿童情感生活中心的一个合理的副产品。她在婴儿和学步儿眼中是全能的，因为她能够引起好的和不好的感受。她可以通过一个亲吻使伤害消失，她也可以通过怒视让孩子的世界崩溃。她的离开会带来伤心和担忧，而她的存在能恢复开朗和欢乐。这是可以理解的。在学步儿可以记事的很长一段时间内，妈妈是最常给孩子喂饭和换尿布、拥抱和亲昵、表扬和规劝、照顾和惩罚的人。不可避免地，孩子会把妈妈和自己是谁的自我认知联系在一起。在孩子的世界里，还有谁有可能可以负责所有这些事情的发生呢？以下是一些有说服力的例子。

马克的姑姑，属于老派风格。她震惊地看到：马克赤裸裸地在沙滩上，用沙子把他的阴茎盖住，然后又得意扬扬地再次露出它。这位姑姑就像从精神分析记录里出来的经典女巫那样，不满地说："如果你继续玩你的阴茎,它就会掉下来了。"马克的妈妈尖声叫喊:"那不是真的,马克。海伦姑姑只是犯傻了。"但是已经太晚了。在接下来的几个小时里,马克反复地拉扯他的阴茎,似乎在检验姑姑的预言。妈妈告诉他:"马克,我觉得你仍然在担心海伦姑姑告诉你的话。"马克问:"她告诉了我什么?""她说你的阴茎会掉下来。"妈妈结结巴巴地说。带着对阴茎的坚定信念,马克回答说:"那不是海伦姑姑告诉我的,是你。"懊恼的妈妈无法让他改变想法。对于马克来说,只有妈妈才有可能是如此戏剧化的新闻的起源,他改变了事实使之与那个知觉相吻合。

在爸爸的精神病发作时,丽萨被爸爸严重地弄伤。当她恢复意识并且看到妈妈在旁边时,她尖叫:"为什么你把我伤成那样?"

米娜努力地爬到木头架子上,有点笨拙,然后她掉到了地上。当妈妈冲去救她时,米娜打她,大喊:"坏妈妈!"

离婚事件出现时,妈妈通常被孩子认为是罪魁祸首。她们不仅是全能的,而且是最常留下来的那个人,因而成为孩子愤怒和悲伤的现成靶子。这时,她们需要小心。她们对离婚的不安可能会让自己受此影响而接受了孩子的责怪。她们需要找回平静的信念,然后说:"我知道你生我的气,但这不是我的错。"

保护妈妈

有时候出现的是相反的模式:学步儿敏锐地意识到妈妈的痛苦和抑郁,觉得很有动力去保护她。孩子可能会擦干妈妈的眼泪,或者尝试以甜言蜜语哄她走出悲伤的阴影,如通过假装很开心或表现得格外优秀。当孩子这样反应的时候,就发生了角色反转。孩子试图保护并且养育父母,而且父母可能还担当了一个高要求和脆弱的孩子角色。当这个角色反转给整个关系抹上色彩时，学步儿变得过早地有能力和过于成熟，这样的代价是在请求帮助或表达需求方面牺牲了符合他们这个年龄的情绪自发性。早熟能力的最普遍表达方式是，学步儿担心妈妈的幸福，或者过度地操心。学步儿可能会告诉妈妈让她不要担心，或者问妈妈还好吗。

当反复出现这些行为时，值得去思考它们的含义，并向孩子保证，妈妈可以并且愿意照顾她，而且他们太小，还无法照顾妈妈。这可以通过一种简单的方式来完成：告诉孩子，当他不在的时候，自己去做了什么（比如"当你和爸爸一起的时候，我去舒服地散步了，而且看见了一只非常可爱的小狗"），或者评论令人愉快的计划，或者甚至告诉孩子不要担心（比如"我是大人，而且很强壮，当妈妈是我的任务。而照顾我不是你的任务。"）

当父母不适合照顾孩子

当然，在某些情况里，孩子在父母的照顾下存在着身心受伤的重大风险。这些情境总是复杂的，需要周全地评估涉及的所有因素，然后才能设计出长期计划来保护孩子。没有两种情况是一样的，而且寻求单一方案并不恰当，也不可能寄望单一方案可以神奇地消除那些常常应运而生的愤怒、辛苦工作及痛苦的妥协。

婴儿心理健康工作者（儿童心理学家、儿童心理分析师、发展方向的儿科医生、儿童社会工作者，或者其他专门研究婴幼儿情绪问题的工作者）提供的服务可能最有用，而且在这些情境中通常很关键。和一个有经验、有同情心的工作者聊天，可以帮助受惊吓的父母从离婚过程所产生的强烈情绪中，挑选出其对前配偶的养育义务的担忧。

即使是否适合当父母这点不是成败的关键，但还是有很多父母毫不思考、漠不关心，或者甚至做出令人反感的行动。在婚姻瓦解的过程中和后续环节里，人格问题、冲动行为和愤怒爆发等问题出现恶化。一些父母遭受长期的性格缺陷，即使在家庭比较快乐的时光里也有体现。对于受虐待的配偶，有时候看到他们的学步儿喜爱和崇拜爸爸或妈妈会感到难过，因为他们知道孩子的爸爸或妈妈不值得如此全心全意的爱。父母可能会觉得，自己有一个想向孩子坦言的愿望，告诉他们爸爸或妈妈"实际上是怎样的"。这种冲动通常被父母感受为，他们希望保护孩子，免得他们以后知道了真相会感到失望。但是，这几乎是父母中的任何单独一方都不可能靠自己完成的任务。孩子会逐渐地长大，他们将学会辨别父母的弱点，用更加客观的视角去看待父母。学步儿需要把父母理想化，因为通过他们感知到的缺点和优点，他们学会在自己身上找到这些品质。

有些时候，学步儿会目睹或体验到父母的行为是令人恐惧的和具有破坏性的，比如父母中的一方对另一方或者孩子进行身体虐待，这时宽恕这些行为或者忽视他们的破坏作用，将会歪曲孩子正在形成的是非观念，阻碍孩子的道德发展。在这些情境中，需要承认孩子知道的事实：父母做了一些伤害他人和不对的事。承认的感情基调是传达这个信息时的重要部分。可以带着愤怒或者悲伤的情绪说。可以将错误的行动表达为是这方父母的全部，也可以将错误的部分嵌入在父（母）的积极面里，认可孩子依然关爱和想念这方父母。下面的例子是父母在向年幼的孩子描述离婚原因时所表达的话。

- "你爸爸在生气的时候忘记了使用语言，于是他砸东西、摔东西。这太吓人了。我不会让他伤害你和我的。这就是为什么我们不能继续和他 起住的原因。"
- "你妈妈喝了太多的酒，因此她不能正确地思考，也不能照顾你。她需要变得好些，才能单独陪你。"
- "你的爸爸爱你，但是他不知道怎么做一个好爸爸，这就是为什么他离开的原因。这很令人伤心，因为你是一个很棒的男孩，他如果知道如何做一个好爸爸，他应该会很开心。"

这些解释是诚实的、正确的和直接的。它们也有保护作用，它们据实描述了一个让人遗憾的情境，但是为孩子体验其他方面留了空间。孩子可以回忆、感受和讲述父母的消极方面，同时也有空间去回忆积极方面和快乐时光，这对于正在与父母的缺点做着挣扎的孩子来说，是一份宝贵的礼物。它帮助孩子学会，善良和邪恶共存，人类是会犯错的，而且面对自己喜爱的人，一个人可以有一系列如喜爱的、悲伤的、生气的感受，同时可以在必要的时候采取行动保护自己。孩子也可以因为父母没有成为自己希望父母成为的样子而感到悲伤。

不适合成为父母的状况并非一成不变。人们可能变得更好。很多父母有药物滥用、暴力和情绪问题等困难，但是他们因为对孩子的爱，而有动力改善自己，克服或者控制这些问题。当父母能够理解自己的行为对孩子的影响时，那些旨在遭遇压力或创伤经历之后修复亲子关系的干预项目，最可能得到有希望的结果。[15, 16]这种理解可能与父母回忆以下内容的能力有关，他们是如何被抚养长大的，以及他们在成长过程中的恐惧、愤怒和孤独感。在情感上和这些记忆重新联结，可以帮助父母意识到，他们正在对孩子做那些曾经发生在自己身上的事情。这种启发可以促进改变两代人的轨迹，从恐惧和疏远的一代，到亲密和有希望的一代。

介绍一个新的父母

有时候离婚还伴随着父母的生活中出现新伴侣的情况。这些伴侣可能有他们自己的孩子，和学步儿的性别或者年龄可能相同或不同。情况差异很大，对孩子而言，每种情况都有特定的挑战和回报。

尽管有这些多样性，还是值得记住一些普遍的规律。最好不要着急让学步儿和新伴侣及其孩子建立亲密的情感联系。尤其当成人之间的关系才刚刚建立以及仍然在尝试中的时候，太快地把孩子带进这个关系所产生的压力会以不健康的方式引起孩子的紧张。有时候，离异的父母渴望重建家庭，带着学步儿快速地进入一种新的承诺关系里。但比较好的方式是逐渐地加深这种关系，因为如果新关系不成功，它能保护学步儿免受再次丧失。

有时候新伴侣希望成为孩子情感上的父母。如果学步儿自己的妈妈或者爸爸不涉及其中，那么对学步儿来说，这种充当父母角色的意愿，当然是一次很好的机会。另一方面，如果父母双方在孩子的生活中都很积极地参与，那么替换他们就不是一个很好的主意。继父与生父或继母与生母之间不需要竞争，每个人都在孩子的生命中起着有价值的作用。

当成人彼此尊重对方对孩子的重要性时，离异家庭中的学步儿表现得最好。如果成人对于自己的角色比较自信，那么学步儿通常不会因为自己和两个以上的父母角色相联系而感到混淆。继父母和他们的孩子让学步儿的生活更加丰富，既可以是直接的，也可以是间接的，后者通过成为向学步儿父母提供情感支持和稳定性的来源而实现。

是否存在一种理想的抚养协议

寻找一种完美的抚养协议，就像是寻找一个完美的配偶，或者一份完美的食谱：难以找到，终将徒劳，但也很诱人。

抚养协议有过几次风潮。以前，大家默认妈妈的照顾是最好的，孩子应该和妈妈在一起，然后接受爸爸的周期性探访。接着，共同抚养成为一个选项，直到后来很明显地发现，由于父母的作息规律不同，他们需要的合作和灵活谈判通常比结婚时还要多。

没有"快速修复"的抚养协议，每种方法都需要努力、灵活、适应意愿和谈判能力。甚至有可能，一种协议形式在某个时期更适用，但后来随着孩子的需求和家庭环境的变化，另一种不同的形式可能变得更合适。

在制定适合学步儿需求的协议时，值得考虑下面这些因素。

- 孩子的气质是什么？她是否容易因为日常流程的变化而不安，或者她对于来来往往的动向是否相对比较容易适应？对她来说，分离和重聚是否是情感上的很大负担，使她在过渡期的反应影响了她的一般功能？
- 孩子明显对父母中的一方更加偏爱吗？
- 孩子的语言表达能力如何？她能理解谁在什么时候来接她吗？她能够对将在什么时候发生什么事情提出疑问吗？
- 是不是父母中的一方更能够为孩子提供高质量的陪伴时间？
- 父母能否彼此配合地设置过渡期，并且帮助孩子度过过渡期？
- 父母的住所相隔多远？过渡期是否涉及长途交通，这段路程是否对孩子来说是煎熬，对父母来说也难以坚持？
- 学步儿有没有手足能够在过渡期给他提供情感上的连续性？

通常，共同抚养协议可能最适用于相对比较灵活的孩子。这些孩子在过渡期的不安可以通过父母的帮助得到控制，他们能够理解语言解释，甚至能够问出一些基本问题，并且他们对父母双方都有情感上的投入，而他们的父母能够彼此合作，使分离和重聚在支持性的情绪气氛中进行。

如果这些条件不存在，或者如果尝试过分开抚养之后发现孩子不适应分开抚养的协议，那么最好考虑在单个家里固定抚养孩子的协议，然后给没有抚养权的那方父母比较自由的探视机会。

相比执行抚养协议时的精神，实际的抚养协议很可能没有那么重要。失败的婚姻有它未完成的"事业"，抚养权成为孕育这份"事业"的肥沃土壤。如果真是这样，那么没有任何抚养协议能够有益于孩子。另一方面，如果按照抚养权原本的意义来理解它，也就是，将其视为一种保护和保持孩子与父母双方的关系的合理协议，那么不同的协议基本上都可以顺利进行。

帮助过渡期的学步儿

父母离婚给学步儿带来的最大难题在于，失去了完整家庭的凝聚感，这浓缩地体现在，学步儿要从父母中的一方转移到另一方，然后再回来。在两个前配偶面对面地转交孩子的时候，他们两人也都最明确地充斥着对彼此的愤怒和责怪，以及他们对于分道扬镳的悲伤。他们还沉浸在自己的情绪中，很难全心投入学步儿对情感支持的迫切需求上，这个学步儿正被要求去跟父母中的一方说再见，然后准备好适应另一方。

对学步儿来说，即使在最好的情况下，分离和重聚也是困难的。当它们发生在一种紧张的情绪氛围中时，孩子身上的负担会增加，而且他们通常感到崩溃。这些接踵而来的场景可能是悲痛的，学步儿先是黏着父母中的一方，然后黏着另外一方，他们哭着，既不能留下，也不能离开。

对父母来说，孩子的不安通常是让人崩溃的。当父母彼此不能互相帮助时，他们可能会因应对孩子的困难而相互指责。父母中的一方可能怀疑另一方在影响孩子，让他来对抗自己。父母中的另一方可能认为孩子的不安是前配偶照顾不周或更坏的情况的证据。

对孩子来说，从一个家过渡到另一个家，可能一直都是让人痛苦的事件。如果父母很自信地认为过渡是必须的，因为接触另一个父母是有价值的，那么这种信念可以传递到学步儿那里，分离的不安可能会随着时间大大地缓解。以下这些建议可能是有帮助。

- 找一个私人时间，和前配偶讨论过渡问题。向对方解释，你相信孩子需要花时间和你们分别生活，并从中获益，而且你希望过渡期尽可能地对所有人都没有压力。尝试找到问题的来源，提供能够适用你们的建设性建议。如果你的前配偶或伴侣没有马上同意这个方法，也不要发脾气或者失去继续努力的意愿。

- 在过渡期之前，让自己做好准备迎接它。尝试了解自己对于孩子离开或者回来的情绪。你感到轻松、焦虑、生气，还是沉重？

- 让孩子为过渡期做准备。告诉他，父（母）亲会来接他，他们将一起度过一些时光。只要有可能，都要在孩子准备离开之前，一起度过一段安静的时光。但是，不要过于全神贯注地投入娱乐之中，这可能会被另一方父母的到来打断。
- 当你和孩子谈论，他要和父（母）亲一起时，使用自信和支持的语气。准备好告别是令人伤心的，但是同样准备好提醒他，他也会和父（母）亲共度美好时光。
- 利用过渡物品，比如孩子喜欢的玩具或毯子，孩子可以带着该物品一起走，然后带回来。
- 和前配偶达成协议，不会限制孩子给对方打电话。当孩子和你在一起的时候，给孩子提供机会让他打电话给另一方父母。
- 同孩子正面地谈论他的父（母）亲，以及父母彼此间的关系。

对孩子来说，父母分开住，代表着一个完整家庭的安全基地被分开了。孩子需要把分开的两半放在一起，形成一个凝聚在一起的安全基地，这个安全基地是内化的，变成他的一个可靠部分。父母可以通过育儿中的合作，利用行动和语言，帮助孩子完成这个努力。

第 10 章

被托管的学步儿

在托管中心,戴米安坐在一张桌子旁边对着空气发呆,他慢慢地动着他的下巴和嘴巴。"你在嚼什么,戴米安?"保育员问道。"我在嚼妈妈。"戴米安神情恍惚地回答。[1]

戴米安的回答像俳句般简明,它告诉我们有关学步儿托管经历中的一个主要方面:思念父母,然后通过将记忆、希望和想象组合的方式,牢牢地抓住父母。戴米安通过咀嚼妈妈的印象,带着妈妈到最可靠的地方——自己的脑子里。

戴米安提醒我们,儿童托管是学习人际关系的第一个最重要的地方。关于如何与父母分离,同时相信他们会回来;也关于如何跟保育员以及其他孩子形成新的关系,这些关系将在白天的时光中得以丰富和持续。

孩子学习说再见和享受新的问好,这些经历紧密交织在一起。如果学步儿离开父母时,可以控制伤感而不是被不安淹没,那么他们就能够更容易加入他人的互动。反过来说,如果孩子喜欢托管安排,那么这有助于缓解他们离开父母时的恐惧和不安。

对父母来说,儿童托管也与人际关系有关。父母可以从中学习对小宝贝放手,相信保育员不会伤害自己的孩子,而自己不再需要全天候地和孩子在一起。他们学会自己度过一天，并相信孩子是安全的，他们会被照顾得很好，也能过得足够快乐。工作中的父母常常对孩子泛起一阵阵的思念和内疚感，这些信息可以作为补偿。父母还可以逐步培养出和保育员的沟通方式，为了孩子的利益，父母可以和保育员建立起牢固的伙伴关系。

儿童托管的成功经历要求我们细心地关注3个主要方面：每天分开时和重聚时的过渡；孩子白天时的情感体验质量；父母和保育员的关系质量。无论将儿童托管安排在孩子家里、保育员家里，还是在儿童托管中心，这3个因素都很重要。

过渡时间：说再见

让我们仔细看看两个对照场景，这两个场景阐明了白天孩子和父母分开时的一些压力。

星期一，查理和妈妈一起享受了一个愉快的早晨。全家人度过了一个让人放松的周末。家务活的分工没有在父母之间造成太多的张力，而且他们有时间去公园、玩游戏，以及一起看了一场家庭电影。这个特定的星期一早晨，每个人都很早就起床了。爸爸不需要提高嗓门催促，就可以准时送大一点的孩子去上学。妈妈终于感受到，家庭是有可能变得和谐的，尽管他们都在工作。妈妈用游戏的方式让查理穿上白天要穿的衣服，她告诉他，白天的时候妈妈会想念他的，她还和他聊了聊那天晚上的晚饭将要吃什么。在去托管中心的路上，他们一起唱了搞笑歌曲。当他们到托管中心时，妈妈逗留了一会儿，她告诉保育员有关查理在周末的可爱行为。然后她告诉查理，妈妈需要离开了，在此之前，查理已经很快地跑去找其他小朋友了。她走到查理旁边，拥抱他、亲吻他，告诉他自己会在傍晚来找他,然后离开。在妈妈离开的时候,查理朝门口看了几秒钟。他短暂地表达出悲伤,叹了口气,然后又重新加入其他小朋友的游戏中。

周四早上,事情进展得没有那么顺利。经历了一周的工作、上学、家务以及大孩子每晚的作业,全家人都很疲惫,而且周末似乎遥不可及。大家的脾气都变得暴躁了。让事情更加麻烦的是,查理在穿衣服的时候闹起了情绪,因为他想穿绿色的连体衣,但是这件连体衣还没洗,现在正在洗衣筐里。后来,他把他的那碗麦片洒在地上。(幸运的是,那条狗,一位忠诚的朋友,全都舔了。)妈妈对查理大声吼叫,查理也不示弱,大声对妈妈吼叫。在上车的途中,查理绊倒了,他大哭起来,怎么也安抚不了,似乎这个小意外给了他机会,让他释放积累了一个早上的紧张情绪。妈妈抱起他,拥抱着他,但是她清楚地意识到时间不多了。他们已

经迟到了 15 分钟。在去儿童托管中心的路上，她把车开得很快，频繁地换车道，快速地冲过每个黄灯。她全身心地专注于尽快到达上班地点，而没有关注到正在后座上低声哭泣的查理。在托管中心的告别是很匆忙而且敷衍的。查理的妈妈全天都充斥着内疚感，她思念她的小宝贝。她发现自己很难集中注意力在工作上。他们说再见时查理伤心的样子反复浮现在她的脑海里，她当时要是能够和他聊聊他们经历的困难时光就好了。她希望当时能告诉他，妈妈爱他，而且不再对他生气了。在托管中心，查理用自己的方式表现出和妈妈相似的感受。查理是一个有自己主张的孩子，他还有坚定的意志，今天他尤其容易和同伴发生争执。他不肯睡午觉。当保育员让另一个孩子而不是他坐在她的大腿上时，他伤心地哭起来。幸运的是，妈妈给他打了电话，告诉他，妈妈很爱他。因此，他们两个的心情都变好起来。

这两段描述展示了，同样一对亲子如何在不同的时间有着很不一样的分离体验，这取决于他们的心情和相关的环境因素。这两段描述也显示了，一场分离的开始远远早于实际事件发生的时间，而且分离的影响可能徘徊在事后很长一段时间里。意识到这个过程，可以帮助父母和孩子双方改善状况。

对学步儿来说，分离至少有两重发展上的含义。首先而且最重要的是，它触发了学步儿对于失去父母的恐惧，这种恐惧在这个年龄是很普遍的。与这种恐惧密切联系的是孩子的幻想，他们以为是自己做的一些事情导致父母离开；换句话说，他们以为父母离开是因为自己的坏行为，所以应该为此受到责备。其次，离开父母一整天，给了学步儿足够的时间对这些恐惧加以渲染，他们担心父母今天是否还会回来接自己，因为自己咬了小宝宝，或者没有用马桶，或者吐出了燕麦片，或者拒绝穿上提前选好的裙子。

应对分离的最好方法是，直接并且同情地承认分离的感受。事实上，通常很有帮助的一个做法是，告诉学步儿，"我会想念你的""我会在白天想你的""很难说再见"或者"我等不及在傍晚来见你"。这些信息告诉孩子，对于父母来说，他是很重要的，即使当他们不在一起时。这也告诉他们，"看不见"不一定等于"不思念"。另外，早晨争吵之后要做出一些弥补，这也是一种重要的方式，这让孩子确信，日常的争吵不会对亲子之间持续的情感联系产生长期的影响。

当父母试图不去体验由分离唤起的情感时，他们倾向于完全逃避这种经历。他们可能会在孩子不留意的时候偷偷溜走，或者谎称自己要去厕所，马上就会回来，而事实上，他们却离开了整整一个白天。

对学步儿撒谎，通常只是为了保护成人的感受而不是孩子的感受。没有什么是学步儿不能听或者无法消化的，只要解释符合年龄，而且是用一种平静、支持的方式进行的。这样的解释为孩子留出了足够的空间以做出反应，并且随着时间的推移，孩子在消化那些消息的时候可能会提出问题。

在分离时被欺骗的学步儿不再信任父母告诉他们的话。一些学步儿变得过于敏感和黏人，因为他们永远不知道自己什么时候会被丢下。他们需要监控环境，探查被遗弃的信号，因为他们不相信成人能够坦诚地告知自己将要发生什么和什么时候发生。另一些学步儿变得藐视亲密关系的重要性。他们回避亲密的情感纽带，并且采用一种"谁在乎呢"的冷漠态度，应对父母来去不定的方法。

那些难以离开的父母可能做出与溜走相反的行为；他们可能根本无法离开，只能徘徊在孩子周围，推迟说再见的时刻。这些父母的孩子会恳求他们留下"再长一点时间"，而他们被一次又一次地说服，并同时不停地告诉孩子他们真的需要离开。这种言行的反差，对于孩子来说可能是非常让人困惑的。孩子一直要求父母留下，是因为这种策略显而易见是成功的，能够给予他想要的东西。

稍微留下来一会儿，确实是对孩子需求的及时回应，只要父母利用这段时间去讨论有关分离的事情，并帮助孩子将精力转移到保育员、同伴那里，或者投入他最喜爱的某项活动中。但是，另一方面，如果父母被困在一系列优柔寡断的努力离开的行为中，然后又半心半意地决定再留一会儿，那么实际效果是事与愿违的，因为孩子从中得到的信息是，分离在情感上是无法控制的，正如他们害怕的那样。

在托管中心度过一天

在父母离开的过程中，说再见行为是最引人注意一个方面，但是它只标志着分离过程的开始。孩子现在面临着离开父母一整天。分开唤起了焦虑，这耗费着孩子的应对资源，但是有一些方法可以使父母让人安心的形象在孩子的心里和脑海里保持鲜活。

为父母的缺席搭建桥梁

在学步儿期，孩子适应离开主要照料者的轻易程度存在发展上的差异。在 12—18 个月之间，孩子对分离的不安将会增强。24 个月之后，大多数学步儿对于离开妈妈会变得从容，这种从容在第 2 年的中期会变得更加明显。学步儿在记忆、语言和象征游戏领域上的持续进步，意味着他们可以利用更加复杂的认知和情绪技巧，去应对父母的缺席。

这种发展轨迹可以引导父母去考虑，什么时候开始托管学步儿。开始得越晚，孩子越可能顺利地适应。

不管什么时候开始托管，比起较短的日间分离，全天的托管使孩子感到更大的压力。细致的观察记录发现：比起整整 8 小时或者 10 小时离开家庭的儿童托管，短时间的儿童托管对孩子的适应力资源带来较少的负担。对于大多数学步儿来说，父母是他们第一个而且是最好的爱的对象。当他们在傍晚和父母团聚时，他们体验到解脱的感觉（即使他们不表现出解脱）。

在这种情境下，建立托管场所和家庭之间的桥梁尤为重要。当托管场所在家里时，孩子被熟悉的和让人安心的提示所包围，它们暗示着父母的存在和他们一起的生活。当儿童托管场所在家以外时，这些桥梁需要更加有意识和认真地去建立和维护。

莎莉·普罗文斯（Sally Provence）和她耶鲁大学的同事先锋性地使用了很多简单但是有效的方法，帮助"儿童之家"日间托管中心的年幼孩子应对分离问题。在美国儿童局的基金资助下，这所托管中心于1967年在康涅狄格州纽黑文市设立。[2] 到现在为止，他们的工作仍然是发展领域的一个模范，他们可以为婴幼儿及其家人带来聚焦家庭的托管服务。临床学家、儿童托管工作者和研究员在此模范的基础上，应用、延伸这些技术，并使之适用于各种各样的儿童托管场所。[3] 这些措施有多少是可行的，取决于每个家庭的环境，但是下面这个概要，描述了最有效的一些尝试，可以让家庭和托管之间的过渡变得轻松。

1. 让自己熟悉托管环境和日常流程。这样你就能够和孩子讨论日常流程中的事情。而当孩子和你讨论白天发生了什么的时候，也能帮助你更好地理解。

2. 在托管真正开始之前，先让孩子熟悉保育员和新场所。这个熟悉阶段究竟需要多长时间和多深入，部分取决于孩子的气质、之前的经历，以及孩子适应新环境的难易程度。孩子的反应是这个问题的最好度量工具。

3. 和保育员讨论孩子的个人偏好，他的强项和弱项，以及你的育儿观，包括你的管教取向。在保育员与你的孩子建立关系时，他可以用到这些知识。告诉保育员任何有关的特殊事件，以及它们的发生时间，这样保育员可以在白天和你的孩子讨论它们。（爷爷和奶奶正在探访？狗跑走了？你们昨晚看了一场特别的电影？）

4. 如果可能，先开始比较短暂的分离，然后随着孩子对新环境的适应，再逐步地延长分离时间。最开始的分离时间究竟多长为宜，取决于很多因素，比如孩子之前的分离体验，以及孩子适应新环境的轻松程度。

5. 避免把孩子放下就马上离开。试着逗留一会儿，直到孩子已经安顿下来。

6. 如果可能，尝试在白天的时候尽可能和孩子建立联系。这可能意味着，午间去探望一下，或者打一个电话。对于 2 岁以上的孩子来说，电话联系通常特别有用；但对于才 18 个月大的孩子来说，这有助于提供一种连续感。即使你的孩子还不太会说话，他也可以认出你的声音，并且珍惜与你的联系。

7. 如果你有时间接电话，就可以鼓励保育员让孩子在非常紧张和不安时给你打电话。很多保育员认为这样做会妨碍他们作为替代父母的角色，或者觉得这样做会打乱孩子托管的日常流程。这可能需要和保育员进行交流，借此机会认可他在孩子生活中的重要性，同时也不必让出你的重要性。

8. 让你的孩子从家里带一些东西去托管中心。可以是一个玩具，一条带来安全感的毯子，或者属于父母的某个东西。这样一个过渡物品能够作为父母的具体象征物，帮助孩子记住自己的家并没有从他的生活中消失。

9. 给孩子一张你的照片。这张照片可以保存在孩子的柜子里，让孩子可以在白天的时候随时接触到。他可以在不安的时候去找它，而在事情进展顺利时，他也可能几个星期都不去看它。

10. 和孩子讨论你们分开的时候是什么样子的，以及在一起的快乐。这有助于让分离的感受变成亲子沟通中的一个合理话题。

11. 玩一些游戏，帮助孩子进一步管理分离的体验。这些游戏包括捉迷藏，把一个东西藏起来然后去找它，或者围绕离开和回来的主题玩玩偶。这些游戏可以强化孩子对于物体恒常性的认识，让孩子知道人和物体在他们看不见的时候还是继续存在的。

不同父母可能会觉得这些建议中的一些比另一些更符合他们的风格。相似地，一些保育员和托管场所可能比另一些保育员和托管场所，更容易借助努力和孩子的家庭建立联系。为了用可行的方式帮助孩子，让他们在离开家的时候感到就像在家里一样，重要的不是具体做什么，而是父母和保育员之间的伙伴关系。

孩子和保育员的关系

托管中心是学步儿在白天大部分离家时间的家。很多主要的发展里程碑可能都发生在学步儿在托管中心的时候：新的运动技能，如跳和跑；如厕训练；通过游戏和操作来研究物体；以及通过探索和游荡来了解更广阔的环境。

所有这些发展都发生在人际关系的背景中。正如那些由父母全天抚育的孩子那样，托管中心的学步儿需要一个安全基地，从这里开始探索周围环境。在家里，这样的安全基地通常由父母担任，而在托管中心则是由保育员承担。

学步儿与保育员的关系是托管体验中唯一最重要的成分。年幼的孩子不仅内化了他们与父母之间的互动质量，还内化了他们与其他重要人物的互动质量。与保育员的关系成为一种重要的模型，预示着在家庭以外的人际联系是如何的。

如果孩子和保育员之间的关系是温暖的、可靠的，并且通常甚至是愉悦的，那么孩子对于人际关系的信心将成为一种舒适感的来源，而且互利互惠的关系会被强化，并拓展到即使父母不在的场景。孩子将知道父母并不是唯一能够信任的人，其他人也是可以信任的。

相反，如果孩子在托管中心感到情感缺失，当他需要帮助或者想要分享某个发现的时候，他找不到一个可靠的成人可以投奔，那么这个经历将会破坏他对自己、他人，乃至整个世界的情感投入。

不同的孩子在面对不适当的环境时，反应也有差别。最好的情况是，有较高能力和心理弹性的学步儿会求助于自己刚刚萌芽的应对资源，并且尽量利用环境所能提供的任何条件。他们可能变得早熟地靠自己，或者和同伴形成紧密的关系以帮助自己在白天找到挑战和兴趣点。他们也可能发展出对某件事情的专一追求，这件事情是他们可以自己完成的，比如幻想游戏或者搭建结构类的玩具。这些活动本身是有建设性的并且能促进成长，但是当孩子将这些活动作为抵抗焦虑的一种防御方式，那么这些活动也可能导致情感上的孤立。

在一个缺乏热情投入并且无法提供帮助的托管中心里，其他学步儿的应对方式可能不够有创造性。他们可能会无精打采地游荡，短暂地对环境中的这个或者那个特征感兴趣，但是无法借助一个体贴的成人的支持来维持这种兴趣。这些孩子停滞不前地打发时间直到父母回来。似乎他们把自己的内心、灵魂和心灵都储存了起来，直到"真正"的生活重新开始。在托管中心，一些学步儿可以在情感剥夺的漫长一天将要结束的时候，重新获得一种相对完整的自我感。其他孩子把这种丧失感也带到了其他场景，表现出不信任、攻击他人或情感退缩。

这是不应该发生的。"从零到三"网站的杰里·帕尔用简洁的方式总结道："作为父母，我们允许孩子在育儿中心想念我们，但是孩子不应该失去自我。[4]"孩子需要持续地感受到情绪上的鲜活感，使他们能够作为人而茁壮成长。

父母有义务去评估育儿中心是否有能力提供有意义的人际关系。首先并且最重要的是，这意味着找到一个保育员或者几个保育员，他们可以在白天的较长时间里和学步儿愉快相处。

这可能说起来容易，做起来难。普罗文斯和其同事承认，他们发现建立一个要面向15—30月龄的学步儿发展需求的课程，难于给更小或更大的孩子设计课程。他们把其中的难点总结如下：

> 专门和一群学步儿一起生活并非易事。他们倾向于经常剧烈地碰撞成人和相互碰撞。他们快速地转变，从无助转向独立，从负面转向天使般的顺从，从顽固坚持转向爆炸式释放，从希望留在成人身边转向分开和独处，从对他人温柔转向敌对，从主动参与转向被动行为。如此快速变化的行为，对成人来说是身心俱疲的。[5]

所有父母都认得出有关学步儿内心状态和外在行为的目录。在面对这些快速变化并且有时矛盾的模式时，如果那些全身心关爱孩子的父母也难以应对，那么我们对保育员能有怎么样的预期呢？哪怕在最理想的情况下，保育员非常喜欢孩子，他们也无法像父母那样，把孩子放在生活中最核心的位置。

很难有成人（包括父母在内）能够在与学步儿的整天相处之中获得愉悦，他们需要协调学步儿的各种发展上的挑战，包括学步儿新发现的活动能力、对生殖器的好奇、如厕训练的需求、分离焦虑，以及尝试自我肯定。即使如此，这样的成人还是存在的。[6] 在寻找他们的时候，最好记住，保育员（像父母一样）不应该被误以为是无所不能和无所不知的。但他们确实需要知道并且同情学步儿的需求，而且能够并愿意和自己负责的孩子产生联结。

要做的事情

人际关系并非在真空中展开。当人际关系成为了解自己、他人和世界的载体时，它最为有益。对学步儿来说，有事情可做是所有学习类型的一个前提条件。

儿童托管安排在结构上千差万别。一些地方提供了高度结构化的课程，强调学业主题，比如学会认识和使用数字与字母。另外一些地方并没有结构化的课程项目，主要依赖于自由游戏和自主活动。

相似地，当保育员来家里照顾孩子时，他们在刺激和娱乐孩子的能力上也存在较大的个体差异。一些保育员超乎寻常地足智多谋，能够想出有趣的项目；其他保育员则过于平淡无奇，以至于孩子可能觉得太无聊而难以打发时光。

日间活动的具体结构并没有那么重要，重要的是执行时所持有的精神。聚焦于学业的活动可以对学步儿的智力发起挑战，但是带来的风险是，对于这个年龄显得过于结构化，因为在当前阶段，自发性是发展出学习热情的关键因素。相反，在一种完全非结构化的氛围里，如果保育员对身边发生的事情失去控制，那么强调自主性可能会导致混乱和无法无天。

很可能，不同的学步儿能够表现最优的环境也是不同的。一些学步儿渴望可预测的时刻表所带来的安全感；另外一些学步儿倾向于按惯性去做当时最吸引他们的事情，他们很难顺从地围坐在一起。

最理想的学步儿托管环境，结合了结构化活动和对孩子个体需求的足够关注。[7] 在任何活动上，学步儿都不可能投入特别长的时间，不管他们一开始有多么被它们吸引。组织儿童托管时刻表需要考虑一个原理，学步儿对于任何一个目标的追随可能是15分钟，这符合这个年龄段的注意广度特点。当然，即使在这个时间框架内，也应该有适当的弹性，要让一个学步儿能够完成"哄宝宝睡觉"，或者让另一个学步儿有更多的时间去摆弄她的积木。

这意味着，托管中心不但应该让孩子有机会自由游戏，也应该让孩子有机会通过发展新技能提升对环境的掌控。下面这些材料和活动帮助学步儿投入不同类型的探索和成就中。

- 结构性玩具和拼图有助于发展精细运动能力，以及视觉与运动之间的协调能力。
- 过家家的工具能够鼓励孩子演绎日常家庭流程，对家庭事务进行想象，变化出不同的版本。
- 娃娃和玩具家居可以激发孩子围绕照料和抚育的主题进行游戏。
- 橡皮泥、颜料设备和其他各种材料及水上玩具，可以帮助孩子表征他们还正在努力掌握的身体过程。
- 乐器鼓励歌唱和舞蹈，是孩子通过身体进行美学表达的形式。
- 扮演服装允许孩子对其他存在方式进行符号式的试验。
- 户外游戏的操场设备能够让孩子释放能量，并且获得、拓展和细化他们的粗大运动技能。

一个托管中心如果能够至少提供上述游戏和探索选项中的较大比例，那么这个托管中心就很可能对学步儿的发展需求有较好的认识。当托管工作发生在家里、公园外出时、社区中心，或者在游戏小组里，那么可以增加日常流程的多样性。

儿童托管场所的人身安全是一个至关重要的成分。缺少了它，其他都无法运转好。人身安全不仅很重要，还是环境质量的一个指标。卡罗莱·豪斯（Carollee Howes）对托管的研究工作为这个领域设立了一个标准，他发现人身安全与保育员对孩子的态度是相关的。安全的场所允许保育员较少约束孩子的活动，给孩子们更多的自由进行探索。当场所是安全的时候，保育员也能够对自己负责的孩子表现出更多的身体关爱，这可能是因为他们感到没有那么需要处于警觉状态，因而能够更加放松和自然。[8]

和同伴的关系

学步儿会在托管中心和其他小朋友建立稳定、互利互惠且有意义的人际关系。事实上，和其他小朋友的友谊减缓了学步儿由于与父母分离一整天而导致的不安。

而且，比起那些由妈妈全天养育的学步儿，在托管中心的学步儿能够彼此互动更多，并且在更小的年纪就能够记住彼此的名字。他们也参与更加复杂的假装游戏。[9,10] 去托管中心的学步儿在同伴游戏中表现出更高的认知和社交复杂性，这说明，和其他孩子的友谊能够使学步儿更加有效地应对每天与父母分离的压力。

这些友谊的稳定性是有益的。那些与同一群同龄人建立了长期关系的学步儿往往更受欢迎，在托管环境里更加善于社交互动。[11] 就如成年人，学步儿觉得与认识了很长时间的朋友在一起感觉更加自如。相似地，在学步儿期失去朋友对孩子的社交性会造成明显的影响。如果学步儿的朋友离开了托管中心，那么在接下来的一年里，这个学步儿都会变得没有那么善于交际。[12]

这些发现凸显了努力给予孩子稳定的托管服务的重要性。虽然父母无法控制孩子的朋友的离去，但是他们可以尝试减少由自己发起的变化。学步儿就像成人那样会想念自己的朋友，并且在失去一段珍视的友谊之后变得更加自我保护。

孩子与妈妈、保育员的关系，对于孩子与其他小朋友建立友谊的能力，有明显的作用。整体而言，相对于那些对妈妈和保育员都感到不安全的学步儿，那些同妈妈和保育员都建立了安全、温暖和相互满意的关系的学步儿，倾向于比较善于与其他同伴社交。[13] 这些发现强调了父母的重要性依然存在，以及保育员在帮助学步儿拓展社交圈时的中心地位。情感上可亲的父母和父母代替人提供的安全基地，支撑着儿童在探索同伴关系时的自信。

问好：团聚的快乐和压力

在分开漫长的一天之后再次见面，可能是一次特别的体验，充斥着亲子双方不同程度的喜悦、放松、生气和疲惫。因为它标志着直接接触的重新开始，所以团聚非常重要，需要重视和关注。团聚像分离那样能够促进亲子之间的关系。

有可能，团聚被热切地渴望，但当它真的最终发生时，却变成一件令人失望的事情。父母和孩子可能处于不同的心境。可能一个是热情活跃的，另一个是疲劳和低落的。而更糟糕的是，他们可能都心情低落和渴望关爱，而没有足够的情感资源让对方分享。

学步儿通常不会把喜悦表现在白天快结束要被接走的时候。那会儿，他们可能还沉浸在玩乐之中，觉得父母可以等待他们一下。他们可能对于分离感到生气，通过转过来"一个冰冷的肩膀"或者通过彻底的攻击行为表现出来。他们的内心可能同时剧烈地燃烧着强烈的正面和负面情绪，他们试图通过和父母保持一定距离来应对这些情绪，直到他们能够给出一个真诚温暖的问好。

如果父母期望充满爱的团聚，那么孩子的这些反应可能感觉起来像是忧郁的欢迎。父母感到不被需要和不被欣赏，他们可能会反过来在情感上退缩。孩子的这一串反应和父母的反应会给晚上的亲子情感距离奠定了一种基调。

团聚受到了分离体验的情感包袱的渲染，一些矛盾的心情也不可避免地伴随而来。因此，最好不要对团聚报以过高的期望，不要寄希望于马上就能和孩子完全恢复情感联系。孩子需要一些时间去消化分离的事实，去放下应对分离时所使用的防御机制，并且放松地和父母重新在一起。当父母被白天工作上所发生的事情占据时，他们的心灵可能还在加工成人的事务，所以在和孩子重新建立联结时，他们处于"自动飞行"模式。

父母可以通过清醒地觉知与孩子团聚时出现的各种情感，以及不带自责或抱怨的接纳，来帮助自己和学步儿。在托管中心的场地逗留一会儿，对孩子热情地问好，留在他旁边的同时给他空间去完成一项活动，同保育员和其他孩子闲聊一会儿——这些细小但有意义的姿态可以很好地创造出一种氛围，让父母和孩子都感到可以按照自己的节奏重新在一起和享受彼此的陪伴。

父母和保育员的关系

托管服务者通常报告说,他们和孩子、同事之间的关系是他们工作中最让人满意的方面。这种反应再次提醒,托管工作主要是关于关系的。

父母是托管圈里潜在的有价值的伙伴,但是他们与保育员的关系并没有获得它应得的关注。一些研究表明,父母平均每天花 7 分钟在托管中心,而且 10% 的父母甚至都没有进去。当父母以最低限度投入与保育员的互动时,他们失去了一个机会,没能为孩子的利益建立一种令人满意的伙伴关系。

有一些具体的因素可以解释这种敷衍了事的接触。早上,父母很匆忙;而一天之后,每个人都很疲惫,希望回家。然而,在父母和保育员之间还有一些内在的张力,导致他们之间缺乏沟通。

也许这种张力的最显著来源是,对于谁"拥有"这个孩子的一些忧虑。显然,当学步儿在家时,父母的价值和托管流程是一天的秩序。在托管中心,托管服务者的指导获得了统治地位。有多种时机可能导致冲突的态度和实践,比如有关什么时候适合让孩子戒除奶瓶,什么时候以及如何让孩子开始如厕训练,怎样回应孩子对于身体问题的好奇心,如何协调同伴之间的矛盾——这个清单可以一直延续下去。

有歧义的领域很容易成为张力的来源,甚至造成父母和保育员之间的敌意,双方同时体验着反对和防御的感受。如果没有通过一些善意来协调这些感受,那么各方可能都会觉得,孩子应该按照某一种特定的方式(他或她喜欢的方式)去被抚养,而且孩子在他或她的照料下才是最好的。

保育员很容易感到被父母剥削,因为父母通常有更高的工资和更加精致的生活方式。保育员可能觉得自己就像"被雇用的帮工"那样被对待——被期待去照顾孩子,但是并没有获得与这个责任相对应的尊重和敬意。如果父母拖延付款或者在一天结束后延迟接孩子,那么保育员的这种体验尤其明显。当托管工作的服务者来自未被充分代表的、有着受歧视历史的少数派群体,而父母来自主流文化群体时，这种感受会更加凸显。

父母也很容易感到被托管服务者批评，尤其当他们已经感到内疚或者不安全时。相互的不满通常导致相互的回避，以试图避免可能会终结这个托管安排的矛盾冲突。

促进父母和托管方之间关系，能够改善各个方面的生活质量：父母、保育员，以及最重要的是孩子。下面这些建议可以帮助我们推进这个过程。

- 在你决定采用一种托管安排之前，和保育员见一次或者多次面。在你认为重要的儿童发展和儿童养育领域，让他多谈谈自己的观点。问问他如何处理某些很可能发生的情况，比如孩子拒绝服从或者孩子呼唤你的情况。也问问他如何期待与你的接触，比如由他照料孩子时，你是否可以不提前告知就顺便过来看看？如果你对他的回答和他在谈话过程中的情感风格感到满意并且安心，那么这是一个很好的信号，预示着你们可以形成一种有效的工作伙伴关系。

- 尝试定期和保育员对话，交换有关孩子的想法。谈话的频率和长度可能视情况而变化，也与事情进展得是否顺利有关。但是最首要的是，当发生重要事件时，你们总是可以相互对话。

- 记住，保育员是你家庭生活中的一个稳定存在。不要限制你和他在有关托管话题上的互动。对他表现得友好。和他聊天。如果他看起来很疲劳，对此给予支持鼓励的评价。如果他生病了，问他现在感觉如何。问候他的孩子。自由地探索你们两个之间可能和恰当的界限。你们的关系越温暖，孩子越能在托管中心和家庭之间感受到更大的连续性。孩子将留意到你和保育员如何相互联系，他获得的结论会反过来影响他与你和保育员的关系中的舒适感。

- 如果孩子告诉你有关保育员的一些似乎不同寻常或者让人担心的行为，不要忽视这些信号，不要误以为这只是孩子想象的虚构之物。学步儿可能是让人惊讶的准确观察者和报告者。另一方面也要记住，年幼孩子可能错误地解释事件，比如，保育员正在尝试把卡在孩子喉咙里的一块食物取出来，这可能被一个年幼的观察者感知为，保育员正在打那个孩子。试图理解被报告的事件发生的具体背景。然后用平静、非指责的态度把这件事提出来。

- 如果出现了矛盾，那么在你试图处理这件事之前好好想想策略。如果你有空余的时间，那么和你生命中值得信任的人谈谈，发发牢骚，并且花点时间梳理自己的感受。当你和保育员讨论这件事时，尝试把这个问题放在积极的背景框架下。如果还有可能，先讲讲你对于他的托管风格所认可的方面，然后再慢慢地开始讨论你关注的领域。人们（包括保育员和父母在内），在他们确信自己的优势领域被注意和被欣赏时，反应态度会更好。

麻烦的信号

有时候，学步儿在托管中心的表现并不好。我们怎么知道？这些信号可能因为孩子个性的不同而变化，但是我们把一些反复出现的警告信号列在下面了。

- 孩子的行为突然变得更差，并持续超过几天，而且不能将这种变化归因为家里增加的压力。比如，学步儿可能变得不同寻常地攻击他人、黏人、害怕、叛逆或者负面。当书中描述的焦虑症状增加时，父母也应该警觉，并更加密切地了解托管中心发生了什么事情。
- 孩子回避或害怕特定的某个保育员。
- 孩子固执、持续地拒绝去托管中心，尤其当这种拒绝发生得很突然时，发生在孩子已经适应了托管安排之后。
- 孩子失去学习和探索的热情、伤心，以及情感退缩。

- 孩子重复说起不喜欢某个保育员或者另外一个孩子，或者报告说某人做了一些吓人的事情，比如大声喊叫或者打人。

孩子可能会误解成人的行为，但是更加常见的是，孩子准确地报告了他们的体验。重要的是，总是关注孩子的言语报告和行为变化。下面这两个例子支持了这个观点，甚至更加强硬。

> 克利，36个月龄，她告诉妈妈："我的老师躺在我们上面让我们午睡。"妈妈认为克利在夸张地说话。两周之后，她在午睡的时候去（托管中心），发现助理保育员为了"控制"一个挣扎的孩子，把她的身体压在孩子上面。

> 提莫，2岁，每天早上都挣扎着不肯去奶奶家。"不要打，不要打！"他大哭。当妈妈发现他的腿上有一块淤青时，她意识到，奶奶可能打了他。

孩子在托管中心的不安不一定就是虐待的结果。一个孩子在听完一个她害怕的故事后，整整一周都拒绝去日间托管中心。另一个孩子开始做噩梦，因为他每天和另外一个更年长、更强壮和更有攻击性而且欺负他的孩子发生冲突。第3个孩子在她最喜欢的保育员没有提前告知就突然离开之后，在如厕训练中退回原状，并且变得黏人和爱哭。

父母需要对不安的信号感到警觉，也有必要更加密切地了解孩子的托管体验。这是和保育员建立关系的努力真正发挥用处的时候。当父母和保育员越能够互相协调去寻找孩子不安的原因，并且一起寻找解决方法时，父母和保育员越能够有效地让托管情境变成安全基地，支撑孩子的情感成长。

托管的情感效应

托管是否会影响学步儿对妈妈的依恋？有关托管对幼儿发展的影响，在儿童发展专家中一直存在激烈的辩论。一些专家担心，每天长时间的分离可能造成婴儿和学步儿对妈妈的可亲近性感到焦虑。另一些专家表示反对，他们认为幼儿在更加广阔的托管社交场景中获得了重要的社交技能。[14, 15]

这个辩论围绕着有关理论和方法论的分歧，但是经过20多年的研究，人们也无法得到可靠的结论认为早期托管会对母婴关系产生负面效应。具有早期日间托管经历的婴儿和学步儿中，大多数都是安全依恋的。[16]

这些发现可以通过很多理论观点，包括依恋理论的观点来理解。正如心理学家艾伦·斯劳夫（Alan Sroufe）所说的，人们应该预期婴儿可以做得更好，因为他们可以随着时间学会：分离是可以预期的，并且会以引起同样可以预期的团聚，保育员能提供情感支持，而且父母和保育员能够接受孩子对于分离的矛盾心情。[17]

在正常情况下，父母和孩子之间的情感联系是非常强大的，因此即使一个家庭需要双职工，或者妈妈需要追求除母亲角色之外的其他兴趣，孩子也不会受到影响。甚至当父母无法一直在那里提供帮助时，父母对孩子强烈、独特的爱，也让他们在孩子的内心和灵魂里成为和其他托管人员不同的人。虽然经过了漫长的一个工作日，但是父母对孩子的热情，依然保留着它在情感强度上的细微差别，从欣喜若狂和高兴，到不耐烦和甚至生气，这是孩子生命中的其他关系无法匹配的。即使更加年幼的婴儿也能聪明地认出这种充满热情的投入，并且用相同的方式给予回报。研究者可能会辩驳，但是年幼的孩子最了解。

"早期儿童托管是否对孩子与父母的关系造成损害？"这个问题应该从头改一下。它应该是"当父母都要离开家庭工作时，如果孩子得不到适当的替代照料，那么其情感上的代价是什么？"

在美国，大多数妈妈在孩子出生的第1年就回归工作。[18] 在这种背景下，关于早期儿童托管对儿童发展影响的学术辩论，是时候要转变为公共政策行为了，在双亲都需要或都选择去工作的时候，努力减少因为孩子无法获得好的替代照料所产生的人力成本。在此，科学证据很有说服力地展示了，早期儿童托管并不会造成毁灭性的效果，而且高质量的儿童托管可以对儿童发展产生积极的作用。这引发我们提问：什么是好的替代照料？

选择高质量的托管

我们很难决定究竟是什么构成了好的托管，因为有太多的实现形式。托管服务者可能是一位珍视的亲戚（姑姑或祖母），或者是为这个目的而特别雇用的某个人。孩子可能获得私人照料或小组照料。场所可能是孩子的家、托管服务者的家或者是日间托管中心。可能有一个或多个儿童托管服务者。场景可能是有牌照的或者是无牌照的，而且它可能是营利的，或者是受非营利组织（比如教堂或社区中心）资助的。

在如此多元化的情况下，应用于某个场所的质量标准，可能对于另一种类型的照料就不太相关。最显而易见的例子是小组人数。当孩子是由单一保育员专门负责时，这就不是一个问题。但是在判断小组托管的质量时，这就变成了一个重要因素。

一些场所比另一些场所更加容易研究。日间托管中心对于系统研究持有更加开放的态度，因为它们是正规场所，至少名义上符合政府规定。私人的托管服务者和家庭日间托管园就不太可能拥有牌照，并且他们更可能争辩说，自己正在提供非正式的家庭式照料，不适合系统的评估研究。由于这些原因，有关质量指标的研究大多数是在日间托管中心施行和评估的。下面这些因素是小组托管质量的可靠指标。[19, 20]

1. 照料的稳定性。由相同的保育员或者少数几个保育员持续为孩子提供帮助，是孩子建立信任的情感联系的一个必要条件，使得情感联系不会因为失去和替换的持续过程而受到损害。而且，相比那些把托管看作临时工作的保育员来说，那些投入工作时间较长的保育员能够通过更加富于刺激和符合发展规律的方式和孩子建立联系。[21]

   正因为这两个主要原因，儿童托管服务者的稳定性是托管质量的一个关键因素。理想的小组照料场所是，给主要的保育员分配一小组学步儿，并尽可能让孩子把某个特定的保育员视为安全基地。很明显，保育员的稳定性对于个体照料的重要性正如它对于小组情境的重要性。

2. 保育员的培训。当儿童托管服务者接受过儿童发展方面的特别培训时，他们能够更好地提供高质量的托管服务。有关年龄特定性问题的知识，能让保育员对孩子的行为保持比较开阔的视野。比如学步儿的负面情绪或闹脾气，如果保育员能觉察到这个年龄的孩子对自主性的抗争和紧张情绪，那么他就能更加体贴地进行处理。

   当保育员必须同时照料几个学步儿，并且学步儿彼此之间有互相冲突的个人需求和要求时，训练就尤其重要。如果保育员不具备儿童发展相关的专业知识，他就只能依靠个人经验，而这可能无法帮助他很好地应对任务中的挑战。一个训练有素的保育员，可能更有能力去识别行为问题的早期征兆，并且能够和父母有建设性地分享个人的感知。

3. 孩子、成人的比例。每个保育员都只能和少数几个学步儿进行频繁且和谐的互动。当问及保育员的工作时，他们报告，工作压力的主要来源是需要负责太多的孩子。对这种情况，他们的应对方式是，更多地强调日常流程，减少自发和个性化的交流。当1个大人对应3~5个学步儿时，可以同时满足陪孩子嬉戏玩耍和随时注意到孩子的不安。随着这个比例变高，保育员就越来越难以维持个性化的照料。

4. 小组的大小。即使每个成人都照料一组数量合适的孩子，一大群学步儿也可能很容易变得让人筋疲力尽并且不可控制。有太多的噪声，太多同时的需求，以及太多的分心物。当小组不超过8~10个学步儿时，保育员能够关注玩耍和情感支持，减少对僵化的小组管理的需要。

5. 另一个成人的出现。如果有另一个成人能够热情地参与，帮忙渡过难关，并且提供一些陪伴，那么个体保育员就能在具体事务上和在情感上获得支持。第2个照料者的存在也可以降低儿童虐待的发生概率，因为存在一个潜在的目击者，也因为，如果保育员可以在超负荷工作以及事情搞僵之前，让别人分担责任，那么每个保育员都失控的可能性就会降低。

托管的质量重要吗

最简短和最准确的回答是：是的，质量很重要。高质量的儿童托管能够让孩子健康幸福，而低质量的儿童托管则会损害孩子的健康幸福。至少有十几个最新的科学研究证明了这个结论。对于婴儿、学步儿以及学前儿童，当他们接受高质量的托管时，他们在情感上感到更加安全，并且拥有更加高级的社交和认知能力。[22, 23]

儿童托管的质量很重要，与此同时，家庭在选择儿童托管时的投入也很重要。精力不够的父母可能无法在选择一个场所之前进行详细研究，并且可能会不明智地把孩子放在一家低质量的托管中心里，而不管自己的收入和学费高低。[24] 因为比起高质量的托管，平庸的托管更多，所以父母需要帮助才能梳理清楚他们应该考虑的各种因素。除了本章提供的信息之外，一些处于领先地位的幼儿网站也提供了有用的指南，可以帮助父母做出有见识的选择，这些网站包括儿童托管资源中心（Child Care Resource Center, CCRC）官网，美国幼儿教育协会（National Association for the Education of Young Children, NAEYC）官网，以及"从零到三"网站。

托管的社会现实

从社会的角度出发，我们知道高质量的托管是由什么构成的，但是我们还没有做出集体决策，向所有孩子提供这种托管。高质量托管的标准是经过详尽、昂贵的研究才费力总结出来的，却常常被违反，因为政府并没有授权，在给予研究经费之后，再提供服务的经费。

因此，我们获得越来越多的学术信息，但是一直没有使用。我们渴望收集信息，却不去应用它，知识只停留在书本里和杂志里，只在专业会议上被传播，而没有实现其潜在价值去改善千万个孩子及其家庭的生活。

美国各州在设定和推行质量标准方面的有效性，正好是一个恰当的例子。颁发牌照在政府的控制下进行，而且这为调控托管质量提供了一个主要渠道。一些州政府确实拥有相关指导，但是常常按最低标准进行构建，其目标只是预防对孩子造成人身伤害，而不是确保一个符合发展规律的环境。由此说来，有关儿童托管质量的研究发现，并没有被系统地整合到政府法规里。

这种情况对于托管质量有直接的影响。在美国，儿童托管工作者属于收入最低的人群之一，而且很多人的工资低于官方的贫困线。[25] 这种悲伤的情境不能推诿是缺乏培训的自然结果，因为不论儿童托管工作者的教育水平和经验工龄如何，工资水平不达标的情况普遍存在。一些可以在别处赚更多钱的保育员倾向于离开这个行当，导致那些接受了较好培训的儿童托管服务者的人数明显减少。

这种事态是什么原因促成的呢？最可能是多个因素的组合，这些因素深入扎根于整个社会对于"女性工作"的态度。儿童托管在传统上是由母亲提供的，在她们随着经济和社会条件变化而进入劳动市场之前，儿童托管是免费的。

这种刻板印象被一个事实所强化，即女性，尤其是少数族裔的女性，在儿童托管领域中比例是过高的。我们获得的最新数据是，在所有儿童托管服务者中，有95%~98%是女性，而且很大比例的托管服务者属于少数族裔。[26] 女性和少数族裔在传统上被支付较少工钱。这是一个混淆因素，掺杂在人们的一种内在倾向里，认为儿童托管是不受市场供求关系影响的一种职业。[27]

在我们理解儿童托管服务者的日常经验时，这些考量提供了背景。那些收入不足并且工作负荷过度的保育员，也许就不太能够提供高质量的托管，因为压力抽取了他们的能量和情感上的可亲近性。另一方面，那些对于自己的工作条件感到自在的保育员，就更加可能为孩子提供恰当的照料。美国发展中心在2015年的报告中提到："研究显示，在孩子的早期学习环境中，他们和保育员之间的互动是最重要的质量指标。如果保育员能够为孩子提供温暖、支持而且语言丰富的环境，能够通过一种发展上适当的方式给孩子的学习和探索提供框架，那么孩子就能茁壮成长。"[28]

为儿童保育员提供更高的工资和更好的工作条件，能够增加他们的稳定感，并且促进他们为孩子提供一个支持性的环境。

总之，高质量的托管来自包括我们所有人在内（整个社会、保育员和代表孩子利益的父母）的一种有效的伙伴关系。为了让所有孩子都能成为健全的成年人，需要给孩子提供稳定性和连续性，因此国家对于资助和执行高质量的托管标准的承诺就十分关键。这样的社会框架有利于每个父母、孩子和家庭，因为它支持父母和保育员在每天、每时每刻所做的努力，以对孩子的需求提供身体上的支持和情感上的及时反应。正如常常被提到的，孩子就是未来，而且未来通过我们采取的行动而开始于每一个当下。

结论：保持亲密并且放手

随着婴儿长大成为学步儿，并且开始坚持表达自己的需求以建立起行动的自主范围，父母要学会面对自己在养育和保护孩子时所受的限制。父母以为，自己在身体上和情感上的存在就足以保证孩子安全和满意，这种幻想要让位于新的觉醒，父母要意识到，还存在着我们只能绝望地希望不要发生的失望、挑战，甚至危险。

父母希望孩子能做好，但是不可避免地，孩子有时会让他们失望，这种失望甚至是有用的。

很多知识渊博、心怀好意的父母都曾试图去预期每种悲痛，并且用语言去表达孩子正在思考和感受的每个细节，他们以为这能预防孤独感和恐惧。但在这个过程中，他们可能夺走了孩子体验的机会，使孩子没有机会与内心的不确定进行抗争，也无法得意扬扬地获得非常个人化的洞察和解决方案。父母过多地把自己的部分灌输到孩子的内在生活中，可能会剥夺孩子发展出自我的机会。

直到青春期，父母才会再次面临诸多的两难困境，如同他们在养育学步儿时那样。事实上，在孩子生命的第 2 年和第 3 年，父母能够很好地预习孩子到青春期时将会提出的挑战。学步儿期很像青春期，因为身体快速地成长，也因为孩子有冲动去打破父母设立的边界。在这两个年龄段，都出现了为独立而抗争的冲动，也都伴随着通常是隐藏着的愿望，他们在想要步入世界的同时，希望被包容和保护。父母如何和学步儿协商彼此的差异，将为他们在孩子进入儿童期时还能保持伙伴关系并度过青春期的叛逆做好准备。

学步儿，像青春期少年那样，需要锻造出一种身份认同，这种身份整合了一种牢固的个人主动意识和一种可靠的社区归属感。在两个时期，父母面临相似的任务，他们要决定什么时候去尊重孩子的孤独感，什么时候为其提供陪伴，以及什么时候实行坚定的权威。当父母的选择能够及时回应孩子的需求时，学步儿的消极一面将变成学前阶段的自信和果断，正如青春期的情感风暴会自行瓦解成为成年早期的自我价值感。

沟通在个人的成长中是很重要的，但同样重要的是独自思考和感受的机会。让孩子独处，有时和陪伴孩子同样重要。学步儿阶段所获得的终身经验，涉及父母有时候要适度地放手，这可能是亲子之间保持亲密的最确定的途径。

参考文献

第 1 章 情绪在早期亲子关系中的重要性

1. Bowlby, J. (1969) *Attachment and Loss, Vol. 1: Attachment.* New York: Basic Books.
2. Ainsworth, M. D. S., M. C. Blehar, E. Waters, and S. N. Wall. (1978) *Patterns of Attachment: A Psychological Study of the Strange Situation.* Hillsdale, NJ: Lawrence Erlbaum Associates.
3. Powell, B., G. Cooper, K. Hoffman, and B. Marvin. (2014) *The Circle of Security Intervention: Enhancing Attachment in Early Parent-Child Relationships.* New York: Guilford.
4. Lamb, M. E., ed. (2010) *The Role of the Father in Child Development,* 5th ed. Hoboken, NJ: John Wiley & Sons.
5. Boldt, L. J., G. Kochanska, J. E. Yoon, and J. Kooning Nordling. (June 2014) Children's attachment to both parents from toddler age to middle childhood: links to adaptive and maladaptive outcomes. *Attachment & Human Development* 16(3): 211-29.
6. Kochanska, G., and S. Kim. (January 2013) Early attachment organization with both parents and future behavior problems: from infancy to middle childhood. *Child Development* 84(1): 283-96.
7. McHale, J., and E. Fivaz-Depeursinge. (2010) Principles of effective co-parenting and its assessment in infancy and early childhood. In *Parenthood and Mental Health: A Bridge Between Infant and Adult Psychiatry,* eds. S. Tyano, M. Keren, H. Herrman, and J. Cox.

Chichester, UK: Wiley-Blackwell, 383-97.

8. *Lesbian & Gay Parenting* (2005) Washington, DC: American Psychological Association.
9. Farr, R. H., S. L. Forssell, and C. J. Patterson. (2010) Parenting and child development in adoptive families: does parental sexual orientation matter? *Applied Developmental Science* 14(3): 164-78.
10. Burt, T., A. Gelnaw, and L. K. Lesser. (January 2010) Do no harm: creating welcoming and inclusive environments for lesbian, gay, bisexual, and transgender (LGBT) families in early childhood settings. National Association for the Education of Young Children.
11. Harris, R. H. (2012) *Who's in My Family?: All About Our Families.* Somerville, MA: Candlewick Press.

第 2 章　谁是学步儿

1. Kierkegaard, S. (1938) *Purity of Heart Is to Will One Thing: Spiritual Preparation for the Feast of Confession.* New York: Harper Brothers.
2. Center on the Developing Child at Harvard University. (2017) Brain Architecture.
3. Grail, T. S. (December 2011) *Custodial Mothers and Fathers and Their Child Support: 2009.* US Census Bureau, Current Population Reports.
4. Center on the Developing Child at Harvard University. (2007) *In Brief: The Impact of Early Adversity on Childrens Development.* http://developingchild.harvard.edu/resources/inbrief-the-impact-of-early-adversity-on-child-rens-development.
5. Zero to Three. (2016) Policy & Advocacy (2016) *The Impact of Early Adversity on Child Development.*
6. Ainsworth, M. D. S., M. C. Blehar, E. Waters, and S. N. Wall. (1978) *Patterns of Attachment: A Psychological Study of the Strange Situation.* Hillsdale, NJ: Lawrence Erlbaum Associates..
7. Bowlby, J. (1982) *Attachment and Loss, Vol. 1: Attachment,* 2nd ed. New York: Basic Books.
8. Bowlby, J. (1973) *Attachment and Loss, Vol. 2: Separation: Anxiety and Anger.* New York: Basic Books.
9. Uematsu, A., M. Matsui, C. Tanaka, T. Takahashi, K. Noguchi, M. Suzuki, and H. Nishijo. (October 2012) Developmental trajectories of amygdala and hippocampus from infancy to early adulthood in healthy individuals. *PLoS ONE* 7(10): e46970.

10. Gunnar, M., and K. Quevedo. (2007) The neurobiology of stress and de-velopment. *Annual Review of Psychology* 58: 145-73.
11. Buss, K. A., R. J. Davidson, N. H. Kalin, and H. H. Goldsmith. (July 2004) Context-specific freezing and associated physiological reactivity as a dys- regulated fear response. *Developmental Psychology* 40(4): 583-94.
12. Anderson, J. W. (1972) Attachment behaviour out of doors. In *Ethological Studies of Child Behaviour,* ed. N. Blurton Jones. Cambridge, UK: Cam-bridge University Press, 199-216.
13. Slade, A. (June 2014) Imagining fear: attachment, threat, and psychic ex-perience. *Psychoanalytic Dialogues* 24(3): 253-66.
14. Erikson, E. (1950) *Childhood and Society.* New York: W. W. Norton.
15. Mahler, M. S., F. Pine, and A. Bergman. (1975) *The Psychological Birth of the Human Infant: Symbiosis and Individuation.* New York: Basic Books.
16. Grail. *Custodial Mothers and Fathers.*
17. Mahler et al. *The Psychological Birth of the Human Infant.*
18. Marvin, R. S. (1977) An ethological-cognitive model for the attenuation of mother-child attachment behavior. In *Attachment Behavior: Advances in the Study of Communication and Affect, Vol. 3,* eds. T. Alloway, P. Pliner, and L. Kramer. New York: Plenum, 25-60.
19. Brazelton, T. B. (1989) *Toddlers and Parents: A Declaration of Independence,* rev. ed. New York: Delacorte/Seymour Lawrence.
20. Lewis, M., and J. Brooks-Gunn. (1979) *Social Cognition and the Acquisition of Self* New York: Plenum.
21. Tronick, E. Z., and J. F. Cohn. (February 1989) Infant-mother face-to-face interaction: age and gender differences in coordination and the occurrence of miscoordination. *Child Development* 60(1): 85-92.
22. Lewis, M. (2000) Self-conscious emotions: embarrassment, pride, shame, and guilt. In *Handbook of Emotions,* 2nd ed., eds. M. Lewis and J. M. Haviland-Jones. New York: Guilford, 623-36.
23. Barrett, K. C., C. Zahn-Waxler, and P. M. Cole. (1993) Avoiders vs. amenders: implications for the investigation of guilt and shame during toddlerhood? *Cognition and Emotion* 7(6): 481-505.
24. Furman, E. (1992) *Toddlers and Their Mothers: A Study in Early Personality Development.* Madison, CT: International Universities Press.

25. Chukovsky, K. (1963) *From Two to Five,* trans. M. Morton. Berkeley: University of California Press.

第 3 章　学步儿及其照料者的挑战

1. Patterson, G. R., and E. E. MacCoby. (1980) Mothers: the unacknowledged victims. *Monographs of the Society for Research in Child Development* 45(5): 1-64.
2. Fawl, C. L. (1963) Disturbances experienced by children in their natural habitat. In *The Stream of Behavior: Explorations of Its Structure and Con-tent,* eds. R. G. Barker and L. S. Barker. New York: Appleton-Century- Crofts.
3. Minton, C., J. Kagan, and J. A. Levine. (December 1971) Maternal control and obedience in the two-year-old. *Child Development* 42(6): 1873-94.
4. Forehand, R., H. E. King, S. Peed, and P. Yoder. (June 1975) Mother-child interactions: comparison of a noncompliant clinic group and a non-clinic group. *Behaviour Research and Therapy* 13(2-3): 79-84.
5. Fawl. Disturbances experienced.
6. Patterson and MacCoby. Mothers.
7. Dix, T., A. D. Stewart, and E. T. Gershoff. (July/August 2007) Autonomy and children's reactions to being controlled: evidence that both compliance and defiance may be positive markers in early development. *Child Development* 78(4): 1204-21.
8. Craig, L., and M. Bittman. (January 2004) The effect of children on adults' time-use: analysis of the incremental time costs of children in Australia. Paper presented at the Conference on Cross National Comparisons of Expenditures on Children, Princeton University, Princeton, NJ.
9. Craig, L. (January 2005) How do they do it? A time-diary analysis of how working mothers find time for the kids. *Social Policy Research Centre Discussion Papers, no. 136,*21.
10. Siegel, D. J., and M. Hartzell. (2003) *Parenting from the Inside Out: How a Deeper Self-Understanding Can Help You Raise Children Who Thrive.* New York: Jeremy P. Tarcher/Putnam.
11. Fraiberg, S. (1959) *The Magic Years: Understanding and Handling the Problems of Early Childhood.* New York: Scribner.
12. Woodhouse, S. S., J. R. S. Beeney, A. E. Doub, and J. Cassidy. Secure base provision: a new approach to links between maternal caregiving and at-tachment. Manuscript under review.

13. Bowlby, J. (1982) *Attachment and Loss. Vol. 1: Attachment,* 2nd ed. New York: Basic Books.
14. Lecuyer, E., and G. M. Houck. (July/August 2006) Maternal limit-setting in toddlerhood: socialization strategies for the development of self-regulation. *Infant Mental Health Journal* 27(4): 344-70.
15. Greenspan, S. (1989) *The Essential Partnership: How Parents and Children Can Meet the Emotional Challenges of Infancy and Childhood.* New York Viking.
16. Stern, D. N. (1985) *The Interpersonal World of the Infant: A View from Psychoanalysis and Developmental Psychology.* New York: Basic Books.
17. Letter from Kevin Frank, quoted in Murphy, L. B. (December 1988) When a child is inconsolable: stay near. *Zero to Three, Bulletin of the National Center for Clinical Infant Programs* 9(2): 15.
18. Bowlby, J. (1988) *A Secure Base: Parent-Child Attachment and Healthy Human Development.* New York: Basic Books.
19. Lieberman, A. F., P. Van Horn, and C. G. Ippen. (December 2005) Toward evidence-based treatment: child-parent psychotherapy with preschoolers exposed to marital violence. *Journal of the American Academy of Child & Adolescent Psychiatry* 44(12): 1241-48.

第 4 章　气质的问题

1. Brazelton, T. B. (1969) *Infants and Mothers: Differences in Development.* New York: Delacorte/Seymour Lawrence.
2. Brazelton, T. B. (1973) The neonatal behavioral assessment scale. *Clinics in Developmental Medicine* no. 50.
3. Thomas, A., S. Chess, and H. Birch. (1968) *Temperament and Behavior Disorders in Children.* New York: New York University Press.
4. Stern, D. N. (1985) *The Interpersonal World of the Infant: A View from Psychoanalysis and Developmental Psychology.* New York: Basic Books.
5. Goldsmith, H. H., A. H. Buss, R. Plomin, M. K. Rothbart, A. Thomas, S. Chess, R. A. Hinde, and R. B. McCall. (April 1987) Roundtable: what is temperament? *Child Development* 58: 505-29.
6. Thomas et al. *Temperament and Behavior Disorders in Children.*
7. Ibid.

8. Thomas, A., and S. Chess. (1977) *Temperament and Development.* New York: Brunner/Mazel.
9. Thomas, A., and S. Chess. (1980) *The Dynamics of Psychological Development.* New York: Brunner/Mazel.
10. Chess, S., and A. Thomas. (1984) *Origins and Evolution of Behavior Dis-orders: From Infancy to Early Adult Life.* New York: Brunner/Mazel.
11. Brazelton, T. B. (1973) Neonatal behavioral assessment.
12. Escalona, S. (1968) *The Roots of Individuality: Normal Patterns of Development in Infancy.* Chicago: Aldine.
13. Greenspan, S. (1989) *The Essential Partnership: How Parents and Children Can Meet the Challenges of Infancy and Childhood.* New York: Viking.
14. Fox, N. A., H. A. Henderson, K. H. Rubin, S. D. Calkins, and L. A. Schmidt. (January-February 2001) Continuity and discontinuity of behavioral inhibition and exuberance: psychophysiological and behavioral influence across the first four years of life. *Child Development* 72(1): 1-21.
15. Kagan, J., N. Snidman, M. McManis, and S. Woodward. (December 2001) Temperamental contributions to the affect family of anxiety. *Psychiatric Clinics of North America* 24(4): 677-88.
16. Erikson, E. (1950) *Childhood and Society.* New York: W. W. Norton.
17. Thomas et al. *Temperament and Behavior Disorders in Children.*
18. Thomas and Chess. *Temperament and Development.*
19. Thomas and Chess. *The Dynamics of Psychological Development.*
20. Chess and Thomas. *Origins and Evolution of Behavior Disorders.*
21. Crockenberg, S. B. (September 1981) Infant irritability, mother respon-siveness, and social support influences on the security of infant-mother attachment. *Child Development* 52(3): 857-65.
22. Gandour, M. J. (October 1989) Activity level as a dimension of temperament in toddlers: its relevance for the organismic specificity hypothesis. *Child Development* 60(5): 1092-98.
23. Parmar, P., S. Harkness, and C. M. Super. (2004) Asian and Euro-American parents' ethnotheories of play and learning: effects on preschool children's home routines and school behaviour. *International Journal of Behavioral Development* 28(2): 97-104.
24. Ghosh Ippen, C. M. (2012) The sociocultural context of infant mental health: toward

contextually congruent interventions. In *Handbook of Infant Mental Health*, 3rd ed., ed. C. H. Zeanah. New York: Guilford, 104-19.

25. Bush, N. R., and W. T. Boyce. (2016) Differential sensitivity to context: implications for developmental psychopathology. In *Developmental Psychopathology, Vol. 2: Development Neuroscience*, 3rd ed., ed. D. Cicchetti. Hoboken, NJ: John Wiley & Sons, 107-37.

第 5 章　高活力的学步儿：向前冲

1. Provence, S., and R. C. Lipton. (1962) *Infants in Institutions: A Comparison of Their Development and Family-Reared Infants During the First Year of Life.* Madison, CT: International Universities Press.
2. Lieberman, A. F,, and J. H. Pawl. (1988) Clinical applications of attachment theory. In *Clinical Implications of Attachment,* eds. J. Belsky and T. Nezworski. Hillsdale, NJ: Lawrence Erlbaum Associates, 327-51.
3. Fraiberg, S. (1959) *The Magic Years: Understanding and Handling the Problems of Early Childhood.* New York: Scribner.
4. *Flexible, Fearful or Feisty: The Different Temperaments of Infants and Toddlers* (video, written by David Donnefield). (1979) Sausalito, CA: State Department of Education, Center for Child and Family Studies, Far West Laboratory for Educational Research and Development.
5. Parens, H. (1994) *The Development of Aggression in Early Childhood.* Northvale, NJ: Jason Aronson.

第 6 章　慢热型的学步儿：从容不迫

1. Kagan, J., and N. Snidman. (August 1991) Temperamental factors in human development. *American Psychologist* 46(8): 856-62.
2. Ibid.
3. Kagan, J., J. S. Reznick, and N. Snidman. (December 1987) The physiology and psychology of behavioral inhibition in children. *Child Development* 58(6): 1459-73.
4. Henderson, H. A., D. S. Pine, and N. A. Fox. (January 2015) Behavioral inhibition and developmental risk: a dual-processing perspective. *Neuro-psychopharmacology* 40(1): 207-

24.

5. Kagan, J., and H. A. Moss. (1962) *Birth to Maturity: A Study in Psychological Development*. Hoboken, NJ: John Wiley & Sons.

6. Kagan, J., J. S. Reznick, N. Snidman, J. Gibbons, and M. D. Johnson. (December 1988) Childhood derivatives of inhibition and lack of inhibition to the unfamiliar. *Child Development* 59(6): 1580-89.

7. Kagan, J., and N. Snidman. (1991) Infant predictors of inhibited and un-inhibited profiles. *Psychological Science* 2(1): 40-44.

8. Kagan, J. (Winter 1991) The shy and the sociable. *Harvard Alumni Magazine.*

9. Chen, X., R D. Hastings, K. H. Rubin, H. Chen, G. Cen, and S. L. Stewart. (July 1998) Child-rearing attitudes and behavioral inhibition in Chinese and Canadian toddlers: a cross-cultural study. *Developmental Psychology* 34(4): 677-86.

10. *Flexible, Fearful or Feisty: The Different Temperaments of Infants and Toddlers* (video, written by David Donnefield). (1979) Sausalito, CA: State Department of Education, Center for Child and Family Studies, Far West Laboratory for Educational Research and Development.

11. Helfinstein, S. M., N. A. Fox, and D. S. Pine. (May 2012) Approach- withdrawal and the role of the striatum in the temperament of behavioral inhibition. *Developmental Psychology* 48(3): 815-26.

第 7 章　早期焦虑

1. Larson, G. (1993) *The Far Side Gallery 4*. Kansas City, MO: Andrews McMeel.

2. Fraiberg, S. *The Magic Years: Understanding and Handling the Problems of Early Childhood*. New York: Scribner.

3. Bowlby, J. (1973) *Attachment and Loss, Vol. 2: Separation: Anxiety and Anger*. New York: Basic Books.

4. Humphrey, T. (1970) The development of human fetal activity and its relation to postnatal behavior. In *Advances in Child Development and Behavior,* vol. 5, eds. H. W. Reese and L. P. Lipsitt. New York: Academic Press, 1-57.

5. Field, T. (1990) *Infancy.* Cambridge, MA: Harvard University Press.

6. Humphrey. The development of human fetal activity and its relation to postnatal behavior.

7. Stern, D. N. (July 1971) A micro-analysis of mother-infant interaction: behavior regulating

social contact between a mother and her 3½-month-old twins. *Journal of the American Academy of Child & Adolescent Psychiatry* 10(3): 501-16.

8. Ainsworth, M. D. S., M. C. Blehar, E. Waters, and S. N. Wall. (1978) *Patterns of Attachment: A Psychological Study of the Strange Situation.* Hillsdale, NJ: Lawrence Erlbaum Associates.
9. Graves, P. L. (1980) The functioning fetus. In *The Course of Life: Psycho-analytic Contributions Toward Understanding Personality Development, Vol. 1: Infancy and Early Childhood,* eds. S. I. Greenspan and G. H. Pol-lock. Washington, DC: US Government Printing Office, 235-56.
10. Ibid.
11. DeCasper, A. J., and W. P. Fifer. (June 6, 1980) Of human bonding: newborns prefer their mothers' voices. *Science* 208(4,448): 1174-76.
12. Field. *Infancy.*
13. Macfarlane, J. A. (1975) Olfaction in the development of social preferences in the human neonate. In *Parent-Infant Interaction.* Ciba Foundation Symposium 33. Amsterdam: Elsevier, 103-18.
14. Sander, L. W. (January 1962) Issues in early mother-child interaction. *Journal of the American Academy of Child & Adolescent Psychiatry* 1(1): 141-66.
15. Greenspan, S. I., and N. T. Greenspan. (1985) *First Feelings: Milestones in the Emotional Development of Your Baby and Child.* New York: Penguin.
16. Bell, S. M., and M. D. S. Ainsworth. (December 1972) Infant crying and maternal responsiveness. *Child Development* 43(4): 1171-90.
17. Ainsworth et al. *Patterns of Attachment.*
18. Winnicott, D. W. (1965) *The Maturational Process and the Facilitating Environment: Studies in the Theory of Emotional Development.* Madison, CT: International Universities Press.
19. Parke, R. D., and R. Buriel. (2006) Socialization in the family: ethnic and ecological perspectives. In *Handbook of Child Psychology: Social, Emotional, and Personality Development,* vol. 3, eds. N. Eisenberg, W. Damon, and R. M. Lerner. Hoboken, NJ: John Wiley &c Sons, 429-504.
20. Lamb, M. E. (1997) Fathers and child development: an introductory over-view and guide. In *The Role of the Father in Child Development,* 3rd ed., ed. M. E. Lamb. Hoboken, NJ: John Wiley & Sons, 1-18, 309-13.

21. Parke, R. D. (2002) Fathers and families. In *Handbook of Parenting, Vol. 3: Being and Becoming a Parent,* ed. M. H. Bornstein. Hillsdale, NJ: Lawrence Erlbaum Associates, *27-73.*
22. Pruett, K. D. (1987) *The Nurturing Father: Journey Toward the Complete Man.* New York: Warner Books.
23. Dixon, S., M. Yogman, E. Tronick, L. Adamson, H. Als, and T. B. Bra-zelton. (Winter 1981) Early infant social interaction with parents and strangers. *Journal of the American Academy of Child & Adolescent Psychiatry* 20(1): 32-52.
24. Main, M., and D. R. Weston. (September 1981) The quality of the toddler's relationship to mother and to father: related to conflict behavior and the readiness to establish new relationships. *Child Development* 52: 932-40.
25. Main, M., N. Kaplan, and J. Cassidy. (1985) Security in infancy, childhood, and adulthood: a move to the level of representation. In *Growing Points of Attachment Theory and Research,* eds. I. Bretherton and E. Waters. *Mono-graphs of the Society for Research in Child Development* 50(1/2): 66-104.
26. Roiphe, H., and E. Galenson. (1981) *Infantile Origins of Sexual Identity.* Madison, CT: International Universities Press.
27. Lozoff, B., G. M. Brittenham, M. A. Trause, J. H. Kennell, and M. H. Klaus. (July 1977) The mother-newborn relationship: limits of adaptability. *Journal of Pediatrics* 91(1): 1-12.
28. Erikson, E. (1950) *Childhood and Society.* New York: W. W. Norton.
29. U.S. Department of Health and Human Services, Administration for Children, Youth, and Families. (2009) *Child Maltreatment 2007.* Washington, DC: US Government Printing Office.
30. Fantuzzo, J., and R. Fusco. (October 2007) Children's direct exposure to types of domestic violence crime: a population-based investigation. *Journal of Family Violence* 22(7): 543-52.
31. Grossman, D. C. (Spring/Summer 2000) The history of injury control and the epidemiology of child and adolescent injuries. *Future of Children: Unintentional Injuries in Childhood* 10(1): 23-52.
32. Fraiberg, S. (1982) Pathological defenses in infancy. *Psychoanalytic Quarterly* 51(4): 612-35.
33. Tremblay, R. (2003) Why socialization fails: the case of chronic physical aggression. In *Causes of Conduct Disorder and Juvenile Delinquency,* eds. B. B. Lahey, T. E. Moffitt, and A.

Caspi. New York: Guilford, 182-225.
34. Dix, T., A. D. Stewart, and E. T. Gershoff. (July/August 2007) Autonomy and children's reactions to being controlled: evidence that both compliance and defiance may be positive markers in early development. *Child Development* 78(4): 120-21.
35. Bowlby. *Attachment and Loss, Vol. 2: Separation.*
36. Ibid.
37. Baillargeon, R. H., C. L. Normand, J. R. Séguin, M. Zoccolillo, C. Japel, D. Pérusse, H. X. Wu, M. Boivin, and R. E. Tremblay. (January 2007) The evolution of problem and social competence behaviors during toddler-hood: a prospective population-based cohort study. *Infant Mental Health Journal* 28(1): 12-38.
38. Carter, A., M. Briggs-Gowan, K. McCarthy, and L. Wakschlag. (April 2009) Developmental patterns of normative misbehavior in early child-hood: implications for identification of early disruptive behavior. Paper to be presented in the symposium. In *The Evolution of Disruptive Behavior Problems in Young Children,* ed. R. Baillargeon. Meetings of the Society for Research in Child Development, Denver.
39. NICHD Early Child Care Research Network and W. R Arsenio (2004) Trajectories of physical aggression from toddlerhood to middle childhood: predictors, correlates, and outcomes. *Monographs of the Society for Research in Child Development* 69(4): 1-143.
40. Tremblay, R. E., D. S. Nagin, J. R. Seguin, M. Zoccolillo, P. D. Zelazo, M. Boivin, D. Perusse, and C. Japel. (July 2004) Physical aggression during early childhood: trajectories and predictors. *Pediatrics* 114(1): 43-50.
41. Fraiberg. Pathological defenses in infancy.
42. Einon, D., and M. Potegal. (1994) Temper tantrums in young children. In *The Dynamics of Aggression: Biological and Social Processes in Dyads and Groups,* eds. M. Potegal and J. F. Knutson. Hillsdale, NJ: Lawrence Erlbaum Associates, 157-94.
43. Carter, et al. Developmental patterns of normative misbehavior in early childhood.
44. Wakschlag, L. S., and B. Danis. (2009) Characterizing early childhood dis-ruptive behavior: enhancing developmental sensitivity. In *Handbook of Infant Mental Health,* 3rd ed., ed. C. H. Zeanah. New York Guilford, 392-408.
45. Fraiberg. Pathological defenses in infancy.
46. Lieberman, A. F. (1985) Infant mental health: a model for service deliv-ery. *Journal of Clinical Child Psychology* 14(3): 196-201.

47. Lieberman, A. F., D. R. Weston, and J. H. Pawl. (February 1991) Preven-tive intervention and outcome with anxiously attached dyads. *Child De-velopment* 62(1): 199-209.
48. Lieberman, A. F,, C. Ghosh Ippen, and P. Van Horn. (2015) *Don't Hit My Mommy!: A Manual for Child-Parent Psychotherapy with Young Children Exposed to Violence and Other Trauma.* Washington, DC: Zero to Three.
49. Ainsworth, et al. *Patterns of Attachment.*
50. Sroufe, L. A., B. Egeland, E. A. Carlson, and W. A. Collins. (2005) *The Development of the Person: The Minnesota Study of Risk and Adaptation from Birth to Adulthood.* New York: Guilford.
51. Matas, L., R. A. Arend, and L. A. Sroufe. (September 1978) Continuity of adaptation in the second year: the relationship between quality of attachment and later competence. *Child Development* 49(3): 547-56.
52. Sroufe, L. A. (1983) Infant-caregiver attachment and patterns of adaptation in preschool: the roots of maladaptation and competence. In *Minnesota Symposium in Child Psychology* 16, ed. M. Perlmutter. Hillsdale, NJ: Lawrence Erlbaum Associates.
53. Arend, R., R L. Grove, and L. A. Sroufe. (December 1979) Continuity of individual adaptation from infancy to kindergarten: a predictive study of ego-resiliency and curiosity in preschoolers. *Child Development* 50(4): 950-59.
54. Lewis, M., C. Feiring, C. McGuffog, and J. Jaskir. (February 1984) Pre-dicting psychopathology in six-year-olds from early social relations. *Child Development* 55(1): 123-36.

第 8 章　谈判的议题

1. Bowlby, J. (1973) *Attachment and Loss, Vol. 2: Separation: Anxiety and Anger.* New York: Basic Books.
2. Fraiberg, S. (1959) *The Magic Years: Understanding and Handling the Problems of Early Childhood. New York: Scribner.*
3. Brazelton, T. B. (1977) *Toddlers and Parents: A Declaration of Independence.* New York: Bantam/Doubleday.
4. Kagan, J. (1981) *The Second Year: The Emergence of Self-Awareness.* Cam-bridge, MA: Harvard University Press.

5. Brazelton. *Toddlers and Parents.*
6. Owens, J., and M. M. Burnbaum. Sleep disorders. In *Handbook of Infant Mental Health,* 3rd ed., ed. C. H. Zeanah. New York: Guilford, 362-76.
7. Ibid.
8. Daws, D. (1989) *Through the Night: Helping Parents and Sleepless Infants.* London: Free Association Books.
9. Minde, K., K. Popiel, N. Leos, S. Falkner, K. Parker, and M. Handley-Derry. (May 1993) The evaluation and treatment of sleep disturbances in young children. *Journal of Child Psychology* and *Psychiatry* 34(4): 521-33.
10. Guilleminault, C. (1987) Disorders of arousal in children: somnambulism and night terrors. In *Sleep and Its Disorders in Children,* ed. C. Guilleminault. New York: Raven Press, 243-52.
11. Devaney, B., P. Ziegler, S. Pac, V. Karwe, and S. I. Barr. (January 2004) Nutrient intakes of infants and toddlers. *Journal of the American Dietetic Association* 104(1): sl4-21.
12. Carruth, B. R., P. J. Ziegler, A. Gordon, and S. I. Barr. (January 2004) Prevalence of picky eaters among infants and toddlers and their caregivers' decisions about offering a new food. *Journal of the American Dietetic Association* 104(1): s57-64.
13. Milano, K. (September 2007) Prevention: the first line of defense against childhood obesity. *Zero to Three Journal* 28(1): 6-11.
14. Johnson, S. L. (December 2000) Improving preschoolers' self-regulation of energy intake. *Pediatrics* 106(6): 1429-35.
15. Galloway, A., L. Fiorito, Y. Lee, and L. Birch. (April 2005) Parental pres-sure, dietary patterns, and weight status among girls who are "picky eaters." *Journal of the American Dietetic Association* 105(4): 541-48.
16. Johnson. Improving preschoolers' self-regulation of energy intake.
17. Gillman, M., S. L. Rifas-Shiman, A. L. Frazier, H. R. Rockett, C. A. Ca- margo Jr., A. E. Field, C. S. Berkey, and G. A. Colditz. (March 2000) Family dinner and diet quality among older children and adolescents. *Archives of Family Medicine* 9(3): 235-40.
18. Hart, S., and H. Carrington (July 2002) Jealousy in 6-month-old infants. *Infancy* 3(3): 395-402.
19. Buss, D. M. (2000) *The Dangerous Passion: Why Jealousy Is as Necessary as Love and Sex.* New York: Free Press.

20. The National Child Traumatic Stress Network (2016) Types of Traumatic Stress.
21. Ibid.
22. Scheeringa, M. S. (2009) Post-traumatic stress disorder. In *Handbook of In-fant Mental Health,* 3rd ed., ed. C. H. Zeanah. New York: Guilford, 345-61.
23. Lieberman, A. F., and P. Van Horn. (2008) *Psychotherapy with Infants and Young Children: Repairing the Effects of Stress and Trauma on Early Attachment.* New York: Guilford.
24. Lieberman, A. F. C. Ghosh Ippen, and P. Van Horn. (2015) *Don't Hit My Mommy!: A Manual for Child-Parent Psychotherapy with Young Children Exposed to Violence and Other Trauma.* Washington, DC: Zero to Three.
25. Blum-Ross, A., and S. Livingstone. (July 2016) Families and screen time: current advice and emerging research. London School of Economics Media Policy Brief 17.
26. Zero to Three. (March 2016) *Tips for Using Screen Media with Young Children.*

第 9 章　当父母离婚

1. Hetherington, E. M. (May 2003) Social support and the adjustment of children in divorced and remarried families. *Childhood* 10(2): 217-36.
2. Piaget, J. (1959) *The Language and Thought of the Child.* London: Rout- ledge and Kegan Paul.
3. Macfarlane, J. A. (1975) Olfaction in the development of social prefer-ences in the human neonate. In *Parent-Infant Interaction.* Ciba Foundation Symposium 33. Amsterdam: Elsevier, 103-18.
4. DeCasper, A. J., and W. P. Fifer. (June 6, 1980) Of human bonding: newborns prefer their mothers' voices. *Science* 208(4,448): 1174-76.
5. Fagan, J. F. (December 1973) Infants' delayed recognition memory and forgetting. *Journal of Experimental Child Psychology* 16(3): 424-50.
6. Nachman, P., and D. N. Stern. (1983) Recall memory for emotional experience in prelinguistic infants. Paper presented at the National Clinical Infancy Fellows Conference, Yale University, New Haven, CT.
7. Grail, T. S. (December 2011) *Custodial Mothers and Fathers and Their Child Support: 2009.* US Census Bureau, Current Population Reports.
8. Ibid.
9. DeCasper, et al. Of human bonding.

10. Bretherton, I., and T. F. Page. (Summer 2004) Shared or conflicting working models? Relationships in postdivorce families seen through the eyes of mothers and their preschool children. *Development and Psychopathology* 16(3),551-76.

11. Grail. *Custodial Mothers and Fathers and Their Child Support.*

12. Thompson, R., M. E. Lamp, and D. Estes. (February 1982) Stability of infant-mother attachment and its relationship to changing life circumstances in an unselected middle-class sample. *Child Development* 53(1): 144-48.

13. Lieberman, A. F., D. R. Weston, and J. H. Pawl. (February 1991) Preven-tive intervention and outcome with anxiously attached dyads. *Child Development* 62(1): 199-209.

14. Herzog, J. M. (1980) Sleep disturbance and father hunger in 19-to-28-month-old boys: the Erlkonig syndrome. *The Psychoanalytic Study of the Child* 35: 219-36.

15. McHale, J. P. (2010) Shared child rearing in nuclear, fragile, and kinship fam-ily systems: evolution, dilemmas, and promise of a coparenting framework. In *Strengthening Couple Relationships for Optimal Child Development: Lessons from Research and Intervention,* eds. M. S. Schulz, M. K. Pruett, P. K. Kerig, and R. D. Parke. Washington, DC: American Psychological Association, 77-94.

16. Lieberman, A. F., C. Ghosh Ippen, and P. Van Horn. (2015) *Don't Hit My Mommy!: A Manual for Child-Parent Psychotherapy with Young Children Exposed to Violence and Other Trauma.* Washington, DC: Zero to Three.

第 10 章　被托管的学步儿

1. Provence, S. (1986) Presentation at the Symposium on Early Infant and Toddler Care, San Francisco Psychoanalytic Institute Extension Division, San Francisco.

2. Provence, S., A. Naylor, and J. Patterson. (1977) *The Challenge of Daycare,* New Haven: Yale University Press.

3. Kalmanson, B. (1990) Understanding responses to separation. In *Psycho-social Issues in Day Care,* ed. S. Chehrazi. Washington, DC: American Psychiatric Publishing, 159-75.

4. Pawl, J. H. (February 1990) Infants in daycare: reflections on experiences, expectations and relationships. *Zero to Three, Bulletin of the National Center for Clinical Infant Programs* 10(3): 1-28.

5. Provence et al. *The Challenge of Daycare,* 104.

6. Roemer, J. (1989) *Two to Four from 9 to 5: The Adventures of a Daycare Provider.* New

York: Harper & Row.
7. Lally, J. R., ed. (1990) *Infant/Toddler Caregiving: A Guide to Social-Emotional Growth and Socialization.* Sacramento: California Department of Education.
8. Howes, C. (January-March 1983) Caregiver behavior in center and family day care. *Journal of Applied Developmental Psychology* 4(1): 99-107.
9. Howes, C. (October 1985) Sharing fantasy: social pretend play in toddlers. *Child Development* 56(5): 1253-58.
10. Nachman, P. A. (1990) A companion study of toddlers cared for by mother or by substitute caregivers. In *Psychosocial Issues in Day Care,* ed.S. Chehrazi. Washington, DC: American Psychiatric Publishing, 147-58.
11. Howes, C. (September 1987) Social competence with peers in young chil-dren: developmental sequences. *Developmental Review* 7(3): 252-72.
12. Ibid.
13. Howes, C., C. Rodning, D. C. Galluzzo, and L. Myers. (1990) Attachment and child care: relationships with mother and caregiver. In *Infant Day Care: The Current Debate,* eds. N. Fox and G. G. Fein. Norwood, NJ: Ablex, 169-82.
14. Belsky, J. (1990) The "effects" of infant day care reconsidered. In *Infant Day Care: The Current Debate,* eds. N. Fox and G. G. Fein. Norwood, NJ: Ablex, 3-40.
15. Clarke-Steward, K. A. (1990) "The 'effects' of infant day care reconsidered" reconsidered: risks for parents, children, and researchers. In *Infant Day Care: The Current Debate,* eds. N. Fox and G. G. Fein. Norwood, NJ: Ablex, 61-86.
16. Thompson, R. A. (1990) The effects of infant day care through the prism of attachment theory: a critical appraisal. In *Infant Day Care: The Current Debate,* eds. N. Fox and G. G. Fein. Norwood, NJ: Ablex, 41-50.
17. Sroufe, L. A. (1990) A developmental perspective on day care. In *Infant Day Care: The Current Debate,* eds. N. Fox and G. G. Fein. Norwood, NJ: Ablex, 51-59.
18. Laughlin, L. (October 2011) *Maternity Leave and Employment Patterns of First-Time Mothers 1961-2008: Household Economic Studies.* US Census Bureau, Current Population Reports.
19. Howes, C. (1990) Current research on early day care. In *Psychosocial Issues in Day Care,* ed. S. Chehrazi. Washington, DC: American Psychiatric Press, 21-36.
20. Phillips, D. A., and A. E. Lowenstein. (2011) Early care, education, and child development.

Annual Review of Psychology 62:483-500.

21. Berk, L. E. (June 1985) Relationship of caregiver education to child- oriented attitudes, job satisfaction, and behaviors toward children. *Child Care Quarterly* 14(2): 103-29.

22. Howes. Current research on early day care.

23. Phillips and Lowenstein. Early care, education, and child development.

24. Whitebook, M., D. Phillips, and C. Howes. (2014) *Worthy Work, STILL Unlivable Wages: The Early Childhood Workforce 25 Years After the National Child Care Staffing Study.* Berkeley: Center for the Study of Child Care Employment, University of California.

25. National Institute of Child Health and Human Development (NICHD). (January 2006) *The NICHD Study of Early Child Care and Youth Development.* NIH publication no. 05-4318.

26. Whitebook et al. *Worthy Work, STILL Unlivable Wages.*

27. NICHD. *The NICHD Study of Early Child Care and Youth Development.*

28. Gould, E. (November 5, 2015) Child care workers aren't paid enough to make ends meet, Economic Policy Institute. Issue Brief 405.